居酒屋百名山

太田和彦著

新潮社版

9705

居酒屋百名山　目次

居酒屋百名山

1　独酌三四郎

旭川《あさひかわ》の夜の繁華街三条通六丁目、通称さんろく街から少し離れて一軒家の居酒屋「独酌三四郎」がある。玄関は小さいが中は広く、骨太な造りは味噌《みそ》醤油《しょうゆ》蔵の廃材を使い、重厚な館《やかた》の趣だ。カウンターから見える札幌軟石を刳《く》り貫《ぬ》いた竈《かまど》は六〇年使い続け、いささか朽ち始めた所もある。

「いらっしゃいませ」

すらりと背が高く、着物に膝下《ひざした》までの古風な長白割烹着《かっぽうぎ》がよく似合うおかみが迎えた。涼しげな細面は戦前の美人女優を思わせる。

「燗酒《かんざけ》とニシン漬、中《ちゅう》」

「かしこまりました」

燗酒は竈の炭火の縁に、燗瓶を直《じか》に置いて温める焼燗だ。外ののれんには「炉燗酒洞」とある。その燗瓶が独特で、店を始めた先代が京都清水でみつけた油差しを気に入り、筋彫りで店名を入れて注文したものだ。絞った胴に蓋《ふた》、把手《とって》、差し口のつく茶褐色の焼締めは味わいがある。先代が亡《な》くなった時、示し合わせたようにその京都の店から、廃業するので残りを買わないかと電話があったが、ばたばたしていてそれきりになり惜しいことをした。残り三六個を大切に使っているという。

ニシン漬は冬の北海道に欠かせない越冬食だ。「中」と言ったのは大中小の中盛のことで、前に来た時「小」をとり、足りなかったからだ。キャベツ、鉈《なた》切り大根、人参《にんじん》、身欠《みが》きニシンを麹《こうじ》で漬け込み醗酵《はっこう》させ、しゃきしゃきばりばりした歯ごたえにニシンの濃厚な香りとうま味がからみ、いくらでも食べられる。

「今年の漬かりはいかがですか」

「まだほんとの味じゃないんですが」

おかみは一〇月に入ると「体がうずく」そうだ。天気予報をみながら大根を干し、身欠きニシンを炭の灰汁《あく》にうるかし（浸し）、さらに水にうるかすと脂《あぶら》が抜け青光りしてくる。米のとぎ汁では大量に作るのに間に合わないそうだ。今年はおかみと妹さんで一週間かけ、二斗樽《だる》を一三樽漬けた。キャベツは厚さ二五～三〇センチ、幅一メートルの大球《だいきゅう》という種類を使う。

「一メートル！」

ほんとですよと手で幅を見せる。うちは一一月末から出すが、家庭では新年に樽を開け正月を祝い、昔はニシン入りは贅沢《ぜいたく》だった。しゃき、ばり。おかみの言うとおり味のなじみは今一つのようだが、やはりとてもおいしく「中」でも足りないくらいだ。

「いらっしゃい、まいどどうも」

半纏《はんてん》に醬油会社の前掛け、炭火焼けした顔、頭に手拭《てぬぐ》いを細く巻いた主人が、先代から使っているという竈前の踏み台のような古い腰掛に座った。顔には苦労人の面影があり、接客は妻にまかせ黙々と店を切り回す実直さがみえる。

独酌三四郎は昭和二一年、先代・西岡学さん（現主人・旃《あきら》さんの父）が（通りがかりではなく）「三四郎」の名前で来てくれる客を持ちたいと、あえて市内はずれのこに居酒屋を始めた。その時からお通しは、大豆を水にうるかして炊《た》き、酢、醬油、紫蘇《しそ》に三時間ほど漬けた酢大豆だ。今私の前にもある。食べ物のない時代に客はこれだけで飲み、酒が四本めになるとモツ焼がサービスで出る。待ち切れずに二本めあたりでまだかと言う客には出さなかった。

奥の立派な看板は「立浪《たつなみ》部屋後援会事務所」だ。先代は相撲好きで、年一度の大相撲北海道巡業には店を放り出し、会場設営、警備、切符販売、寝食の世話などに奔走、有望な若いのを部屋に紹介する連絡役になった。上川郡愛別《あいべつ》町にいた少年は自分と誕生日が同じこともあって肩入れし、昭和三七年に連れて上京、親方から「三役間違いなし」と言われ喜んだが、その年、先代は五四歳で急逝した。先代は東京五月場所に行く時は必ず五〇万円を持参し部屋に贈る。母が家計費を一日一〇〇円におさえているときだ。その年は五〇万ができず「なら行かない」となり、母はようやく工面して持たせた。その秋の急逝で「あのとき持たせてよかった」と母はもらした。もと芸者の母は評判の美人で、アルバムに残る白割烹着の写真は凜《りん》として美しい。上川から連れた少年は「旭国」の四股名《しこな》で大関に出世し、その年の北海道巡業のおりこの二階で大関昇進祝を開いた。旭国関は学さんに線香を上げて手を合わせ、母は感無量の面持ちだったという。

先代が急逝した時、奣さんはまだ一七歳。「母は苦労しました」と言葉少ないが想像に難くない。その家に弱冠二〇歳の美子さんが嫁にきた。美子さんは旭川の小学生の頃から酒が好きで、縁談のあったとき「お酒が飲める」と「走るように」来たと笑う。「(ここに来れたのは)ラッキーでした」と言う背の高い二〇歳の美人花嫁は、一家に希望を持たせただろう。「私は苦労はないです」とさらりと言ってのける様子に、創業者を失った店を明るく切り回した雰囲気がわかる。

店のおかみとなった美子さんは何事も積極的で、あるとき当家のルーツを調べてみようと思い立った。北海道の人はたいてい入植してきた先祖の地を知ろうとする。美子さんの調べでは、西岡家は明治四二年、西岡千太郎が徳島県三好《みよし》郡から帯広に入植し、七八歳で没。息子・茂は二四歳で早世。その息子がここを始めた義父・学。したがって現主人・侑さんは北海道の四代目になる。あらましはわかったが、数年前帯広まで過去帳を調べに行き、天保一三年からのルーツがわかった。

「それによると徳島の先祖は、賭場《とば》を開く博徒だったんですよ」

あははと笑う顔は屈託なく、盃《さかずき》を手に熱心に聞き入っていた私も「へー」と思わず笑った。

赤々と燃えるストーブがいい。壁の額はここの創業六〇年の祝に、客が「酒好きで常連だった書家の父の遺品にあった」と持ってきてくれた書だ。〈酒の味は人の味〉に、じんと来るものを感じ、額装して飾ったという。

「このお酒はいかがでしょう」

勧めるのは、旭川で西神楽《にしかぐら》地区産の酒造好適米・吟風を使い五年前から作り始めた酒で、美子さんがネーミングした。その名は「風のささやき」。

人々の想《おも》いをのせた風が北海道を吹き渡る。爽《さわ》やかな味はすばらしかった。


〈2007.11〉

2　しらかば

釧路《くしろ》空港のロビーに丹頂鶴《たんちょうづる》の剝製《はくせい》が展示してあった。釧路湿原の特別天然記念物・丹頂鶴は昭和一〇年、一〇羽まで減り絶滅が危惧《きぐ》されたが、平成一四年には九〇八羽が確認されたと説明がある。羽を広げるつがいの脚もとの黄色い雛《ひな》がかわいい。今夜は釧路だ。北海道の居酒屋は炉端焼が多く、釧路はほとんどがそうで、有名店「炉ばた」は観光客は必ず訪れるという。

炉端焼「しらかば」の開店は昭和四六年。気っ風のよいおかみ伊勢美智子さんと女性二人の、てきぱきした動きと明るい笑い声で店には活気がある。何年か前に一度来て気に入り、その後も来たが、ちょうど社員旅行で休みで、私は玄関にメモを挟んでいった。

「ごめんなさいねー、めったにないことなのよ」

謝るおかみにあははと笑い、カウンター席に腰をおろした。前の囲炉裏《いろり》は宝船に鶴の舞う自在鉤《じざいかぎ》が立派だ。開店以来のお通し、おでんのつゆでさっと煮た牡蠣《かき》と豆腐の

しらかば
しらかば
しらかば

だ。

「牡蠣豆腐」はたっぷりのつゆに浸る半生の牡蠣がおいしい。毎日来る客にいつも同じものではと別のお通しを出したら、食べた後「牡蠣豆腐はまだか」と言われたそうだ。

よく来る客に「自分が阿寒《あかん》で畜養しているエゾシカの肉をぜひ置いてくれ」と頼まれたエゾシカ串焼《くしやき》は、玉葱《たまねぎ》を挟んで焼き、肉は柔らかい。一皿三本セットは塩・醤油・味噌味。塩は、鴨《かも》に似るがやはり野生の獣肉である鹿《しか》肉の味がよくわかる。醤油は、行者ニンニク（アイヌネギ）醤油漬の醤油を使いコクがある。味噌はどっしり。三本セットの後は好みの味で一本、二本と注文する。

壁の額写真は平成四年、湿原の丹頂鶴を見に来てご来店された紀宮《のりのみや》様だ。まだお若く、友達とご一緒に手を前にお行儀のよい姿勢だ。当店名物のかぼちゃで作る「しらかば団子」を気に入られお代わりした。

「お酒は？」

「お召し上がりでした」

そうかー。その後、島津貴子《たかこ》さんも来られ「サーヤはなに食べたの」と質問され、一〇日後また、しらかば団子を食べに来られたそうだ。紀宮様は大学ご卒業後、山階《やましな》鳥類研究所に入られた。

別の写真は、お付きの方々とカウンターに座るエジンバラ公フィリップ殿下だ。平成四年、世界自然保護基金の総裁として来日されたエジンバラ公は、長い日程最後の釧路でお疲れからか機嫌がよろしくなく、周りはハラハラし、「何時何分に店に入る予定だが、行かないと言われたら中止。行ってもせいぜい五分だが待機せよ」と店に指示があった。ホテルのレセプションの乾杯を済ませると、すぐお見えになると電話があり、あわててカウンターの客に頼み席を空けてもらった。

　大英帝国女王陛下夫君をお招きするような店ではない。ほどなく日英両大使夫人や野鳥の会の方、お付きとともに来られ、カウンター中央に座られた。

「それで、どうしたの？」

「どうしたのったって、他に言うことないわよ」

「何？」

「いらっしゃいませ、ご注文は」

　そうかー。お付きの方々は公のご機嫌に気を遣い、寂《せき》として声もない。お付きを通してビールを注文され、グラスを出し、お注《つ》ぎしようとすると公に制止された。女性にそういうことをさせてはいけないということだ。おでんに興味を持たれたのでシラタキをお出しすると味をほめてくれた。お付きの方にサラダを出すよう言われたが、品書にないので材料がない。ままよとほうれん草のお浸しを出し「おかかと醬油はかけますか？」と尋ね「おまかせします」と言われ、かけて出した。店内またもシーン。公はひと口召し上がり、ニヤリとして何事かつぶやき、お付きに聞くと「ポパイ」ともらしたのだそうだ。

カウンターの、ボタンを押すと木の鳥が爪楊枝《つまようじ》を一本くわえ取るおもちゃを気に入られ、何度も遊ばれているうち五分の予定は一時間になり、お付きにうながされようやくお帰りのときとなった。

「わたしは勇気を出して言ったのよ」

「何？」

「恐れ入りますが、写真をとってよろしいでしょうか」

公は快諾され、自分の横を空け、座るように言う。レディファーストの国なのだと思ったが、さすがにそれはできなく後ろに立ちこの写真になった。鳥のおもちゃをお渡しし、店の外にお見送りするとハグ、抱きしめてくれたという。

もう一枚の写真はチェックのシャツのベイカー元駐日アメリカ大使だ。全米写真家協会国際賞受賞の写真家としても高名な大使は、丹頂鶴の撮影に釧路を訪れ、この居酒屋をいたく気に入られた。仲間との楽しげな写真からもよくわかる。大使は平成一四年東京でのブッシュ・小泉会談の後、会食に居酒屋を勧め、西麻布のある店にしたが、たいしたものはなく不評だったとこぼしたそうだ。

「西麻布じゃだめだよー、そういう時はおいらに相談しなきゃ」

私は酔ってきて怖いものなしだ。釧路湿原の丹頂鶴が多くの人をよぶ。白割烹着《かっぽうぎ》の胸に差した割箸《わりばし》がトレードマークのおかみが丹頂鶴に見える。

「ようし、アレをくれ」

必殺の注文は以前来たとき深く感動した「イカ塩辛の新聞紙焼き」だ。昔、釧路の冬はイカの塩辛ぐらいしかなく、ちぎった新聞紙をダルマストーブに置き、塩辛をのせて温め茶碗《ちゃわん》酒の肴《さかな》にした。紙は案外焦《こ》げも燃えもせず、すぐに脂がパアーッと染《し》み出す。脂の抜けた塩辛に乾いた紙と印刷インクの匂《にお》いがついてなかなかいい。

「やっぱり道新（北海道新聞）でなきゃ」

朝日や読売、また広告ビラなど上質紙はうまくない、昔のインクはもっと匂いがあったとそれなりにうんちくがあるようだ。焼くのを見ている客が、おれたちは古葉書でやったよ、角を折って皿にするんだと懐《なつ》かしそうだ。「できたわよー」届いた新聞紙焼きはつーんとくる香りがいい。

「うまい！」

私の大声に客がどっと笑う。

「これは宮様、エジンバラ公には出せないなー」

また、どっと笑いがおきた。


〈2007.11〉

3　味百仙《あじひやくせん》

札幌駅北口は最近整備されたが、居酒屋「味百仙」を開店した頃は「真っ暗で、なーんにもなかったです」と主人の長島実さんが笑う。ビル地下のこの店は、全国の日本酒名品と北海道を中心とした味がずらりとそろい、明るく癖のない雰囲気で札幌随一の居酒屋と信頼たかい。

「刺身なに？」

「黒カレイなんかいいですね」

酒は今週のおすすめから「愛宕《あたご》の松・うすにごり」を。宮城の酒だ。冬のカレイ刺身は脂《あぶら》が乗り肉厚でうまい。六席の小カウンターから眺めるL字の小上がりは居心地よさそうで、サラリーマンがワイシャツのネクタイをゆるめる光景は東京と変わらない。白髪小柄の主人は洒脱《しゃだつ》でこだわりないが、包丁を持つと目が厳しくなる。私は主人の来歴を聞いてみたくなった。

長島さんは、平成一八年岩見沢市に合併した北村の農家の次男坊に生まれ、体が弱く、お前は農作業はしなくていいから飯を作れと言われ、小さい頃から包丁を持った。高校を出て料理屋なら飯がくえるだろうと岩見沢で四年、札幌で四年、屋根裏部屋の住み込みで働く。徒弟の世界は何も教えてくれず、洗いものなど水のある汚れた場所にばかり居させられ「アヒル」と呼ばれた。料理人は包丁は自前だ。給料の一ヶ月分をはたき、築地《つきじ》の最高級「正本《まさもと》」の薄刃を買い、桂剝《かつらむ》きにはげんだ。その薄刃と柳刃はぴかぴかに研ぎ、宝物のように置いてある。いや宝物だろう。

「ぼくが五八ですからこれは四〇年、もう短くて使えません」

独立して定食などの食堂を始め、昭和六〇年ここに居酒屋を開業。料理に磨きをかけ、よい酒をそろえ、なにもない北口でしだいに客を集めていった。旅行で大阪の名居酒屋「ながほり」に入り、主人と意気投合してすっかり友達になったというのも、私は両主人を知るだけにうれしい話だ。

札幌に来てここに座ると、東京で飲んでいるのと変わらない気持で、あまり焦《あせ》って北海道の味を注文しようとは思わないが、その気になれば最優良品が目の前にある。

こういうのもよいものだ。

「酒もう一本、喜正《きしょう》」

「東京の酒ですね」

長島さんがにやりと笑った。

〈2007.11〉

4 魚菜《ぎょさい》

札幌の繁華街すすきのの狸小路《たぬきこうじ》は長いアーケード通りが続く。全国的に商店街のアーケード屋根ははずされる傾向にあるが、雪深い札幌では必要なのだろう。「狸小路5」のブロックに鎮座する狸大明神の焼物の大狸には、頭をなぜれば賢くなり、腹をなぜれば……と御利益《ごりやく》が書かれ、一物をなぜれば精力がとあるけれど人前では恥ずかしい。そのすぐ前のビルの四階が居酒屋「魚菜」だ。

カウンター七席と板の間小上がりに小卓三つの小さな店。迎える夫婦は冬なれど半《はん》袖鯉口《そでこいぐち》の威勢の良い支度で、岩見沢出身の主人・森文三さんは極薄の一厘《りん》刈り、奥さんは男子高校生のような逆毛短髪が格好いい。店内のあちこちに和手拭《わてぬぐ》いをうまく使い、気さくな雰囲気をつくっている。

北海道に来たらまずはビールだ。北海道のビールは明治の官営開拓使麦酒《ビール》醸造所に始まり、昔のサッポロビールの赤い星マークは北海道庁旧本庁舎、通称「赤れんが」の正面のマークと同じだ。北海道はやはりサッポロビールが多く、ある居酒屋でサッポロの瓶ビールを頼むと「赤？　黒？」と訊《き》かれた。赤はサッポロラガーの赤星、黒は黒ラベル（金星）のことだ。今日も最初は北海道限定「サッポロクラシック」の生。きれいな苦味がピシリと決まり、いかにもビールを飲んでいる気になれる。

一方、日本酒は、かつての北海道は米がとれず日本酒醸造の歴史も浅いため、優良な地酒がたくさんあるとはいい難い。魚菜は全国の名酒を扱い、北海道の日本酒ファンには嬉《うれ》しいに違いない。数ある中から福島喜多方の「奈良萬《ならまん》」にした。東京でも置く店は少なく、ここで飲んでおこう。

お通し「叩《たた》きワラビとめかぶ」は粘りがおいしく、ワラビはニセコの朝採りだ。人気の肴「酒菜の盛り合わせ」の本日は「蛸《たこ》やわらか煮・アスパラの煮浸し・牡蠣《かき》の山《さん》椒煮《しょうに》・ホタテの梅煮・浜防風のお浸し・タラコの吟醸粕漬《かすづけ》」の六品。牡蠣の山椒煮は山採りの実山椒、大きなホタテは野付《のつけ》産の天然と、六品はみなしっかりと味がまわり、酒好きには嬉しい。

「どんなお客さんが多いですか？」

「まあ地元常連さんと、出張単身赴任族ですか」

ここのような落ち着ける店は、札幌に来慣れている人には貴重なのだろう。そのうちにカウンターで飲んでいる中年客と話すようになった。

「北海道で魚は鮭《さけ》、ニシン、カレイのことだね」

「アジやイワシはどうですか？」

「ああいうものは食べん」

私にはアジ、イワシは最も基本の魚だけれど「店に出してもだれも注文しない。まあサンマは食べるが」。カツオはほとんど見ないそうだ。

自家製の塩ウニがおいしい。ざるで生ウニの水分を落として海水塩と混ぜ、脱水シートに包んで冷蔵庫で養生する。ふつうはここで防腐剤を入れるが自家用なので必要ない。アイヌネギ（行者ニンニク）の醬油漬《しょうゆづけ》は精がつきそうだ。以前いただいた「イカごろ醬油漬」「ハタハタ味噌《みそ》漬」「無添加鯨ベーコン」などの自家製肴もおいしかった。

レストラン経験のある主人はしばらくアメリカにいたとき、日本酒のことを訊かれても何も知らないことに気づき、日本に帰ったら日本酒の店を始めようと思ったそうだ。それから一四年。数々の勉強が店中に貼《は》られたラベルだ。休みをとり夫婦で各地の居酒屋を訪ねるのが好きで、その成果がこの店のじっくり酒を楽しむ肴と雰囲気なのだろう。

〈2009.6〉

5　ふらの

狸小路からさほど遠くない裏路地「新京極通り」は、札幌の昔の飲み屋小路の風情《ふぜい》が残り、冬の夜に木戸を開けると、店の明かりが、かいた雪の小山を白く照らし出して北国の旅情を感じさせる。外の棚に並べた一升瓶の空き瓶、軒先に下がる酒林（杉玉）はうまい熱燗《あつかん》を飲めそうだ。映画で、刑期を終えて娑婆《しゃば》に出た高倉健がその足で入るとしたらこんな店だ。

カウンター一本と小さな小上がり。天井が低くせまい店内は、せまいゆえに落ち着き、煤《すす》けて雑然とした様子が居心地の温かさになって、ここで腰を据えようという気持になる。

ラシック取扱店

ならば、ここでは北海道の地酒を飲もう。旭川のその名も「法螺吹《ほらふき》」の純米は、名に反して純朴、上等な「大法螺」はコクのある法螺(?)だ。奨《すす》められた「吟子物語」は瀬棚町(現せたな町)で売り出した酒で、ロマンチックな名前はイメージネーミングと思ったが、明治の初期、女子も医師たらんことを主張して日本最初の女医となり、開拓医師として来道して瀬棚町で開業した荻野《おぎの》吟子(渡辺淳一《じゅんいち》著『花埋《はなうず》み』のモデル)によるそうで、いささか粛然。カットグラスに注がれた一杯は清潔高雅な味わいだ。

お通しの「フキとワラビの油炒《いた》め」はフキのアクの野性味がつよい。殻からひねり出す「青つぶ貝煮」はねっとりとおいしく、この青つぶ貝が出ると北海道は夏という。鮑《あわび》を凍らせておろし金で擂《す》りおろし、山芋と合わせた「アワビとろろ」のひんやりした旨味《うまみ》は懐石の口取りにでも出したら気《き》の利いた夏の一品になる。「チカ一夜干し」はワカサギに似たキュウリウオ科の魚で、シシャモほど脂がなく、炙《あぶ》ったのを指でつまみいくらでも食べられる。

実直そうな店主・佐藤淳さんは店名通り富良野《ふらの》の出身。店は今年秋に開店一〇年になる。最近農業を始め、一〇坪の土地で茄子《なす》、人参《にんじん》、大根、葉ものを作り、去年は稲にも挑戦。田植え、草取り、稲刈りと丹精した米はおいしかったそうだ。

「今日は美人の方は？」

「あ、今日は休みなんです」

残念。前に来たときお酌してくれた美人の方に会いたかったんだが。

「通りの行列、いつもああなの」

「そうですね」

小路入口の昭和二九年創業の有名なジンギスカンの店「だるま」は、客がいつも並んでいる。北海道で始まったジンギスカンはたれに漬けた羊肉を焼くが、最近は生ラムを焼いてからたれにつけて食べる焼肉型が主流だそうだ。

奥の小上がりに同伴らしきいい女が若い男とやって来て、ついそちらに目が行ってしまう。もう少し居よう。

「酒、もう一本」

「はい」

旅のひとり酒は、まあこんなものです。


〈2009.6〉

6　粋花亭

函館《はこだて》からタクシーで五稜郭《ごりようかく》方面に向かってもらった。

クラシックな洋館や教会がいくつも残る函館は、海に向かって下る坂道が北のロマンを感じさせる大好きな港町だ。映画『居酒屋兆治』（昭和五八年）は波止場の赤煉《れん》瓦《が》の金森倉庫前で撮影され、居酒屋主人役の高倉健は敷石道を仕入れの黒自転車で登場した。金森倉庫は大きなモールに変わり観光客を集めている。北島三郎の『函館の女《ひと》』に〈灯りさざめく松風町は……〉と歌われる繁華街松風町は今は空地が目立つ。

「ここらへんですかね」

探しているのは数年前訪れ、たいへん気に入った居酒屋「粋花亭」だ。五稜郭の街道沿いにぽつりと営業していたが、今年このあたりに移転したと聞いた。新しい店は脇道《わきみち》を入った住宅地にあった。

「ごめんください」

「ああ、お待ちしていました」

行くことを知らせておいたので、場所がわかるかなと心配していたそうだ。店は居抜きの改築で、四角い店内の半分が板の間座敷、角がカウンター。素人《しろうと》っぽい設計は常連が考えてくれたとか。前の店も夫婦の手づくりだった。

北海道の居酒屋はおおむね炉端焼で、素材が良いからへたに料理しない方がよい、いや料理文化がまだ育っていないのだ、などと言われる。粋花亭はどちらでもなく、伝統日本料理をもとに土地の上質な素材を工夫して、今までにない北海道の味を作り出している。例えば北海道ではポピュラーなかすべ（堅く干したエイヒレ）を、たれでさらりと焼いた山椒風味の「かすべ山椒風」。北海道産の白貝（金沢でよく使う万十《まんじゅう》貝《がい》）の「白貝と湯葉の煮浸し」。「子持ちカジカ味噌仕立て」「芝エビと朝イカのかきあげ」など、どれもみごとな割烹《かっぽう》料理で、トラックがびゅんびゅん走るような街道沿いの店でこんな料理を出すのかと驚いた。

さて本日はと期待に胸がはずむ。お通しは「グリーンピースと豆腐の寄せ・ワラビの寄せ・卵黄の粕漬け・若サンマの手毬寿司《てまりずし》・キュウリウオの筒切り・ミニ赤蕪《あかかぶ》のぬか漬け・豆苗《とうみょう》のおひたし・卵黄の真砂《まさご》（たらこ）射込み」の華やかな一皿。それぞれちがう仕事が繊細にほどこされ、色取りもじつに美しく、目が醒《さ》めるように味は冴《さ》えて、これで六五〇円！　刺身盛りは「松皮カレイと鮫《さめ》カレイの刺身とエンガワ・若サンマ・イワシ・アイナメ焼霜・湯葉・カジカ」。一切れずつが味の変化に富み楽しめる。

私が感じ入ったのは盛りつけだ。ふつう刺身盛りは、ケンや大葉はもちろん、つま野菜、花、季節の緑、簾《すだれ》、氷の小道具まで総動員してボリュームたっぷりに盛りつけるが、ここはお通しも刺身盛りもおよそ飾りはなく、真っ白な皿に食べられるものだけを真ん中に集めている。店は若い主人と、ほっそりと背が高くバレエの草刈民代さんに雰囲気のよく似た美貌《びぼう》の奥さんの二人。以前来たときに、料理に集中する主人を奥さんが黙々と支え、二人がしっかりと助けあっている空気が印象に残ったが、一皿に身を寄せあうような盛りつけが、まさにそれを現わしているように感じる。

それからの料理もすばらしかった。北海道では夏も獲《と》れるという噴火湾のトラフグを使った「焼フグとホワイトアスパラの梅肉添え」は、豪快な骨ごとぶつ切り焼フグとホワイトアスパラの対照がみごとな好品。こちらも取り合わせがいい「大沼の鰻《うなぎ》白焼と茄子煮浸し」。こんもりとうずたかい「八雲産ズワイガニのとも和《あ》え」。丼《どんぶり》いっぱいの大根おろしで食べる「ホッケぶつ切りのひと塩干し」。ほとんど東京にしか出さないという北斗市おぐに牧場の黒毛和牛を分けてもらった「ほほ肉とすね肉の柔らか煮・八丁味噌仕立て」などなど。繊細と豪快を工夫した料理は、すべて白無垢《しろむく》皿にそのままが置かれ、素材と料理への自信を感じる。

函館出身の岩田健一郎さんは一八歳で料理人を志し、東京上野の調理師組合に飛び込みで入り、明日から千葉鴨川《かもがわ》に行けと言われ皿洗いから始めた。その後東京、神奈川と回されて行った箱根で親方に気に入られ、内弟子のように六年勤めて煮方まで上がる。位が上がるたびに給料も上がったが、親方はじつに厳しく、殴る蹴《け》るは当たり前だった。

「どういうとき殴るんですか？」

「例えば、この天ぷら揚げたのは誰だ！　と」

夜中にうなされてカッと目をあけて飛び起き、ああ夢でよかったと思ったことがしばしばあったそうだ。やがて親方は現役を引退し、健一郎さんはそれを機に両親のいる函館に帰ることにした。その後親方は引退して東京の調理学校で教えていると聞いたけれど、今どきの一六、七の若い子にどう教えるのだろうと思うそうだ。

故郷で働きはじめてフランス料理店のオーナーと知りあい、そこでサービスをしていた美貌のさゆりさんを見染め七年前に結婚。開店して一〇年がたち、もう少し場所の良いここに店を移した。健一郎さんはたいへんハンサムだが、目の底に苦労を重ねた重さを感じる。何か話すたびにさゆりさんの顔を確かめるように見る、その初々《ういうい》しい目がいい。

今まで高級店ばかりだったので、自分は皆が入りやすい店をめざした。以前来たとき、開店の頃に私の居酒屋本を何度も読んで励みにしたと聞き、たいへん恐縮したのを思い出す。値段が安いのは確かだが、親方に叩き込まれた腕はもっと確かだ。

店には名酒「神亀《しんかめ》」の前掛や袋が飾られ、日本酒漫画の尾瀬あきらさんの色紙もある。私は神亀蔵元も尾瀬さんも知り合いだ。ぜひこの店のことを話そう。〈2009.6〉

7　ふく郎

およそ二〇年も日本中の居酒屋を歩き、少々スレてしまった私だが、数年前青森市の居酒屋「ふく郎」に初めて入ったとき、まだまだすごい店はあるのだと思い知った。

まず魚。きれいに脂《あぶら》が散ってブリのように見える身の締まった海峡鯖《さば》のコク。俎板《まないた》に叩きつけるときゅっと身がそっくり返る活《い》きつぶ貝は、香りはサザエに近くコリッと甘い。ぽん酢に青柚子《あおゆず》皮と菊花弁を散らしたナマコは、ナマコ狂の私を絶句させた過去最高の逸品。日本海、津軽海峡、陸奥《むつ》湾、太平洋と四つの海をもつ青森の魚の実力をまざまざと知った。その店へまたやって来た。

「こんちは」

「いらっしゃい」

主人・佐々木理郎さんが包丁の手を止めずにこちらを見る。カウンターに座りまず目に入るのは、ずらりと貼った突き板に筆で大書した品書きだ。岩牡蠣、深浦糸モズク、今別《いまべつ》天然ホヤ、平舘油目刺《たいらだてあぶらめざし》、小泊《こどまり》イカ刺、今別真鯛刺《まだいさし》、海峡活ツブ貝、深浦本マグロ、陸奥湾活ホタテ、ヒラメ昆布〆《こぶじめ》……。さてどうしたらよいかを見越したように最後に「刺身ちょっと盛り」とあり、やはりここに落ち着いた。

そのちょっと盛りは、ちょっとではないしっかり盛りが六品、味はもちろん言うことなしで九八〇円は超お徳用だ。「食べなきゃ損する」と添え書きのつく岩牡蠣は十三湖《じゅうさんこ》産で、二〇センチほどもあるずしりと重い殻は水中で相当ながく生きたものだろう。八月に最も脂がのるが、今の清潔フレッシュなコクもたいへん良い。これでたったの四八〇円は十三湖の水神様に許されないのではないだろうか。

酒は田酒《でんしゅ》、愛娘、亀吉、作田の青森地酒に、山形の東北泉が加わるのは、佐々木さんの母校青森高校の後輩が杜氏《とうじ》をしているからとか。「愛娘」は当店のプライベートブランドで「めご」と読み、「豊盃《ほうはい》」を作る三浦酒造の津軽杜氏・対馬義昭さんに豊盃米を使ってと頼んだもの。その対馬さんは三年前「玉垂《たまだれ》」の蔵に移り「亀吉」という名酒を生んでヒットした。「愛娘」純米吟醸はフレッシュ、「亀吉」無濾過《むろか》生原酒は氷を一個浮かべるとちょうどよい。どちらも水がおいしい酒だ。佐々木さんは生酒の〝ナマナマ〟が大好きという。

私が初めて来た時は口の重かった佐々木さんだが今はなんでも話せる。最初はとっつきが悪いけれど気心が知れると一気に親しくなるのが青森人と聞いたがそうかもしれない。食も酒も青森にこだわるが、魚ばかりは海次第、出漁できるのは二日に一度よりは多いか、くらいの確率だそうだ。

出すの忘れてたと出てきたお通し「小イカのゴロ煮」に酒がすすむ。大きなソイ(マゾイ)の煮魚は腹に葱《ねぎ》をいっぱい抱かせて煮てあり、これも箸《はし》が止まらない。白神山地《しらかみさんち》のワラビは太く逞《たくま》しいが筋っぽくなく味が濃い。青森ではお浸しを辛子で食べるそうで、はたして辛子醬油がじつに合う。野菜をと何気なく頼んだ何もしていないきゅうりがまた美味で、純粋無垢とはこのことかとしみじみと眺める。

きわめつきは今別のホヤだ。ホヤにつきもののきゅうりを敷き、上に山菜のミズをのせ、刺身とおなじくここにも菊の花びらが散る。菊は消毒作用があるので刺身に添え、食べてもよいものだ。別の小皿にはホヤの体内水に小さな心臓が沈み、ホヤという生物に心臓があるとは知らなかった。そのホヤのエグ味をさらりと流す日本酒がうまくてたまらない。

丸刈りの佐々木さんは実直そのもので、頼りになる感じのおかみさんがまたいい。

「青森は世界遺産の白神山地の森が命です。ここを通った水が山菜も野菜も育て、十三湖の水になり、海に出て魚を良くする。米も酒も同じ。青森の食のすべての基礎が水にあります」

佐々木さんが強調する。青森の青い森は白神山地のことだ。私が驚いたこの店のすべての味の良さは水から来ている、とはとてもいい話を聞いた。

店頭、カウンター端、広い座敷に置かれたねぶたの大きな頭は祭に使った本物だ。ねぶた人形は毎年作り、祭が終わると廃棄するのがもったいないと、ねぶた絵師の第一人者・北村隆さんの作をもらって飾った。室内では本当に大きく、灯が入ってカッとにらむ眼力が圧倒する。

店名の「ふく郎」は漢字で書けば「福郎」。この店で福が郎党になれば良いとつけたが、カウンターは客の持ってきたフクロウの人形でいっぱいだ。客が土産を持ってくる店は必ずよい店だ。ギリシャ、ポルトガル、中国などフクロウの置物は世界中にあるそうだ。

フクロウは森の賢者と言われる。白神山地の森にもフクロウはいるにちがいない。

〈2009.6〉

8　しまや

弘前《ひろさき》の「しまや」には特別な想《おも》いがある。十数年前、初めての地で何もわからず、町の魚屋で聞いて入った店だ。おばさんばかり四人、カウンターのバットにいろいろな料理が並ぶだけの水商売気のない居酒屋で、私は本物の津軽の郷土家庭料理を知り、女主人・嶋谷きみさんの毅然《きぜん》とした、しかし母のような温かな人柄に出会った。

「ごめんください」

「あらー、太田さん、待っとった」

迎えるのはきみさんではない。きみさんは昨年一〇月、七三歳で亡《な》くなられ、店は手伝っていた娘の啓子さんが継いだ。私はお悔やみを述べた。

店は女ばかりで変わらずやっている。

「夏に来られたのは初めてでっすね」

そう言われるといつも冬で、タラのじゃっぱ汁は欠かさなかった。夏の終わりの今は並ぶ料理も違う。今日も端から食べたい。

長い竹串《たけぐし》にびっしり刺した「茗荷《みょうが》の田楽」は、すでに焼いてあるのを少し火にかざして出す。味噌《みそ》をつけて焼いてはだめで、まず茗荷を素焼きし、そこに水溶き味噌をかけ回して遠火で焼くのだそうだ。大きな茗荷は縮んで小さくなり、香り辛みが残って絶品だ。

塩鯨（鯨脂《あぶら》の塩漬け）を刻み入れた「おから、ミズ（粘りのある山菜）、塩鯨の酢みそ和え」は辛子のきいた薄い酢味噌がたいへん上品だが、これでも味が濃いのだそうだ。煮茄子《になす》を超特大の赤シソ葉で巻いた「ナスのシソ巻」の香りのすばらしさ。勧められた「大鰐《おおわに》もやし炒め」は、名産地大鰐のもやしを人参《にんじん》、油揚と炒《いた》めただけのものだが、どうしてこんなにうまいのだろう。私の好きな一年中ある介党鱈《すけとうだら》の「棒タラ煮」は「これは簡単。煮たら、何しろ動かしちゃいけない」、火にかけたら別のことをしながらするのがよい。「早生《わせ》しめじ煮浸し」はきのこの手入れが肝心で、まず熱湯で煮てゴミを取り、水にさらし、昆布と鰹節《かつおぶし》の出汁《だし》に清水森《みずもり》（名産地）の南蛮《ナンバ》（唐辛子）を入れて三〇～四〇分煮る。きのこは煮えているように見えてそうでなく、腹あたりするからしっかり煮る。散らした菊の花びらの移り香がいい。

要は手間と知恵だ。材料は季節になれば手に入る身の周りのものばかりだ。

しかし青森県は日本海、津軽海峡、陸奥湾、太平洋の四つの異なる海を持ち、すぐ隣は北海道で、北のあらゆる魚が獲れる。小川原湖《おがわらこ》、十三湖のシジミ、田子町《たっこまち》のニンニクは日本一、リンゴはもちろんスイカ、ぶどう、メロンなど果物、山菜にはこと欠かない。なにげなく酢味噌ぬたに使っているマグロも津軽半島の突端、三厩《みんまや》に揚がったものだから、最高級大間《おおま》マグロと同じものだ。

初めて来た時、きみさんから「郷土料理が忘れられそうで、今、雑誌に書いてるの」と聞いた。その雑誌『童子』は俳人・辻《つじ》桃子さんの主宰する俳句誌で、辻さんが夫の弘前赴任で越してきた日しまやに入り、きみさんが「堅香子《かたかご》」（カタクリの花のこと）の名で俳句を詠《よ》むと知って寄稿を依頼した。連載「津軽料理歳時記」は三六種の料理が紹介され、文と絵・辻桃子、料理・嶋谷木実女とある。筆名「木実女」は女流俳人・鈴木真砂女にならい周りがつけてくれた。句誌の連載らしく毎回の最後は俳句だ。例えば「帆立の貝焼《かやき》味噌」の回。

貝焼味噌食うて大きな貝残る　桃子

風邪の床貝焼味噌の匂《にお》ひ来る　木実女

また「身欠鰊《みがき》とつぶ貝」。

身欠鰊煮る夜の雪空の晴れわたり　桃子
つぶ煮るや旧の師走《しわす》の十六夜　木実女

東京の料理学校を出たきみさんは弘前の桶屋《おけや》町でお茶漬屋を始めたが、銀行の人から元大工町は官庁が多いから早い時間に客が来ると勧められてここを開き、「自分の知っているものを作れば、残ったら自分で食べられる」と家庭料理を出した。手伝っていた啓子さんは、あるとき客が「この店の料理はうちの母ちゃでも作れる」と言ったのでむっとしたが、続けて「その母ちゃが、作らなくなったんだ」ともらし、この客は常連が多いわけを知った。

啓子さんは二〇代で母を亡くし、母の妹のきみさんが母がわりになった。料理好きでひとり身のきみさんは啓子さんをよく食べに連れていってくれ、やがて養女となった。店を四〇年続けたきみさんが独身のまま亡くなると、大勢の常連客が一致協力して葬儀を出してくれた。

その話までくると啓子さんは涙で顔がくしゃくしゃになった。「母が死んでノイローゼのようになり」、店はもう閉めようと休業の貼紙《はりがみ》を出したところ、「しまやを閉めたら母ちゃの料理が食えん、やれ」「太田さんの本を見て遠くから来た人が、貼紙にがっかりしてるぞ」と電話が鳴り続け、これはやらないわけにはゆかないと気を取り直した。

「母はまだここにいるような気がします」顔がまたくしゃくしゃだ。

弘前地酒「豊盃《ほうはい》」がうまい。きみさんは「火当たりが柔らかく長持ちして、お燗《かん》には一番いいの」と練炭七輪の鍋《なべ》の脇《わき》にいつも立っていた。今は啓子さんが立つ。私は持参した私のデザインした盃《さかずき》を渡すと、啓子さんはおしいただき、きみさんはお酒を飲めなかったのでご飯を盛って供えますと言った。

「ではお酒、もう一本」

「はい」

啓子さんは目もとを指で拭《ふ》き、拝むように盃をちょっと上げ、にっこりと笑った。

〈2008.8〉

9　ばんや

八戸《はちのへ》の居酒屋「ばんや」は大正時代の古い料亭を改造した千本格子《ごうし》の木造総二階で、市内真ん中の六日町交差点角にそこだけが古い。番屋風の店内は太い柱、厚い木のカ

郷土料理の店 ばんや
ばんや

ウンターが艶《つや》を帯び、天井からガラス浮玉、干物魚、高野豆腐、吊《つ》るし干柿《ほしがき》などがたくさん下がる。正面は地酒をはじめ全国の名酒一升瓶が並び、上は本棚だ。

「ごぶさたでした」

「いやどうも」

主人は転んで目を打ったとかで、照れ臭そうに眼帯に手をやった。

青森県は南部地方と津軽地方で風土も料理も異なる。カウンターに並ぶ大皿は生粋の青森南部地方の郷土料理だ。「茗荷のみそ炒め」「ミズの炒め」「イカのとも（ワタ）和《あ》え」「めぬけのカマ」「馬肉ごぼう煮」「蕗《ふき》とワラビの煮物」「つぶ貝煮」などなど。しかし初めて来たとき料理名を尋ねると「いや、そんなものないですよ」と笑った。しかし調味料は、南蛮・麹《こうじ》・醤油《しょうゆ》、各一升をまぜて寝かした「南部一升漬」というものを教わった。ぴりりと辛いこれで東北の長い冬の料理を工夫する。初めて来たのはおよそ二〇年以上も前、居酒屋研究会の東北研究旅で、ほんとにぶらりと入り、北国らしい居酒屋を喜んだ。

「あの時は大勢で賑《にぎ》やかでしたね」

面目ない、まだ若かった。今はカウンターでひとり酒だ。

幾度か来て、私はやわらかな南部なまりでとつとつと話す主人・類家《るいけ》正人さんに惹《ひ》かれていった。八戸生まれの類家さんは東京の武蔵野《むさしの》美術学校（現・武蔵野美大）西洋画科に進学。六〇年代は前衛美術の嵐《あらし》のまっただ中で、当時東京のデザイン学生だった私と話が合う。類家さんは大学で荒川修作と同期、当時最も過激なハプニング集団と言われた「ゼロ次元」に参加していたと聞き、私は目を丸くした。幼い頃から漫画（石ノ森章太郎と東日本漫画研究会を結成）、書（個展も開く）、美術（ばりばりの抽象）と幅広い関心を持ち、今は現役詩人で作品を発表、新聞雑誌にエッセイ、批評の連載をもつ。いくつかを読ませていただいたが、ときに博覧、ときにロマンチックな文はさすがは詩人とうならされた。

三〇歳のとき八戸に戻り、画廊を開こう、名前はデュシャンの作品からとろうと張りきったが「まあ無理」で、ジャズ喫茶「ＢＡＮ」を始めた。しかし父から「そんなんじゃ夫婦、子供四人、両親の計八人を養えんだろう」と意見され、居酒屋にした。「ＢＡＮに屋をつけて、ばんやです」と笑う。

料理は全くできず、母が昔からの料理を嫁に教えてそれを出し、今は息子さんも調理場に立つ。以来四十数年。訪れた面々の逸話が面白い。

最も親交深かったのはドイツ文学者の種村季弘《すえひろ》氏で、唐《から》十郎率いる劇団状況劇場の名女形《おやま》・四谷シモン氏とは何度も一緒に来た。山口昌男《まさお》氏と来た種村先生に「脳梗塞《のうこうそく》で三ヶ月入院した」と話すと「小児用バファリンを飲んで毎日一万歩あるけ」と言われたが実行してないと頭を搔《か》く。映画監督・浦山桐郎《きりお》氏が来店したときも種村先生は二階で飲んでいたが、酒乱で知られる監督に「みつからなくてよかった」ともらした。浦山監督は、最後は椅子《いす》ごと後ろに倒れるという期待通りの酔い方だったとか。四谷シモン氏が女優江波杏子《きょうこ》さんと来た時「どこか面白い所ないか」ときかれ、友達の歌舞伎《かぶき》役者くずれがステージで踊る店「モンシェリ」を紹介すると行き、なかなか良かったらしく、お花（投げ銭）を投げてきたそうだ。種村先生も、浦山監督も、四谷シモン氏も私は「大」のつくファン、盃を口に運ぶのも忘れて聞き入る。

女優・太地喜和子さんは「雪中梅《せっちゅうばい》」一升瓶をきれいに空け、キンキ焼魚を一尾召し上がり「この二つあれば何もいらないわ」と仰《おっしゃ》るので、いたずら心から、当時の勘九郎との噂《うわさ》を念頭に「こちらは？」と親指を立てると「それは別」と艶然《えんぜん》と笑った。黒いセーターに肌は透き通るようにきれいで、化粧した舞台姿より美しかったそうだ。

渡辺文雄さんも幾度も来られたそうで、親交があった私はさらに一膝《ひとひざ》のり出した。「君は大島渚《なぎさ》の映画を見たか」と問われ、「『日本春歌考』あたりはすばらしいが『愛のコリーダ』はフロイトが下敷きで今ひとつ」と類家さんが言うと「君はぼくの友達をけなすのか！」と指さされ閉口した。

「あっははは」

「あげくに『メカブと身欠きニシン買ってこい、明日新宿行ってそれで飲む』と言われ、翌日お届けしましたよ」

「ははは、新宿でね」。渡辺さん、新宿のどこでしたか？

種村先生、浦山監督、太地喜和子さん、渡辺文雄さんは今は亡い。四〇年も前、大学生だった私は新宿花園神社の状況劇場公演に早くから並び一番前に座ったが、カストロ帽をかぶっていたせいか、女形シモン嬢から「ちょっとそこの自衛隊のお兄ちゃん！」とからかわれて顔を赤くした。その遥《はる》かなる後年、シモン氏とは湯島の居酒屋で挨拶《あいさつ》を交わす仲とはなった。

酔ってきた私は楽しい。姓「類家」はアイヌ語のルイケ（入江のある丘）で、それは戦があれば最前線で闘う地を意味すると高校の先生に教わったそうだ。芸術は戦いだ。芸術の闘士、類家さんの烈々たるアーチスト魂にまったく共感する。

「類家さん、乾杯しよう」

「すみません、お酒は止められていて……」

では、芸術に乾杯！

〈2008.8〉

10 源氏

杜《もり》の都仙台。青葉通り、晩翠《ばんすい》通り、定禅寺《じょうぜんじ》通りの欅《けやき》並木は冬を前にまだ緑濃い。緑濃い学問の町、そして居酒屋の町仙台が好きだ。仙台によい居酒屋が多いのは飲み屋横丁が多いからだが、私が日本一の飲み屋横丁と断じる東一連鎖街が再開発でなくなるのが痛い。東北の地方紙に飲み屋横丁による町おこしを書いたが効果はなかった。私のなじみも含む数軒がまだ営業しているけれど時間の問題になってしまった。あとは商業ビルが建つそうだが、日本中に同じようなものを作ってどうするのだろう。

しかし文化横丁が健在なのは嬉《うれ》しい。東一連鎖街もブンヨコ（文化横丁）も町外れではなく、市内目抜き大通りのすぐ脇《わき》路地なのが仙台の横丁の良さだ。文化横丁は大正一三年に横丁が通り、翌年活動写真常設館「文化キネマ」ができてこの名がつき、戦後さらに延長した。その後たそがれの横丁と思われたが、若い人により近年むしろ活性化している。新宿ゴールデン街もそうだが、若い人が昔の飲み屋街に、往年の文士が管《くだ》を巻くような泥臭い酒場を始めているのは、希薄化した人間関係の復活を求めているのかもしれない。

ご高説はともかく。文化横丁から肩幅ほどの極細路地に入り、さらに折れた先の行き止まりが「源氏」だ。開店昭和二五年。建物はここが横丁となる遥か以前の江戸末期か明治初期の石造りの米蔵で、床は石畳、内部は木。一歩入ると外の喧騒《けんそう》は絶たれ、舟底天井の下、大きなコの字カウンターを一枚板の腰掛が囲む。四方隅の灯りがぼうっと照らす静謐《せいひつ》な室内は、年代を経てよく磨かれ艶《つや》光りしている。

カウンターが囲む板の間に、着物に白割烹着《かっぽうぎ》、艶々した黒髪を舟形に結い上げた細面の美人おかみ一人が立つ。注文をうかがう他にあまり口を開くことなく、用のないときは隅の椅子《いす》に手を重ねて伏し目に座る。ほの暗い室内、おかみの古風な行儀、店にこもる昔の空気が気持を落ちつかせる。酒はコップ酒で、一杯ごとにお決まりのお通しがつく。今日の一杯目は蓮根《れんこん》・シシトウ・鮭子《さけこ》の炊《た》き合わせと、開店以来そろそろ六〇年になるぬか床のぬか漬け少し。二杯目は豆腐で、夏は冷や奴《やっこ》、冬は湯豆腐。三杯目は季節の刺身で、今日は〆鯖《しめさば》とカツオ、そしてしじみの味噌汁《みそしる》がつく。他にも一夜干しや塩うに、自家製胡麻《ごま》豆腐などの品書きビラが貼《は》られる。

燗酒は昔の流動式燗付器《かんづけき》だ。上から入れた酒が寸胴《ずんどう》の湯の中のらせん管を通って温まり、下の蛇口でコップに受ける。温かみがやわらかくとてもおいしい。開店以来のもふくめ数台を大切に使っているそうだ。

源氏の静かな雰囲気は仙台の実業人や大学の先生たちに好まれ、東北大学は学長以下常連で、ここで教授会ができると言われた。創業先代は現おかみ高橋雛子《ひなこ》さんのご主人の母。見せていただいた写真は縞柄《しまがら》着物を粋《いき》に着こなし、竹久夢二の美人画にそっくりと評判だったそうで、さらに客を集めたにちがいない。写真背景の店内は今と全く変わらない。常連客には、毎日五時にきちんとネクタイを締めて来て、コップ二杯を飲んでゆく八〇歳の紳士もいる。七〇代は普通だが最近は若い女性も増えた。

二代目になっておよそ二五年が過ぎた。おかみは子育てを終えた四〇歳過ぎに、幼い頃聞いていた母の筑前琵琶《ちくぜんびわ》を思いだし、親孝行のつもりで琵琶を始めて魅力にとりつかれ、今は高橋旭盛の芸名をもつ筑前琵琶奏者として演奏会もこなすという。

コップ酒は三杯目になりしじみの味噌汁が出た。いただいて、さてと神輿《みこし》を上げると、おかみが奥から白い調理着の青年を呼んだ。

「息子です、今は料理をしています」

手を前に頭を下げる好青年だ。源氏も文化横丁もいつまでも続くにちがいない。


〈2007.10〉

11 一心

仙台最大の夜の繁華街・国分町から定禅寺通りをわたると居酒屋「一心」がある。

初めて来たのはおよそ二〇年以上も前だ。その頃私は居酒屋研究会なるものを組織して東北研究ツアーを敢行し、ここに入った。今でこそ普通になったが、野菜や魚の生産者名、漁港を明記した品書きや、今も正面に掲げられる貼紙「宮城県産酒は、宮城県民の宝です！」に店の志を感じ、宮城はすべての蔵が団結して〈みやぎ・純米酒の県〉を宣言、県米ササニシキによる酒造りも進めていると教わった。地酒や吟醸酒による日本酒ブームの頃で、私も日本酒のうまさにとりつかれ、飲むたびに発見があり、そのとき飲んだプライベートブランド酒「一心」（伏見男山・純米大吟醸中汲《く》み）の清雅な艶を今も覚えている。一心創業者の柳澤光基さんはひと冬、そこに蔵入りして酒造りを体験したこともきいた。

その彼は今日はあいにく〝未知の食材を探す放浪旅〟に出ているとかでいない。彼は面白い男で、食の現場を訪ね、体験するのを信条に品書きに反映しているとか。店を預かるのはよく訓練された、茶色の忍者風装束のぴちぴち美女軍団だ。あるとき酔って、柳澤さんに「ここはハレムか」と冷やかすと包丁を止め、「そんなこたあないです」とにんまりと笑った。

カウンターには宮城県産酒のすべて、さらに全国の優秀実力酒もたっぷり揃《そろ》い、およそ一〇〇銘柄の日本酒の充実は東北一。山田錦《にしき》の刈入れた稲束や、玄関には漫画『夏子の酒』の作者・尾瀬あきらさんの素敵な絵が飾られ、日本酒の気分がもりあがる。隅に尾瀬さんや私の本もある。解説、漫画入りの手書き品書きは日本酒への愛に溢《あふ》れる力作。酒、肴《さかな》、熱意の生み出す充実感が店全体にみなぎる。本日私の隣席は三重県で居酒屋をしているというご夫妻で、名物「活《い》き牡丹《ぼたん》エビ・本マグロ・帆立」の豪華な三点盛りお通しにご満足の様子だ。

さてそれでは最新の宮城酒を味わおう。最近人気の「伯楽星《はくらくせい》・ひやおろし」は今年は味がまろやかになったようだ。同じくひやおろしの「乾坤一《けんこんいち》」は滑らかにスッと切れ、スミレの花の香りがする。この蔵には私が教えていた大学の学生が蔵人《くらびと》に入ったときいた。品書きで燗を奨《すす》めている「黄金澤《こがねさわ》・山廃純米」は燗あがりが力強い。すべて燗で味わったが、どれも酒の個性に合わせた細心の燗具合が絶妙だ。

三本目の酒を置いた店の女性が「太田さん、あの」と小声で話しかけた。

ながい常連客に医者の先生がいた。先生は私の本で一心を知って来るようになったと話し、お子さんの名前ミーちゃんから、福岡の「三井《みい》の寿《ことぶき》」を好み愛飲した。いつも仲良しの病院関係の方と来て、その方の留学や利《き》き酒師合格の節目には祝いをした。先生は五〇代でガンになり入院。その方が見舞いに行くと「一心のスタンプカード一五点で酒一本プレゼントになる。これをお前にやる」と渡した。先生は亡《な》くなり、その方は一心に報告に来てカードを出し、先生に献杯したいと言った。店はそのカードを永久パスポートとして、必ず「三井の寿」を一杯出すことにしたという。

杜の都仙台。この町にまた来て、酒を飲もう。　〈2007.10〉

12　福よし

〽流す涙で割る酒は
だました男の味がする
あなたの影をひきずりながら

港、宮古　釜石《かまいし》　気仙沼

気仙沼港にある森進一「港町ブルース」の歌碑は「気仙沼」の字がひときわ大きい。

夕方の居酒屋に入る前に気仙沼の町を歩いてみた。リアス式海岸の気仙沼港は、湾からまたその奥の湾へ折れ曲がるように入り込み、波はすっかり静まって穏やかだ。この港だけは台風が来ても乗組員は船を残して酒を飲みに出るという。対岸の緑の松に囲まれた赤い鳥居の神社は船の安全祈願だろうか。かもめがキューキューと啼《な》いて飛び交う岸壁には中型漁船がいくつも停泊し、カツオ一本釣の長い竿《さお》が天を指して林立する。「優勝」の大漁旗を誇らしげに上げる一隻《せき》は舳先《へさき》に「三重県北牟婁郡《きたむろぐん》紀伊《きい》長島町」とある。

岸壁は船を囲むようにウッドデッキが敷かれ、船上の人と大声を出さずに話せる距離だ。あたりは小公園に整備され、こういう船と人の親しみがわく港はもう少ない。気仙沼港はカツオ水揚げ日本一でサンマも名高く、「さんま川柳全国誌上大会」なる石碑の第一回特選は〈さんま焼く網から海が雫《しずく》する〉。なるほどなあ。

海岸の通りは、瓦《かわら》の二階家や石造ビルの魚問屋や商店が、海に向いて船を迎えるようにずらりと立ち並ぶ。逆に洋上の船から見える人家の灯《あか》りは帰港の安堵感《あんどかん》をかき立てることだろう。私は日本各地の港町を訪ねたが、どこも冷蔵倉庫や巨大クレーンば

気仙沼港
魚料理
福よし

かりで人の住む気配はなかった。この気仙沼港は歌などでイメージする港町そのままだ。海岸通りの裏は銭湯、床屋、洋品店、料亭、旅館だ。航海を終えて陸《おか》に上がった漁船員は、床屋で髭《ひげ》をあたり、風呂《ふろ》をあび、新品の下着に替えて、網元や漁業会社の用意した宴席に向かう。気仙沼は戦災に遭わず、漁業全盛時代の木造総二階の大料亭や旅館、商家がいくつも残る。古い町の好きな私は、飽かずに表から裏へと通りを歩いた。

夕闇《ゆうやみ》が訪れ居酒屋「福よし」に入った。通りに向いた紺のれんは、「鯛の鯛《たい》」（鯛など魚の胸びれ付け根にある穴あきの骨。鯛の形に似ている）を向かい合わせにして白浪《しらなみ》で囲んだ秀逸なデザイン。カウンター、大小座敷と入り組んだ店内は、舟板や古民家古材で凝って造られ、壁は一〇〇〜三〇〇年前の古篠竹《しのだけ》だ。厚さ二〇センチのカウンターは榧《かや》で、寺の庫裏《くり》用に切り出したが大きすぎてここに来た。榧は最高級碁盤に使う木だ。オレンジ色が美しい電灯はホヤを乾燥させたものという。

「いらっしゃい、お久しぶりです」

数年ぶりに同じ席に座る。カウンター上の針金の輪に集めた「鯛の鯛」は数が増えたようだ。夏の終りのこの季節に来るのは戻りカツオとサンマのためだが、さらにサワラ、ムツもある。ようやく水温が下がり、脂《あぶら》がのり始めたという超厚切りカツオ刺身は、透明な香りと鉄分の血の味がたまらなくおいしい。またここでは日本一と言われる気仙沼・畠山重篤さんの水山養殖場牡蠣《かき》が食べられる。この時季はまだ若いが、すでに清潔にしてグラマーなボディ、味はさすがだ。酒「福よし」は地元の「伏見男山」の純米大吟醸で、ぶどうの香りがし、フレッシュな牡蠣に最高に合う。海岸通りにある伏見男山本店は、酒蔵には珍しい装飾ゆたかな古い石造三階西洋建築だった。

サンマはすでに頼んである。魚を焼く囲炉裏《いろり》の灰には、真ん中の炭火を一周する水を張ったステンレスプールが置かれ、串《くし》刺しのサンマをプールに向け斜めに立てる。真っ赤に熾《おこ》った炭火の遠赤外線熱でにじみ出た脂はぽたぽたとプールの水に落ち、串を伝わる脂は根元の脂受け紙にたまる。これは脂が灰に落ちると灰が固まるのを防ぐための工夫だ。よって脂が火に落ちて燃えることはないから煙は全く立たない。客は囲炉裏を囲むカウンターで一杯やりながら焼けるのを待つ。

「見ながら待つのがいいんですよ。火を囲むと皆で同じ話をするようになるんです」

焼いている間は、絶えず炭火の強弱と魚の距離を調整し目を放さない。そうして三〇分、ようやく一尾が焼き上がった。

サンマは腹がうまい。このパリッと焼けた腹を皮ごとひとまとめに口に入れると、いろいろなワタはじっくり当てた炭火熱により腹の中で煮えて魚スープのように渾然《こんぜん》となり、小骨は溶け消えたのか一本も口から抜き出さない。皮は焦《こ》げ、身はほこほこ。ワタが半生の普通の焼サンマとは全くちがい、腹の中をひとつの料理にして、サンマとはかくも豊かな味を持つのかと唸《うな》るみごとなものだ。

福よしは昭和五三年開店。兄・村上健一さんが炉端、弟・小野修一さんが板前の兄弟だ。「港に入る船の見える、港の酒場をやりたかった」という兄さんの言葉がいい。店には長い航海の船を下りた乗組員が、日本中から「ただいま」とやってくるそうだ。遠洋に出航のときは自家製のふき味噌《みそ》を持たせてやると、魚ばかりの船の食事に重宝され、お土産のワインに化ける。乗組員の「一〇ヶ月船に乗って捕ってきた魚だから、大事に食ってくれよ」の言葉が身にしみるそうだ。

「へい、特製」

弟さんがぽんと置いたのは、カツオを醤油《しょうゆ》タレに五分浸けた「づけ」のにぎり寿司《ずし》だ。映画『七人の侍』で、野武士襲来から村の守りを懇願する百姓に負けた島田勘兵衛《かんべえ》は、出された碗《わん》を手に「この飯、おろそかには食わぬぞ」と答える。「このカツオ、おろそかには食わぬぞ」口に運んだカツオは千金の味がした。

店を出て、人ひとりいない海岸道路を横切り、岸壁に立った。誰もいない夜の港は静かだ。満月が煌々《こうこう》と船を照らしている。甲板では二、三人が月見酒としゃれているようだった。

〈2007.10〉

13 とらや

川のある町が好きだ。盛岡、中津川の中ノ橋に立つといつも深呼吸したくなる。中津川ほど自然の息吹《いぶき》のままに町の中を流れる川を知らない。晩秋に川を遡上《そじょう》する鮭が橋から見えるのはここだけだろう。

中ノ橋を東に渡った盛岡八幡宮《はちまんぐう》に通じる門前の八幡町は古い飲み屋街で、今の繁華街・大通よりもこちらの風情《ふぜい》を好む人もいるときく。私もその一人だ。八幡町入口の「とらや」は四〇年以上になる古い居酒屋だ。

「こんちは」

「いらっしゃい」

貫禄《かんろく》あるお母さんが懐《なつ》かしい。「どうも」いつも台所にいるハンサムな主人が珍しく挨拶《あいさつ》に出てきた。後ろに立つお嬢さんは初めてだ。たいへんな美人に驚いたがすぐ戻ってしまう。

「すごい美人の娘さん、いたんじゃない！」

「そうよ、お客さんから（お前と）替われと言われてるけど、しょす（恥ずかしい）って」

請《こ》われて某地元企業のテレビＣＭにモデルで出演したという。「さんさ（さんさ踊り）に出ないの」と聞くと「しょす」そうだ。「私が出たら震度三」とお母さんが笑う。私は数年前大学のゼミ学生とさんさ踊りを見に来て、東北に美人が多いというのは本当だとわかった。白い二の腕を袖《そで》から思いきり伸ばし、大きく振り回す踊りの列が、短い夏を惜しむようにゆっくりといつまでも続く。地域によりいろんな唄《うた》をもち「あそこに、いい色男がいる。わたしお嫁にゆきたい」というのがあると聞いた。

汐《しお》にただよう弓一張に
九郎義経《よしつね》名を惜しむ
八幡祭に引き出す山車《だし》に
引くやめ組の勇み肌

秋九月の八幡祭唄の白扇が飾られる。このあたりは「い組」。ゆるゆる引かれる山車は門附《かどづ》けして祝儀《しゅうぎ》をもらい、その家の繁栄を歌う。祭の呼び物は神前の流鏑馬《やぶさめ》で、矢の的中した的は縁起物として大切にされるそうだ。東北も仙台あたりはまだ東京経済圏のにおいがするけれど、盛岡まで来るとそれは消え、独自の文化が姿を現わすことを何度も来るうちに知った。

とらやでは「豆腐」と「なんばん天」を必ず注文する。大きな一丁に辛子を塗り、削り節、葱《ねぎ》、海苔《のり》を盛大にのせた「豆腐」は八幡祭の頃から温めた豆腐に替わる。ある農家だけで作っている、皮が厚くねばりのある青唐辛子「餅《もち》南蛮」をカラリと揚げた「なんばん天」は、時々まじる猛烈に辛い「当たり」に客が悲鳴を上げるが、やっぱり辛いのがないと面白くなく、皆これを恰好《かっこう》の話題にする。私は初めて来た時、なんのなんのと高をくくってかじりつき、その後三〇分、氷水に舌を浸《つ》けてしゃべることもできない羽目になった。

古びているがよく拭《ふ》かれて清潔なL字カウンターに、夕方になるとどこからともなく客が来て、のどかな時間をすごしてゆく。もう「芋の子汁」「きのこ鍋《なべ》」の季節だ。

とらやは主人・阿部真さんの母が始め、主人は高校卒業式を終えた日の夜行で浅草の料亭に入り、七年修業して戻った。二階は宴会、下は客で、女性も三人使って朝九時から深夜の午前三時まで大忙しだった。二人娘に恵まれ、長女のお孫さんがかわいいと目を細める。

地方の居酒屋の、のんびりしたくつろぎが限りなく気持を休める。私が盛岡を好きなのは、周りを山に囲まれ、町中に川の流れる私の故郷松本に、地勢も気候も似ているからかもしれないが、古くからの人間関係のない町は故郷とはちがう気楽さがある。ひとつ聞きたいな。

「さっきのお嬢さんの名前、なに？」

「道子」

なんと良い名前だろう。またひとつ盛岡が好きになった。

〈2008.8〉

14　こまつ

一関のジャズ喫茶「ベイシー」はジャズファンによく知られるが、最近よい居酒屋を知り、ベイシーに加え一関に行く楽しみが増えた。

賑《にぎ》わいもない駅前から離れた空地のような所に、ぽつりと立つ白壁の蔵が居酒屋「こまつ」だ。明治三〇年築の醤油倉庫を、主人が一〇年前手に入れ改築した。電気も水道もガスもなかった蔵は、居酒屋用にというよりは改築そのものを楽しんだ様子がありありで、私が初めてきた時うれしそうに苦心のところを説明した。蔵は民家の六尺と違い三尺間隔に密に柱を立て、ここの材は栗《くり》。二階畳座敷の四〇センチはある巨大な二本の梁《はり》は「く」の字に曲がった天然松で構造的に適《かな》っている。土間を一尺五寸上げた床は、古枕木《まくらぎ》を飛び石のように置いてコンクリートを流し、同じ面にして艶《つや》が出るまで磨きなじませた。大きな石の竈《かまど》から伸ばしたカウンターも面白い。金網の灯、柱時計など隅々まで気を配った店内は居心地満点だ。

主人の小松邦夫さんは蕎麦《そば》打ち歴が長く、息子さんは料理を勉強し、なら二人で蕎麦居酒屋をやろうとここをはじめた。私は昼に蕎麦をいただき、夕方飲みに来た。

「また来ました」

「やあ、どうぞ」

迎えるのは主人、奥さん、息子さん、娘さんの四人。皆さん「こまつ」名入りのTシャツ、ポロシャツ。娘さんは昼はよそにお勤めで一日二度働きだ。

蕎麦粉は岩手県葛巻町《くずまきまち》の契約栽培、魚は富山県氷見《ひみ》、宮城県気仙沼直送、そして鶏、鴨《かも》、野菜、米、すべて生産者と直結した素材の料理はみな魅力的だが、やはりまずは宮城県気仙沼市唐桑町《からくわ》・畠山重篤「水山養殖場」の牡蠣だ。牡蠣は冬と思われているが、最もうまいのは八月末あたりまでの夏と言う。ここのは畠山さんに特別に頼んだ夏牡蠣で、栄養豊富な（濁った）海で熟成させ、外洋に二週間移し、最後に紫外線で殺菌して水で清浄化する三度手間だ。殻付き生をはじめ、食べ方はいろいろある。

「今日は、松前焼」

「いいですね」

腕組みして注文を待っていた息子さんがにっこり笑う。運ばれた七輪の赤い炭火の網に大きな昆布を敷き、生牡蠣が五個ぷっくりと濡《ぬ》れて横たわる。「これは急いではダメです」厳命によりじっと待つうち、昆布の焦げるいい匂《にお》いが立ち、牡蠣から出た水がふつふつしてきた。私の手にはすでに箸《はし》がある。「まだまだ……、はい！ ひっくり返して」。二度ほど返し、ふうふう吹いて口に。海水の塩だけの清浄無垢《むく》に昆布の香りがうつり、普通は中にある黒いの（糞《ふん》です）が全く無い。ぷくんとふくらんだ身は甘く、ひだひだは旨《うま》みが濃い。合わせる「純米大吟醸・地主町《じしゅまち》」は一関のオリジナルブランドだ。

もう一つの名物はお母さんが畑で育てている超巨大ニンニクだ。初めて見たとき玉葱の小さいのと思った。一粒五〜六センチもある。素揚げを味噌で食べ、無臭でほこほこと柔らかい。

「お母さん、どうしてこんなに大きいの」

素朴すぎる質問だけど、「大きくなるのよ」とニコニコするばかり。風邪を引いたと近所の人が買いにくるそうだ。

「いらっしゃーい」

若い女性客が一人、次も若い女性二人組で常連のようだ。飲み屋街ではなく、家族でお母さんもいる安心感からか女性客はとても多いそうで、息子さんも張りきるというものだ。ビーバー型美人の娘さんは、昼のお勤めをすませ夜も店に立つのは大変だろうと思ったが、この家族の中に居る方がよいのだろう。お父さんお母さんは一歩退いてニコニコと兄妹《きょうだい》をもり立てる。

家族の温かさを、蔵ががっちりと守っていた。

〈2008.8〉

15　酒盃《しゅはい》

冬の長い秋田は酒飲み県と言われ、飲み方はずばり「だらだらと長い」。日曜日、男は午後をすぎると誰かの家に行き、しばらくしてその家の奥さんが別の家に「誰さんが来てる」と声をかけ、そこから「だぁが（だれが）」とやって来て、男三人揃《そろ》うと宴会開始。そのうち各家の奥さんが手料理を持って仲間入りしてくる。そんな話を一〇年前、居酒屋「酒盃」の主人・沖口《おきぐち》隆夫さんから聞いた。

秋田市役所に近い酒盃は、鋭角三角大屋根が天を突く山砦《さんさい》のような豪壮な建物だ。引戸を開け、三和土《たたき》で履物を脱ぎ板の間に上がる。ひんやりと黒光りする板床、仕切りの漆板戸、見事な古簞笥《だんす》や衝立《ついたて》は庄屋《しようや》屋敷のようだ。一階から二階を貫き三角天井まで達する三本の秋田杉丸柱は腰あたりまで縄を巻き力強い。紺作務衣《さむえ》の沖口さんは武芸者の風貌《ふうぼう》だったが、今はさっぱりと剃髪《ていはつ》して顎鬚《あごひげ》は白く、哲学者の面立ちになってきた。古い酒器や盆、箱膳《はこぜん》、鉄瓶、長火鉢、時計などが裸電球の柔らかな光に映える。

「若い時分から好きで集めてたんですが、使いたくなって」

東京の名バーにも勤めた沖口さんは、その頃からバーが終わると日本酒ばかり飲んでいたそうだ。集めた古道具を使ってここを始めて三〇年だが、一五年ほど前から秋田は酒質が向上し、市内川反《かわばた》通りの酒販店「まるひこ」主人と志を共にして、今は秋田県酒をはじめ全国の名酒が並ぶようになった。燗酒《かんざけ》とだけ注文して銘柄をまかせた地酒「雪《ゆき》の茅舎《ぼうしや》・山廃純米」は燗具合ぴたり。古い箱膳に並ぶお通しは、蕗煮《ふきに》・鮟《あん》胆《きも》・鶏《とり》手羽の煮こごり・鯨のづけ・さんまスモーク・キノコ網茸《あみたけ》の六皿。これだけでいつまでも飲めるが、やはり「貝《か》焼《やき》」を取らなければ。

秋田は小鍋立の王国で一年中、子供でも（ただし男だけ）「きゃぶろ」という小さなコンロで大人は酒、子供はご飯を一人一鍋で食べる。出汁《だし》の出る帆立貝の殻でするのが本式で、ハタハタ・豆腐・茄子《なす》・芹《せり》の「しょっつる貝焼」はその代表だ。塩鯨《しおくじら》（鯨脂の塩漬け）を使う「鯨と茄子の味噌貝焼」は夏のスタミナ食で沖口さんは子供のころよく食べさせられ、昔は茄子貝焼と言ったが、今は塩鯨の値段が高騰《こうとう》して鯨が名前の主役になった。白と緑が美しい「白魚と蓴菜《じゅんさい》の貝焼」が飛騨《ひだ》コンロの上で次第にふつふつと煮え、浅い貝殻から微妙にこぼれないところが面白い。酒盃の肴《さかな》はみな秋田の郷土料理に根ざし、そのエッセンスを洗練させたものだ。名居酒屋の誉れ高く、北海道・九州からも客が来る。東京のある二人は毎年二回二晩続きで来て、半合ずつ三〇種の酒を飲んでゆくそうだ。

「太田さんの本を持ってくる人も多いですよ」

「へえ」

初めての客に水を向けると『居酒屋味酒覧』をとり出すそうで有難いことだ。ある夏、俳優の角野卓造さんと男三人で竿灯《かんとう》祭を見がてらここに来たことがあった。早い時間から飲み始めたが竿灯行列が始まると「席、このままにしといて」と言い残して見物に走り、ほろ酔いの角野さんは道路脇《わき》の分電箱によじ登って電柱にしがみつき、手をかざして「やあ、よく見える」と上機嫌だった。

カウンターに黒セーターの麗《うるわ》しき女性が座った。

「そろそろ、だだみ（鱈《たら》白子）ね」

「うん、いま時季だよ」

沖口さんはまだ五八歳。ファンが多そうだ。居酒屋は自分の世界をつくることでもあり、その理想形がここにある。かくなる上は、いぶりがっこで酒もう一本、だらだら長く飲んでやれ。


〈2008.11〉

16　べらぼう

「木都」と呼ばれ、秋田杉の林業で栄えた能代《のしろ》は製材、銘木、建具などの木材関連業が盛んで、酒・醤油の樽《たる》業者も何十とあったそうだ。樽《たる》は今はおもに酒樽という。駅から離れたアーケードのある柳町が一応の商店街で、脇の稲荷小路《いなりこうじ》に数軒の飲み屋、スナックがある。

「こんちは」

「オ、らっしゃい」

居酒屋「べらぼう」の主人はぎょろりとした目が愛嬌《あいきょう》。白髪刈上げ頭に赤い細巻手《て》拭《ぬぐ》いを巻き、ちょいと差した鉛筆がトレードマークだ。

「いらっしゃいませ」

洗いものをしながらカウンターからにっこりする奥さんは、隙《すき》あらば冗談をとばしたい主人と名コンビ。外は木枯らし、燗酒で温まろう。酒は当店ブランド酒「うぼらべ」。分かり過ぎる名前だが、べらぼうとは能代の「べら坊凧《だこ》」の、ぎょろりと目を剝《む》き、舌を突き出しアッカンベーをした男凧・女凧一対の「べら坊」のことだ。ねぶたにも共通する極彩色の絵は東北らしく、何よりもここの主人にそっくりなのが笑ってしまう。さて一杯。

お通しの箒木《ほうきぎ》の実「とんぶり」は山芋すりおろしと混ぜた黒い粒々に、いま時季のシラウオがたくさん入るのがうれしい。これも時季のホッケの卵はやや大きめの緑色の粒々が美しく光る。

秋田名物「ハタハタのしょっつる」を、今日は塩魚汁《しょっつる》ではなく、これでやってみましたと奥さんが見せた瓶は「いさじゃの塩辛」というもの。秋田郷土食の本に〈いさじゃはアミの一種でエビに似た体長六ミリほどの魚。細いのと腐りが早いため塩蒸しか塩辛が保存がきき、利用法も多い〉とあるが、今は作る人はほとんどなく、八森のお婆《ばあ》さんのを分けてもらった。それで味をつけたハタハタのすまし汁はエビみその香りが香ばしく、大根おろしにのせた塩辛自体は、私の表現力では「神秘」としか言えない深遠な旨みが目を閉じさせる。酒を含み、これをほんの少しなめ、また酒を。アミノ酸だろうか、この世の味覚で旨味のある塩を超えるものはないのではないだろうか。

居酒屋べらぼうは知る人ぞ知る熱烈なファンをもち、東京から三ヶ月に一回ここだけのために、時には奥さん連れで来る人もいる。店にあふれる客からの土産や絵はきは海外からも多く、女性が顔を赤らめるものもあり、飾ったべら坊凧のように大らかで愉快な雰囲気をつくる。

主人・成田茂穂さんはここを始める前は、ひよこの雌雄を見分ける「初生雛《しょせいびな》鑑別師」をしていた。ひよこで役立つのは卵を産む雌で、孵化《ふか》してすぐ雌雄を分ける。見た目では分からない難しい鑑別技術は専門学校で習得し試験を受ける。見せてもらった「第四九回　全日本初生雛雌雄鑑別選手権大会成績表」は、一〇〇羽のひよこを正確にどれだけの速さで分けるかを競い、一位は雌雄鑑別満点、時間三分四二秒。一羽二秒の速さだ。その成績は良い就職先に結びつく。

二三歳で上位の成績をおさめた成田さんは就職先にドイツを選び、単身、ブレーメンに近い人口二〇〇〇人のアンカム村に行った。ヨーロッパの孵化場では一三人目の日本人だった。ベルギーと行ったり来たりして滞在二年半が過ぎて奥さんと子供二人を呼び寄せ、子供はキンダーガルテン（幼稚園）に入れた。やがて就学年になり義務教育は日本でと帰国を決める。そのとき子供は三人になっていた。帰国後試験に再挑戦し、今度はスウェーデン、ベルギー、チェコなどで計三年。三度目は無試験推薦で半年ほどずつ三回ノルウェーで働いた。

海外生活はいかがでしたかと奥さんに水を向けた。

「オランダでね……」

あるとき日本人仲間とレンタカーでオランダのチューリップ畑を見に行った。帰りに市内に入ると、同行車も含め市内をうろうろ。そのうちに公園に車を停めると男たちは全員いっせいに消え、二時間ほどして帰ってきた。

「ははぁ……」

「そうなのよ、女子供を車に残して、ホント腹立った」

主人の顔を盗み見ると「いや、ぼくも若い者の教育係だったし」と答えにならない返事だ。

「あっはっは」

ドイツから子連れで帰る時、花の都パリを一週間観光して帰ろうとホテルとエアラインを予約したが、直前に息子が太腿《ふともも》を骨折し、空港のエールフランスで怪我人《けがにん》は搭乗できないと言われ「命に別状あっても責任は問わない」の一文を書いて交渉し、乗った。

そうして二四歳から五〇歳まで海外を往復し、平成六年にこの居酒屋をはじめた。

そう聞くと長身小顔に鼻筋高い成田さんの顔はフランス人にもトルコ人にも見え世界中どこにもいるタイプ。ユーモアのある主人、陽気な奥さんは各国で愛されたに違いない。

「はい、これ」。鶏肉の袋を手に入ってきたツナギズボンに長靴は、比内地鶏の養鶏場を営む息子さんだ。幼稚園ではドイツ語で遊び回っていたが今はどうだかと父が言う。その比内地鶏と野芹、舞茸《まいたけ》に、ご飯を半搗《つ》きした「だまこもち」を入れた「だまっこ鍋」は、あらゆる出汁で比内地鶏に勝るものは無しと断言できる。

「べらぼう研究家」を自称する成田さんは舌出しべら坊のルーツを探し、中国雲南やインドネシア、バリなどを訪ね、これが最も近いとバリ島のお面を見せた。舌を出すのは悪魔を驚かす魔除《まよ》けだろうが、最近インカのマチュピチュを訪ねた客からの土産が舌出しの面で、環太平洋の伝習ではないかと言う。それが能代にあるのがおもしろい。

ひょうひょうとした主人をフォローする奥さんがいい。私が来るのは三年ぶりだが、奥さんはその間に心臓を患《わずら》い、一〇年来の客である心臓弁専門医の執刀により滋賀の病院で、心臓弁を摘出して人工弁にする一〇時間にも及ぶ大手術を受けたという。私には胸も凍るような話だ。一年後、店に来た先生に「お酒を飲んでよいでしょうか」と尋ねると「二人で乾杯しよう」と言ってくれた。勇気を得た奥さんは、店はスタッフがしっかりして私の出番もなくなったので、いま米代川《よねしろ》を見おろす川辺に小さな料理旅館を作っているところ。そちらにも来てねと笑う。

私は気づいた。ものに怖《お》じず、楽天的に突き進む夫婦の明るさがこの店の最大の魅力だと。ぺろりと舌を出すべら坊の愛嬌は人なつこい親しみの現れだった。

東北の奥にこんな居酒屋がある。

〈2008.11〉

17　いな舟《ふね》

庄内《しょうない》平野から雪をかぶった月山が見えた。一一月に入り、雷鳴とともに雨が降ってきたと思うと、雲の切れ目から太陽が射《さ》し、大きな虹《にじ》が浮かぶ。冬の庄内は気候が変わりやすいというが本当だ。

「ここしばらく海が荒れて、魚が安定しませんな」

鶴岡《つるおか》の割烹《かっぽう》料理屋「いな舟」の板前・伊藤明《いとうあきら》さんは首をふった。板前歴三八年の五八歳。酒田の有名料亭から、いな舟の若女将《おかみ》・山口貴子《やまぐちたかこ》さんに三顧の礼で迎えられ一二年。ほどよく色あせた厚い紺の作務衣《さむえ》に、落ちついた人柄が渋い。

以前ここに座ったとき「庄内は一年中、その時期に食べるものがあります」と豊かな食文化を教わった。春の「孟宗汁《もうそうじる》」「月山筍《がっさんだけ》」、夏の「民田《みんでん》なす」「岩がき」「口細《くちぼそ》カレイ」「だだちゃ豆」、秋の「温海《あつみ》かぶ」……。

今は初冬。魚が安定しないと言うけれど突き板に墨書した品書きは魅力的だ。お通しは菊の花のお浸し「もってのほか」。これは俗名で伊藤さんの調べでは正しくは

「延命楽《えんめいらく》」、これもよい名前だ。もってのほかを鯛《たい》の昆布〆《こぶじめ》で巻いた美しい一品は酒がすすむ。カレイは庄内の大切な魚で、今の時期の、ほんの一週間ほど獲《と》れる大羽《だいば》カレイ一塩干しの奥深い滋味は絶品だ。標準名ミズガレイ、水分が多いので一塩干しが合う。皿には、いちじく甘煮が添えられる。庄内柿《がき》とともにいちじくはどこの庭にもあり、甘く煮て正月過ぎまでお菓子代わりに食べる。大きな円正《マコ》ガレイは身が厚く、豊かな味の煮魚は醬油《しょうゆ》本位で、庄内は煮魚に砂糖は使わないそうだ。

「ハタハタはいかがですか」

「少し揚がりました、庄内は秋田よりも解禁が早いんです」

ハタハタは「鰰」と書き、別名カミナリウオ。冬の海に雷鳴が響くとやってくる。獲れたてを白湯《さゆ》でさっと湯がき、大根おろしで食べる「湯あげ」が最高の食べ方だ。

二〇年以上も前、居酒屋研究会の東北研究旅で初めてここに入り先代主人から教わった。その話をすると「憶《おぼ》えてます」と若女将が笑う。私は気がつかなかったが当時女将はまだ女子高生で、台所の陰から騒がしく飲む我々を見ていたそうだ。

「すみません、まだ若かったもので」

「いえいえ、東京の人が珍しくてのう」

庄内言葉「のう」がのどかな気分をかきたてる。額の白黒写真は先代がテレビ番組

「小川宏《ひろし》ショー」に郷土の味紹介でスタジオ出演したときのもので、長身痩軀《そうく》が懐《なつ》かしい。先代は一〇年ほど前に亡《な》くなり娘の貴子さんが店を継いだ。

横長の額におさめた突き板の書「念　山口瞳《ひとみ》」はナマズの絵が入り「鯰」と読ますのだろう。山口は三〇年ほど前画家とここを訪ね、すっかりご機嫌になり次々に筆をとった。貴子さんのお母さんの似顔に「庄内一の美人」と書いた一枚は母の厳命により「絶対非公開」と笑う。

別の書額「最上《もがみ》川のぼればくだる稲舟のいなにはあらずこの月ばかり」は古今和歌集だ。稲を積んだ舟が秋の最上川を往来するのどかな光景が浮かぶ。

鶴岡は、作家・藤沢周平の故郷だ。小説の場面を記した市内地図を片手に私もくまなく歩き回った。学問と武勇を尊ぶ下級武士の気概、それを信じてついてゆく女の清《せい》冽《れつ》な世界に、ファンは架空の海坂藩は鶴岡と信じている。

寒鱈を内臓まるごと味噌《みそ》仕立てにした熱い「どんがら汁」が運ばれてきた。寒鱈のうまさは藤沢の小説にも登場する。

「おお、それよ。寒の海から上る鱈などはたまらん」

「はい。寒の鱈、四月の筍《たけのこ》」　（『用心棒日月抄・孤剣』）

欠かせないおいしい肝は「食べると禿《は》げる」と脅して子供たちに食べさせなかった

そうだが、「私は禿げました」と伊藤さんは頭に手をやり笑わせた。フーフー。熱いのを吹き吹きしてすすり込む汁のうまさ。味噌と水だけで出汁は何も入れていない。添えた茄子漬は「梵天丸《ぼんてんまる》」という種で、皮の固い民田なすを薄皮に改良したものだが、味は民田が勝るという。ガリッと生姜《しょうが》のような嚙《か》み心地にほのかな甘味のある漬物は「菊芋」といい、河原あたりに菊より遅れて咲く黄色の小花の根を掘ると、束のように芋がついているそうだ。「菊より遅れて咲く黄色の小花」に藤沢小説の可憐《かれん》な娘を想《おも》う。白握り飯に味噌を塗って青菜漬の葉で巻き、少し焼いた「べんけい飯」は、東北を落ち行く弁慶が座った石に似る、その弁慶の法衣、弁慶の食べるような大きな握り飯と、由来はさまざま。子供の頃学校から帰ると、母が新聞紙に包んで炬燵《こたつ》に風呂敷《ふろしき》で吊《つ》っておいたのを開けて食べたそうだ。

　魚も野菜も食材のひとつひとつを名前までさかのぼり説明してくれる伊藤さんは、学問をする姿勢が感じられ、真剣のように怖い包丁を手にしたときの厳しい眼光は武士のようだ。まさに海坂藩の気概ここに在り。

　庄内は、本当の旬になるまで待ってからものを食べ、野菜も魚も味が細やかなのが特徴で、余計な味付けや飾りは無用という。これもまた藤沢文学の世界を表しているようだった。

〈2008.11〉

18　籠太《かごた》

会津若松駅前の白虎隊《びゃっこたい》銅像は小雨に濡《ぬ》れていた。戊辰《ぼしん》戦争で官軍に敗れた会津藩は城を明け渡し、藩士はそれぞれに下野。無念の想いは今も伝わるという。

会津を初めて訪れ、居酒屋「籠太」に入ったのはおよそ一〇年前だ。小さな居酒屋だったが今は料亭の中に移り、打ち水敷石の立派な門構えになった。しかし玄関を上がると居酒屋のときのようなカウンターをしつらえてある。

「作りは前の店と同じですね」

「ええ、それがねらいです」

ここはもともと主人・鈴木真也さんの料亭だが、客の顔が見える居酒屋の方が面白いと外で居酒屋を始めていただけに、変わらないと言われ嬉《うれ》しそうだ。台所を背にして、ここから一階、二階の座敷に酒料理が出てゆく。内装は会津の豊富な木材を使い、靴下を脱いだ素足に床の木が気持よい。ざらりとした質感を残した杉大木のカウンターは節目に味がある。

酒は隣町会津坂下《ばんげ》の、近年名酒の誉れ高い「飛露喜《ひろき》」だ。初めて来たとき、この仕込み第一号を「これを飲んでみてください」と出された。かつて鈴木さんは地元の清酒アカデミーに呼ばれ「中山峠の『ここより会津、酒の郷』の看板が恥ずかしい。日本にはもっとよい酒はいくらでもある」と話した。そのとき前列で熱心に聞いていたのが若い蔵人《くらびと》たちだったらしく、数年後に飛露喜を持ってきたそうだ。それまで会津は武骨な辛口酒を特徴としたが、豊かな旨《うま》みを持った飛露喜の成功により、会津坂下の「天明」、喜多方の「奈良萬《ならまん》」などを生み、最近評判の高い「会津娘」は前から応援していた小さな蔵で、わがことのようにうれしいという。東京の大学を出て京都で料理修業をした鈴木さんは、郷土の古誌を研究したり、有機農業を応援したりで社会を改良する兄貴分の雰囲気がある。古い友達に「これからは、こうあらねばならない」がお前の口癖だったと言われたと苦笑する。

「鰊山椒漬《にしんさんしょうづけ》」がおいしい。東北の山国は身欠き鰊や塩鯨《しおくじら》などの保存乾物調理にすぐれ、夏野菜をたっぷり入れた真夏の鯨汁はじつに美味だ。身欠き鰊を何日もかけて上等な酢でもどし、山にたっぷりある木の芽山椒で二度漬けした鰊の背は青と銀に光り、身は鮮やかなピンクで「新鮮」と言いたいほどだ。藩の時代、山に山椒の新芽が出る頃になると、新潟から若い娘が蹴出《けだ》しの「汐汲《しおく》み」の格好で鰊を売りに来る。会津の下級武士は「面目」にかけ借金してでも買い、娘も侍家が手元不如意《ふにょい》と察すれば掛け売りで置いてゆく。

「そうすると翌年も訪ねて来られる。若い武士と娘の出会いでもあったんでしょう」

もう一つの名物は根菜やキクラゲ、コンニャクなどを細かく刻み、干貝柱の出汁《だし》で煮た「こづゆ」だ。

「新潟の『のっぺ汁』、青森の『けの汁』など日本中に同じものがありますが、もとは寺の本膳《ほんぜん》料理と思います」

女衆が集まって、具を刻みながらいろいろな話をする社会教育の場でもあったと考えられると鈴木さんは言う。宴席では盆の真ん中に置かれ、他の料理は藁苞《わらづと》で家に持ち帰れるがこれだけはそうもならず、小さな椀蓋《わんぶた》で何杯もお代わりした。

「見わたせば薪《まき》も炭もなかりけり　米びつなどは秋の夕暮れ」

「表から勝手の見える徒《かち》の町　から（おから）雑炊に大根一切れ」

徒之《かちの》町の若侍は酔うとこの戯《ざ》れ唄《うた》を歌った。会津下級武士のつましい暮らしと意地が見えるようだ。

正面の紺地に「會」と一文字染め抜いた旗は、私も妻も家は会津藩士という鈴木さんが旗屋に作らせた会津藩隊旗だそうだ。座敷には会津藩士が仕えた最後の藩主・松平容保《かたもり》の書が掲げられる。鈴木さんの話には人の世を良くしてゆこうという会津藩士の気概が感じられる。

深まりゆく夜、話を聞きながらさらに盃《さかずき》を重ねた。

〈2007.10〉

19　魚仙《うおせん》

上越新幹線長岡駅は降りる人もまばらのまま、列車は北へ走り去った。雪国の町も今年はまだ本格的な大雪はないが、小さな商店の続く歩道のアーケードはかつての雪よけ雁木《がんぎ》の名残《なごり》を思わせる。

長岡の居酒屋「魚仙」に来るのは三度目だ。店の創業は大正期と古く、今の主人は三代目。新潟の酒に熱意を燃やし、新潟酒はすべてをそろえ、主催する新潟酒を飲む会「酔法師《よろぼし》の会」参加者氏名の寄せ書き額がいくつも並ぶ。年一度のこの会は毎年日本中から酒好きが集まり、昨年は参加六〇名、酒は一升瓶五二五本を用意し、一二〇本は完全に飲み切った。座敷に三段に並ぶ一升瓶の列の写真は壮観だ。

「平均一人二升ですか」

「ならせばそうですが、三升の人もいて、一人一升はふつうですね」

昨年で二六回を数え、ほとんどが一年一度この会で会えるのを楽しみにしている顔なじみ。会場は店の三階広間。瓶を端から試す人、好みの銘柄を抱え込む人といろいろだが、騒動が全くないのが自慢で、翌日は酒蔵見学などに案内する。

「料理は？」

「泡汁は必ず出します」

ブリを一本おろし、ブリ大根を煮て、酒造り工程で浮く泡を使って汁につくり、一人どんぶり三杯は食べているはずとのこと。粕汁《かすじる》のような味だろうか。それに新潟料理「のっぺ」を大量に大鍋《おおなべ》に用意し各自取りに来る。想像するに豪快な会場だ。

主人・板谷敏夫さんは新潟の酒を広く楽しんでもらおうと、当時、神奈川から長岡技術科学大学に通っていた、東芝の技術部長をしていた先生に相談し、謡曲「弱法師《よろぼし》」をもじり「酔法師の会」と名付けてもらった。先生は八五歳になられて、なお毎年参加。連絡、会場提供、酒の手配、料理出しと、主人の労力はたいへんだろう。

「女性は？」

「増えました、女性の方が飲みますね」

それは私の実感と一致している。飲むわよ、と宣言した女性は本当に強い。毎年四回ここを訪ねてくる東大病院の看護婦四人グループは半端《はんぱ》ではなく「まあエライ飲む」そうだ。

「おまちどおさま」

皿は「なめろう」だ。アジやイワシを葱《ねぎ》、生姜《しょうが》、味噌《みそ》などで叩《たた》く私の大好物漁師料理だが、ここのなめろうは冬の帝王、ブリ。叩いて粘りの出たブリなめろうの濃厚な旨みは、青魚のあっさりとは格が違う、まさに「キング・オブ・なめろう」。コツはニンニク味噌だそうで、なるほどわかる。

必ず注文するもうひとつは、油揚好きの私がこれぞ日本一と断定する「特製油揚」。新潟栃尾《とちお》の油揚は名高いが、主人は、こつこつやっている小さな油揚屋を知り「もう惚《ほ》れ込んじゃいまして」、たくさん作れないと言うのを拝み倒しているそうだ。山のような薪をぼんぼん焚《た》いて油を熱し、表裏と二〇分かけて揚げる油揚はパリッと軽く、大豆の香りがきれいに立ち、恥ずかしいが「天使の油揚」と私は言いたい。

八の字眉《まゆ》が人なつこい主人は俳優・角野卓造氏に顔も声も似て、気取りのない一本気な情熱がいい。飲んでいる燗酒《かんざけ》は大好きな「鶴《つる》の友」。主人は「新潟酒は安いものがレベルが高い。高級酒はそうでもないが、安い酒で勝負したら県外のどこにも負けない」と言う。その代表が鶴の友で、新潟古町芸者にうまい酒をきくと例外なくこれを挙げる。

主人の新潟酒への情熱が結集したのが、平成九年に完成した〈蒙御免　行司勧進元・割烹《かっぽう》魚仙〉と入る新潟酒の番付表だ。東横綱「越乃《こしの》寒梅《かんばい》」、西「雪中梅《せっちゅうばい》」。東大関「鶴の友」、西「〆張鶴《しめはりつる》」、等々の番付はもちろん遊び心もあるだろうが、頸城《くびき》・刈羽《かりわ》・越路《こしじ》・野積《のづみ》の越後四大杜氏《とうじ》分けを入れた杜氏名明記、「香気さらり」「引込香《ひきこみか》ほのか」「ふくらみ有」などの寸評、そしてすべてに施した解説文が力作だ。私もこういう酒の評を書かされることがあるが、微妙な味を書き分けるのはじつに難しい。それを七二本！　例えば鶴の友は〈昔ながらの手法からさらりとした端正な味わい。含み香ほのか、あとくちに余分な味が残らないキレの良さ。おかんをつけたらピカイチ〉は、じつに全くその通りで、無駄なく正確な表現は私などには到底書けない。私はせいぜい天使の油揚くらいだ。最近とみに評判高い「鶴齢《かくれい》」は〈塩沢の銘酒、『北越雪譜』の鈴木牧之《ぼくし》の命名。上立《うわだ》ち香、含み香よし、雪深い里の逞《たくま》しい気風が傑作を生む〉。たった一枚の紙に、調査、試飲、執筆など思い立ってからおよそ三年かかったという。

「これを飲んでみてくれませんか」

出された小瓶は「壱参壱弐」とある。

「1312、うちの昔の電話番号です」

主人は納得できるプライベートブランドを作って新潟酒を盛り上げたいと一念発起、こう名付けた。ラベルはすべて墨書手書きだ。

新潟の酒はおよそ二〇年前の地酒ブームで全国に知れ渡り、特徴「淡麗辛口」は酒を誉める代名詞のようになった。本物の日本酒は地方の地酒にありと、第一次日本酒黄金時代をつくった功績はまことに大きかったが、その後の大手ブランドの単調な量産と、右へ倣《なら》えの淡麗辛口が飽きられ、淡麗無口と皮肉を言う人もでてきた。一〇年ほど前、山形の若い蔵元杜氏のつくった「十四代」の大ヒットにより日本酒の好みは濃醇旨口《のうじゅんうまくち》にかわり、その成功を契機に各地の新世代杜氏の思い切った取り組みによる名酒が次々に誕生して、日本酒は第二次黄金時代を迎え、いつしか新潟酒は酒好きの話題にあまりのぼらなくなっていた。

「どこの蔵ですか？」

「『越の若竹』の上越酒造、わずか二五〇石の蔵です」

ひと口。派手さのない落ちついた口当たり。旨み、コクともにしっかりあって、なめらかにきれいだ。

「淡麗を残し、深い旨みがありますね」

昔の新潟酒を思い出すという私の感想に、主人は膝《ひざ》を打った。本来の新潟酒の実力に基づいたうえで新しい新潟酒を作りたいと小さな蔵をかなり回り、ここにたどりついたという。

主人の顔がうれしそうに輝く。これからの新潟酒が楽しみだ。


〈2008.1〉

20 ねんじり亭

魚津駅前のかけ流し水飲み場に〈うまい水〉の石碑が立ち、〈長生きしたけりゃ魚津においで、うまい空気に水がある〉と彫られ、駅正面には真っ白に雪をかぶった雄大な立山連峰が壁のようにそびえる。雪は春に融《と》け、冷たい伏流水となって富山湾にそそぐ。水を汲《く》みに大量の空ペットボトルをもった人が自動車から下りてきた。

すぐ近くの住宅玄関の「ねんじり亭」は、店名の表札がなければ店とは気づかない。背のある八席の椅子《いす》、明るい茶色一枚板のモダンなカウンター割烹だ。

「いらっしゃい」

四年ぶりの主人・三浦幸雄さんはさっぱりと丸刈りに変わり、精悍《せいかん》さに年齢相応のシワがついた。父を手伝うお嬢さんは、四年前はまだふっくらと娘むすめした初々《ういうい》しさだったが、見違えるような細顔のきりりとした美貌《びぼう》になり、事実、見違えたかと用心し、「お嬢さん……ですよね」と声をかけるのに決意がいった。お父さんはハンサムなサッカー選手のベッカムに似てきたし、この父にしてこの娘あり。水がきれいなところは美人が育つというが。

立山の雪融け伏流水で仕込む富山の酒は、どれも「水がうまい」のを特長とする。今日届いた「満寿泉《ますいずみ》」純米新酒のお燗は、軽快にして旨み十分、華やかさがこの蔵らしい。お通しの自家製「かぶら寿司《ずし》」は麹《こうじ》を使わず酢だけで甘くなく、ぱりぱりしたかぶらの歯切れと厚いブリ酢〆が食欲を刺激する。

ねんじり亭は富山湾キトキト（生きとう、生きとう）の魚が魅力だ。一〇〇〇メートルにおよぶ深い湾の底に冷たい伏流水がまわることで湾内が停滞せず、魚を生き生きさせるのだという。今日は魚おまかせで堪能《たんのう》しよう。

まず甘エビ。萩焼《はぎやき》皿にこんもり盛られたむき甘エビは、白と紅の身、朱の肝、青の内子《うちこ》がねっとりと濡《ぬ》れて妖艶《ようえん》にからみあい、甘みと海の匂《にお》いが鮮烈。水揚げ直後のを剝《む》いただけで塩もしてないという。刺身盛り合わせはカワハギ、ホウボウ、カレイ、マダイ、メダイ、クルマダイ（以上白身）、ブリ、メジマグロ（赤身と腹身砂ずり）の八品が白皿に寿司種のようにひとつひとつ並ぶ。〈白牡丹《はくぼたん》といへども紅《こう》ほのか〉白身も色は微妙に違い、その差のように味も香りも、嚙《か》み心地も違う。一切れは厚く、白身はかたまりで食べてこそ味がわかると主人が言う通り。

お嬢さんがメダイ塩焼の厚い切身をしずしずと運んできた。メダイは太平洋の魚だが富山湾にも来るようになり、冷水で脂《あぶら》がついて旨さが増した。富山の水に洗われてうまくなったということだろう。富山では「まがい（もの）」と蔑《さげす》まれたというが、弾力のある食感に味はしっとりと上品だ。

「うまい、焼け具合もちょうど」

「ありがとうございます」

ぺこりと頭を下げられうれしい。「あなたも、そろそろお酒もいけるようになったんじゃない？」水を向けると、父の顔をそっと見て「すこし」と答えるのがほほえましい。

気仙沼出身の主人は、東京大阪で一〇年ほど料理をやり、奥様の故郷魚津で自分の店をもったが、ずっと裏方ばかりやっていたので、はじめは客との対面仕事に慣れなかった。酒は満寿泉のような高級酒にしぼり、同業からそんな高い酒は出ないと言われたが、自分の店だから思う通りやろう、余ったら飲めばいいと決めた。仕事しながらもどうやら焼酎《しょうちゅう》をぐいぐいやり、まだ若さたっぷりの男盛りだ。

都会から来て富山の新鮮な魚に驚き、伝統料理法はある程度日が経《た》った魚で考えられている、この富山では新鮮さをもっと生かした料理にしようと思い立った。「これはうまいと思います」と言うカワハギ肝は少し水分を抜いて味をまとめている。その天ぷらの半生の絶妙。四切れくらいでいいでしょうと用意したブリのしゃぶしゃぶは大きな薄切りで、ブリの骨の出汁《だし》にさっとくぐらせ、表面が白くなったらポン酢。ブリのアラの骨まで柔らかなブリ大根。とどめは「富山は熊《くま》も忘れてはいけません」という熊汁で、少し鯨《くじら》の匂いのする濃厚な汁に、体はぽかぽかになった。

あー、よく飲んだ、食べた。

「水、一杯ちょうだい」

お嬢さんが盆で運んだ水のおいしかったこと。

〈2008.1〉

21 親爺《おやじ》

「いらっしゃい」

白くなったいがぐり頭に渋い塩辛声。富山の居酒屋「親爺」の二代目親父・桶谷捷《かつ》二《じ》さんの声を聞くと思わず顔がほころんだ。ここに通い始めて一〇年と少し。二年前店内を新装したが基本形は同じだ。

「あまり変わらないね」

「玄関を二重にしました」

以前の一枚戸は、吹雪《ふぶき》のとき来客と同時に雪がヒューッと吹き込み迷惑をかけるのでそうしたというが、あの風情《ふぜい》も雪国らしくなかなかよかった。

カウンター前に湯気を上げるおでんが、寒い外から来るとほっとさせる。北陸富山はうまいものが沢山《たくさん》あり、捷二さんの話すには日本海の魚はおよそ八〇〇種、富山湾はそのうち五〇〇種が捕れる。冬の蟹《かに》は高価な越前蟹は置かず、香箱《こうばこ》、セイコともいう小型の万寿蟹で、鮮やかに赤い蟹子がたっぷり入るのをほぐして出してくれ、面倒

親爺
大衆酒場
親爺
親爺

くさがり屋の私にはありがたい。その身を甲羅に詰め、おでん舟で温めた「かに面」はお値打ちの一品だ。

北前船《きたまえぶね》寄港地として栄えた富山は北海道の昆布がよく入り、豊富な魚とあいまって昆布〆王国となった。タラ、ヒラメ、水タコ、ヤリイカ、地鶏《じどり》、蕗《ふき》など何でも昆布で〆る。本日の寒鯛《かんだい》は、脂のよくのった鯛に昆布の旨みが重なり豪華だ。富山の居酒屋のどこにもあるバイ貝はねっとりした身がじつにうまいが、殻からひねり出すのが難しく、いちばんおいしい最後の尻尾《しっぽ》が必ず切れてしまい口惜《くや》しい。ここのは大きな白バイ貝から太い身をぬらりと抜き出した、尻尾のらせんの先端まである完全形。生きたまま茹《ゆ》でると尻尾が切れないのだそうだ。

私が欠かさないのは「ゲンゲ汁」だ。体長二〇センチほどの、どじょうの親分のようなにょろりとした全身を、厚さ一センチもあるぷるぷるの透明外套膜《がいとうまく》が包んだ珍魚ゲンゲはこの店で初めて知った。昔は漁師しか食べなかった魚ですよと言うが、丸のままの黒ゲンゲとたっぷりの葱のすまし汁は途中で箸《はし》を置けないほどおいしい。大衆酒場はこれでなくてはいけないコップ酒熱燗が手に頼もしい。

創業の桶谷金五郎さんは金沢の大きな「蛇の目寿司」の一番弟子で寿司を握っていたが、富山市には親戚《しんせき》の蛇の目寿司があるため居酒屋を開き、店名「親爺」はいつのまにか客がつけたのだそうだ。愛情こめての敬称だったのだろう。昭和一一年ごろの話だ。昭和四三年に駅前のこの場所に移ってからも客は続き、富山大の先生などながい常連に支えられている。二代目の捷二さんは昭和一六年生まれですでに四五、六年も店を背負い、先年店の新装を機に息子の隆さんに三代目をゆずった。といっても店には変わらず立つが、板前、店の指揮は息子にまかせ、お燗番や洗い物など目立たぬようにしているのが親心だ。お母さん似の隆さんは目も肌もきれいな歌舞伎《かぶき》顔で体格もいい。高校では野球部だったそうだ。

黒髪のつやつやしたお母さんはよく気がつき、古い常連が話相手に放さない主人を助ける。富山のご出身だそうで捷二さんとはお見合いだ。美人のお見合い相手に即決だったと想像する。富山女はどういう気質ですかと尋ねると「どうでしょうねえ」と口ごもるが、「男は?」と聞くと「正直、真面目《まじめ》」ときっぱりと答えた。お母さんのおにぎりは人気で、この時ばかりは私が主役と店の真ん中に立ち、しっかり握る。五〇年来のつきあいの米屋だそうだ。

捷二さんが、親父ですと昭和五四年の新聞記事を見せてくれた。見出しは「富商野球部のおやじ役40年、エールにうれし涙」。桶谷金五郎さんは昭和一五年の富山商業高校甲子園初出場以来、若い人が青春を力いっぱい野球にかける姿に面倒を見るようになり、仕事の合間をぬってグラウンドの石拾いや草むしり、遠征には世話役として縁の下を支え、野球部員から何代にもわたり「オヤジさん」と慕われた。その四〇年にわたる尽力に校長がグラウンドで感謝状を渡す写真が載り、末尾は〈応援部員のエールに、こわいおやじであり、同時に優しいおふくろ役の桶谷さんは、ハンカチを目頭にあてていた〉と結ばれる。

オヤジさんと慕われるのは二代目捷二さんも同じだ。粋《いき》で渋い男前は魅力があり、私もオヤジさんと呼びたい。若い三代目もいずれこうなるだろう。客がつけた店名「親爺」もまた続いてゆくことだろう。

〈2008.1〉

22 あら川

「親爺」の先を左に折れると朱ののれんに「富山の銘魚」と入る居酒屋「あら川」だ。あら川は昭和四二年の開店で四〇周年がすぎた。店内に飾られた白い調理着の写真は亡《な》くなられた先代・荒川啓三さんで、頑固一徹の風貌を私はよく覚えている。富山の昆布〆の数々を称賛すると、怖い顔で喜ぶという複雑な表情で上機嫌になり、そのときのことを『ニッポン居酒屋放浪記・疾風篇』富山の巻に詳しく書いた。

「太田さん、あの本に『年配板前と若い見習い』と書いたでしょう、あれぼくなんですよ」

「え、あ、ゴメン」

爽《さわ》やかに笑うのは息子で二代目の数夫さんだ。きちんと聞かずに書いてしまって失礼。数夫さんはサラリーマンを三〇歳前にやめ、店を継ぐべく大阪の辻《つじ》調理師専門学校に入った。そして店の父に弟子入り。親方が白と言えば白と教えられてはきたが、炭の時代と今は調理器具も違う。自分は工学部機械科を出た理屈好きで、料理も理詰めで考え、おいしいものは理由をわかっていたい方だ。それが「顔に出て」親方の頑固の琴線にふれることもあった。大阪で料理をしていた父は若い衆を連れ富山の料亭に来て、何年かで帰るつもりが奥さんと出会って夫婦となり腰を据えた。父は平成一六年に亡くなり、数夫さんは五年半ほど父と一緒に仕事をしたことになった。〈四条真流包丁道家元直門　荒川啓三〉という古い木札はカウンター上に残してある。

理詰めの研究熱心が現れたとも思えるのが、魚の捨てていたところ、肝や内臓を使った珍味だ。今日の「珍味三点盛」はスズキの子のカラスミ、ブリの肝、ブリにしかない内臓フトウで、それぞれに調理が工夫され酒を愉《たの》しませる。黒ゲンゲよりもやや体長のあるノロゲンゲの昆布〆は、ヒラメともホウボウとも違うふわりとした肉質で、食べた人は必ず「この魚は何？」と聞いてくる。

赤身のサス（カジキマグロ）は富山の昆布〆の定番だ。使った昆布は細切りで添えられるが大量に残り、父は熱燗《あつかん》に入れて昆布酒にした。数夫さんは素揚げにして出し、パリッとした口当たりが酒のあてにとてもよい。

「太田さん、いいものありますよ」と勧められたのは富山湾最高の名品ホタルイカの生の釜揚《かまあ》げだ。解禁は三月だが調査網に少量入ったものが出た。湯を張った鉄の田舎鍋《なべ》に生ホタルイカをくぐらせると、イカのワタの味が出て赤く染まったおつゆも最高においしい。ホタルイカのゆで汁のうまさに気づき考案したそうだ。

冬の今はブリだ。ようやくよい物が入るようになったという巨大な一尾をさばき始めた姿は昔、朝日新聞トップに載ったという、ブリをさばく父の写真とそっくりだ。

「こうして下の身でさばく、使う分だけ切るのも親父に教わったことです」とぽつりともらす。

二代目数夫さんは四二歳。身長一八二センチの偉丈夫、澄んだ目、黒髪りりしい風貌、明快な口跡は男の押し出し十分、サラリーマンとしてもきっと大物になっただろう。「もう少し親孝行すべきだったと思います」ともらしたが、見上げた写真の頑固一徹な先代に満足げな微笑《ほほえ》みが見えた。

〈2008.1〉

23 庄助《しょうすけ》

秋色濃くなり宇都宮の居酒屋「庄助」を訪ねた。下野国《しもつけ》総鎮守・宇都宮二荒山《ふたらさん》神社の裏手。玄関に置いた大甕《おおがめ》の盛大な菊が美しく、破れのある大赤提灯《あかちょうちん》と対照的だ。

「らっしゃい」

鉢巻きの主人・益子一典さんは居酒屋が天職の風貌、奥さんが店の至る所に飾った花が心を和ませる。カウンターは膝《ひざ》入れが深く、足を乗せる地産大谷石《おおやいし》は踏み心地が柔らかい。並ぶ大皿料理は肉じゃが、おから、かぼちゃ、里芋と厚揚、高野豆腐と人参《にんじん》など。いま目の前に置いた湯気を上げる炒《い》り豆腐をすぐに注文、隣もゆらゆら湯気を上げるおでんの舟。冬ちかい山国のもてなしは湯気だ。黒板には馬刺、菊花酢《きっかす》、栃尾《とちお》油揚焼、炒り銀杏《ぎんなん》、名産ニラお浸しなどなど。魚もあるがやはり山国のものがいい。

ここの楽しみはキノコだ。主人は秋の塩原のキノコ採りを三〇年も続けている。

「これがアカモミタケ、これはナラタケ、ジョウゲンボウ、シシダケ……」

キノコは地方名が多くよくわからない。私の育った信州松本近辺ではハツタケ、アミタケ、リコウボウ、ウシビテ、イグチなどなど。父にキノコ採りに連れられ山に入るのは大好きだった。「ほれ、そこにある」と言われても最初はわからないが、次第に見えるようになると夢中だ。父は家に帰ると新聞紙を広げ、丁寧にキノコのゴミを取っていた。

栃木ではチタケ（乳茸）というキノコを珍重し、茨城まで採りにゆくが、そちらでは見向きもされないというのが面白い。採りたてを折ると白い乳が出て、キノコはみなそうだがよく出汁がでる。チタケと茄子《なす》はつきもので「チタケ茄子煮」は目がさめるようにおいしい。

天井隅の竹竿《たけざお》に簾《すだれ》のようにぶら下げた「柚餅子《ゆべし》」は、秋に採れた柚子《ゆず》をくりぬき、味噌《みそ》と鰹節《かつおぶし》を練って詰め、紐《ひも》で巻いて何日も干す。ひと月ほどして黒く固くなったのを薄くスライスすると酒の肴《さかな》に絶品だ。栃木はミカンは北限だが耐寒性の強い柚子はよく育ち、冬至の柚子湯の日に柚子を味噌に漬け込んで柚子味噌をつくり、翌年の節分から食べ始める。柚餅子用は収穫の早い高知から取り寄せるが、キノコ採りの帰りに寄った矢板に良い柚子があって五〇個買い、今年の最初をぶら下げた。これが並ぶと客が安心し、個数を数え「いくつ減った」と指摘する人もいる。

しかしこれは品書きにはのせず、客が帰りそうになってそっと出すと「うまい、酒もう一本」となる。

「営業戦略？」

そうです、と主人はとぼけている。四〇年間クーラーなしで営業し、夏、庄助で飲むとなると客はいったん家に帰り半ズボン、Tシャツに着替えてきた。

「生ビールはよく出ましたね」

「煮物のできたては、お客さんの目の前に置くと注文してくれるの」

「はははは、作戦だね」

私もひっかかったわけだ。しかし「世間に負けて」去年クーラーを入れた。生ビールの注文が減ったかは聞きもらしたが、店と客が承知の駆け引きで飲んでいる様子は山国ののどかな居酒屋らしい。

主人はいま六一歳。昭和四七年から父を手伝い、三年一緒に板場に立ったが、父は五八歳で早世した。見せていただいた『ふるさとの店』（読売新聞社編／昭和四二年）は県別に味どころを紹介し、栃木県は庄助で先代の風貌《ふうぼう》が書かれる。

〈一メートルもある赤提灯が目印。八〇キロを超える巨体、童顔の主人（小西栄吉《こにしえいきち》）は、まだタマが体内に残る歴戦の勇士。鉄砲を持つ手に包丁を持って満洲《まんしゅう》、華北、華南を歩いた人で中国の大衆料理にくわしい。宇都宮でも味にうるさい連中の集まる店で、一、盃《さかずき》のやりとりはしない。二、議論、放言はせず、おとなしく飲む。三、他人に迷惑をかけない。が庄助憲法。五～七時ともなると宇都宮の茶の間の感。〉書き手は宇都宮大教授・茂野悠一という方。ちなみに東京の書き手は高橋義孝・安藤鶴夫。「私にとって、この種の文章は非常に書きにくい……」（高橋）、「あっさりうけあってみたものの、さて〈ふるさとの店〉の東京を……」（安藤）と二人とも言い訳から始めているのは潔《いさぎ》よくなく、味の店について書くなど野暮、の釈明のようだ。一方大阪の花登筐《はなとこばこ》・藤本義一はストレートに大阪の味覚を書いている。

熱々の「キノコ鍋」は取り椀《わん》に柚子辛子味噌を溶き入れて食べる。味は豊麗な天地《あめつち》の滋味と書いておこう。

宇都宮は餃子《ぎょうざ》、ジャズ、バーの町として知られるが、私はこの居酒屋が山国栃木の息吹《いぶき》をよく伝えていると思う。

〈2008.11〉

24 舟勝《ふなかつ》

千葉御宿《おんじゅく》の居酒屋「舟勝」を初めて訪ねたのは、私がまだ会社勤めだった二十数年前だ。その後フリーになり『小説新潮』誌で「ニッポン居酒屋放浪記」の連載を始めるとすぐに行き、長々と書いた。それを読んだ編集部は社員旅行で行ったそうだ。

外房線御宿駅から乗ったタクシーは小さな漁港を背に急坂を登る。舟勝は山の上の住宅地にある普通の家の玄関に小さな暖簾《のれん》が下がっているだけだが、戸を開けるとカウンターと広い厨房《ちゅうぼう》、左が座敷だ。

「こんにちは」

「お久しぶりです、二年ぶりに沖漬やったんですよ」

主人の村山勝利さんは魚を扱う人らしく、いつも開口一番本題直入だ。

「御宿じゃ二年イカが揚がらなくて、先々週やっと……」

ま、ま、ちょっと待ってくれ。席に座りまずは首の汗を拭《ふ》く。東京からおよそ一時間半かけてやってきた。何年ぶりかの主人は髪はだいぶ白くなったが、潮焼けした浅黒い肌は変わらない。東京出身のいま五六歳。大手銀行の御宿保養所に板前で入り、二七歳のときここに店を持った。こんな山の上の住宅で居酒屋を開いて半年もたないだろうと周りは言ったが、自信はあったそうだ。

出すのは本物の漁師料理。「本物」とは漁師が舟の上で調理して食べる料理で、醬《しょう》油《ゆ》は舟ではこぼれるので味付けは味噌。味は濃く、しょっぱいか甘いかはっきりしている、魚は生きているものしか使わない、と言うより洋上ではそれしかない。その代表が刺身を薬味と味噌で叩《たた》く「なめろう」だ。しかし舟の上の通りに作ると、真水がなく内臓をきれいにとらなかったりと荒っぽく、落ちついた家の中では案外うまくない。主人は漁師料理の旨《うま》さの核心を明確にして洗練させた。今日はそれを堪能《たんのう》しよう。

なめろうはアジ、イワシ、サンマなどなんでも使いそれぞれおいしいが、春のトビウオ、夏のイサキ、イナダは最高と言う。今日はイナダ。薬味はいろいろ試したが種類多ければよいというものでもなく、葱《ねぎ》と大葉に落ち着き、青唐辛子を焼いて叩き込むのが工夫だ。作り立てはそうでもないが、やや経《た》つと辛みがじんわりと効いて額に汗が吹き、暑い夏には爽快《そうかい》な刺激となる。なめろうはたいへんポピュラーになり東京の居酒屋でもよく見るが、問題は叩き加減で、粗くてはもの足りなく、糊《のり》のようになってはやり過ぎだ。ここのは粘りはあるが身の粒はしっかり感じる。

「あまり叩き過ぎてないですね」

「いや、結構やってます。だから味が出るんですが、魚が生きてるから叩いても身がしっかりしてるんですよ」

なるほど。弱った魚では糊になってしまうんだ。このなめろうを浅鉢の生酢に沈め、氷を放り込んだのが「酢なます」だ。一五分もすると表面が白くなり、箸《はし》で切ると中はまだ赤く、表面の酸味と中の生臭さが渾然《こんぜん》として「真夏にこれで丼飯《どんぶりめし》が食えます」と言うのがよくわかる。もちろん冷や酒と交互にやると夏の暑さがなんとも嬉《うれ》しい。

「さて、イカ沖漬」

「そうです」

沖で釣ったイカを、船上で生きたまま醬油樽《だる》に入れて存分に醬油を飲ませる沖漬を、北海道で買ったが単に古い醬油漬で、千葉沖でよく獲《と》れるイカをおいしく残そうと始めた。しかし肝と調味たれのバランスが難しく、時季の肝の成熟度を予測してたれの配合を変え、完成まで何年もかかった。今は信頼する漁師にたれを渡し、船が帰るとマイナス六〇度で急速冷凍する。この二年、千葉沖にはスルメイカが来ないため作れず、やきもきしていたそうだ。真ん丸の輪切りは、赤い肝がルイベ状にまだ凍って詰まる。少しゆるんでくるとイカの香り、甘み、しなやかな嚙《か》みごこちに目が覚める。これは「新鮮」だ！

主人は魚の話になると止まらない。今もつねに舟で沖に出て魚を釣り、釣客も多く、こんな山の住宅地の店に日本中から客が来る。駅のタクシーは舟勝と言うだけで発車した。

「今日はぜひこれを」と出されたのは「アワビの味噌漬」だ。アワビを味噌に漬けたものと簡単に思いきや大間違い。六時間蒸して一昼夜おき、殻をはずし遠火で焼いて二日陰干し。酒・みりんを加えた味噌に二〇～三〇日漬けてでき上がる。風味が消えないかと思うがアワビは手をかければかけるほどおいしいそうだ。マタカアワビ、通称「マタ」はキロ二万四千円する御宿の最高級品で「銀座あたりの握り寿司《ずし》なら一貫五千円はするでしょう。夏、アワビぶつ切りを氷水に放り込んだ舟上の酒盛りは最高です」と宣《のたま》うが、許されん！

波状に薄切りされたアワビ味噌漬は鼈甲色《べっこういろ》に輝き、古来アワビ熨斗《のし》として伊勢《いせ》神宮に奉納するのもうなずける神々《こうごう》しさだ。これに並の酒ではもったいない。古酒それも大古酒。地酒「東薫《とうくん》・三七年大古酒」の最後の一瓶に少し残るのを、盃にうやうやしくいただく。まずアワビを口に、それから大古酒を……。

──羽化登仙。酒好きだった親父《おやじ》に味わわせてやりたかった─。

〈2008.7〉

25　三番瀬

千葉県船橋市に魚好きに「カルト的人気」の居酒屋がある。船橋は東京のすぐ隣、東京湾の最奥部で、広大な干潟《ひがた》・三番瀬は埋め立てを予定されていたが千葉の新知事により今のところ計画は凍結している。私は干潟を歩き、飛び交う様々な海鳥の大群や磯《いそ》の小動物に豊かな海を感じた。居酒屋「三番瀬」はその名をつけた。

雑多な船橋駅脇《わき》の仲通り商店街は大衆的な立ち飲み、寿司、鰻《うなぎ》屋、酒処《さかどころ》が続き、大きな大漁旗を広げて「船橋港大平丸直送　江戸前料理　三番瀬」の看板がある。小さな店内には本日の魚として、活〆鯖《いけしめさば》、あいなめ、さわら、そげ、かます、すずき洗い、真子かれい、黒鯛《くろだい》、めじな、このしろ、あじ、わかし、小肌、さるぼ貝……。

「いい日に来てくれましたよ。南の風が吹かなくて、夏の魚が一ヶ月近く入らずあってました。先週ようやく来ました」

主人・根岸賢司さんは毎日船橋漁港に帰る漁船を待って直接仕入れ、出荷には足りない端数《はすう》の魚貝も引き取る。新鮮さは最短だが漁がないと魚は無く、たとえ平日でもその日は休み。マグロとサンマ以外はすべて船橋漁港の水揚げだ。刺身三点盛りはどれも切口が鋭角に立ち、色は見るからに若々しく光り、生臭さを全く感じない硬質な清涼感は、一目でモノが違う、格が違うと分かる。

「ごま鯖は今年初めて、それにサワラとアイナメです」

ごま鯖の鮮烈な赤身はしんなりと締まり、銀肌の皮に鯖香を感じる。アイナメはやや青梅の香りを感じ、サワラは身の柔らかい魚だがぶよぶよせず甘みに気品がある。すべてを一言で表現すれば「凛冽《りんれつ》」だ。

東京湾の魚は汚染されたイメージがあるが、近年再生めざましくどこにも負けないのをあまり知られていないと根岸さんは口惜《くや》しがる。前に来た時に下魚と思っていたボラの、小さい「ナヨシ」の透明感豊かな旨みに唸《うな》った。

根岸さんは父の代から船橋市場の魚を配送する「荷扱い」をしていた。銚子《ちょうし》、勝浦など千葉の魚は浜問屋からすべて船橋市場に集まり、築地《つきじ》、千住、神田の魚市場、さらに名古屋、京都、大阪にも運ぶ。しかし船橋にせっかくいい魚が集まるのに、皆よそに出てゆき、その分どんどん魚がまずくなるので、一〇年前、四八歳で自ら魚料理店を開いた。最近漁師も浜問屋も魚の扱いを知らなく「なんでも氷詰めではダメだ、活かして持ってこい。鯖は首折れ活け〆で血抜きしろ」と叱咤《しった》した。東京湾は富津《ふっつ》と横浜の間から奥が水深三〇メートルと浅く、そこまで入ってくる魚は身が締まり、形も大きいそうだ。

「江戸前は日本中にあるんです」

目の前の前浜で獲れた魚を「鮮魚」と言うが、それがなくなった。「前浜の魚を食べていれば新鮮でおいしく、値段も安い」の言葉に説得力がある。船橋漁港水揚げの魚は八王子魚市場に運ばれ、また戻ってくる。市場で魚はダメになり七割は巨大スーパーが持って行く、小樽《おたる》の寿司屋で関鯖を自慢されたと嘆きは大きい。「鮮魚は生臭くないです、私も手に全く匂《にお》いは残りません」と力説する。

而《しか》してこの店のカルト人気だ。開店早々に来た男二人は「オ、ごま鯖、今シーズン初」と歓声をあげ、中年四人組は「今日はほんと何でもある、前の時はオシンコしかなかった」と上機嫌。魚は男の方が好きなようだ。

さあもう書いた。あとは一直線。浅葱《あさつき》みじん切りたっぷりの小鰺《こあじ》刺身の透明感と清らかな脂《あぶら》の旨みに、鰺っ食いの私は至福。大漁のスズキ網に入ってきたイワシは重みでつぶされ、よい形を探すのが大変で、その意味貴重というイワシの自家製丸干し焼は、身はホコホコ、ワタは苦くなく甘く、塩も強くなく、生涯最高の丸干し。刺身をとったカレイの腹と皮の煮汁に煮穴子を閉じこめた、純粋煮こごりの濃く深い味。千葉の地酒「東魁盛《とうかいさかり》」も今日ばかりは脇役だ。

すてきな美人奥様とおしどり夫婦の根岸さんは、真っ白なオックスフォード地のアイビー半袖《はんそで》ボタンダウンシャツが銀髪まじりのクルーカットによく似合い、ジャズ喫茶のマスターのようだ。ご夫婦でアメリカにいる娘さんをよく訪ねるという。

さてこれだけではない。地場野菜に力を入れ、船橋産の枝豆、その名も「湯上がり娘」の味の良さ、新じゃが茹《ゆ》で、さつまいもレモン煮、魅惑のアサリ炊込《たきこ》みご飯。……もう書きません。

〈2008.7〉

26　志婦《しぶ》や

戦前から戦後昭和三〇年ごろまで東京最大の盛り場は浅草で、映画館や寄席《よせ》、実演劇場は人の群れで埋まったという。私が上京した昭和三九年ごろには浅草は斜陽をささやかれ「浅草の灯がまたひとつ消える」という新聞記事をよく目にした。エノケンや浅草オペラ、近くは由利徹《とおる》、渥美《あつみ》清、ビートたけしなどを生んだ浅草芸人の世界に憧《あこが》れ、ときどき浅草を歩いたり酒も飲んでみたが、夜はいつもひっそりと暗く、身を落ち着ける所のない淋《さび》しさを感じていた。

雷門右手、観音通りの居酒屋「志婦や」を知ってその場所を得た。

アーケード商店街の格子戸《こうしど》に「鶏貝魚」の暖簾が下がり、右の炭火焼の煙出し窓から店内が覗《のぞ》く。二階住いの窓も遠慮なく開き、長押《なげし》に飾った先祖代々の白黒写真も丸見えで、浅草は開けっ広げだ。

「いらっしゃい！」

威勢のよい迎えは渋谷清一郎さん、貴さんの兄弟だ。お母さん幾代江さんもてきぱき支度し、「もう親戚《しんせき》と同じ」という手伝いのおばさんも私は顔なじみだ。

「お父さんのお具合いは、いかがですか」

「おかげさまで、もう自分のことは自分でやってます」

ここはもとは魚屋で、昭和三三年にお父さんの春夫さんが居酒屋にした。渋谷さんだから「志婦や」。息子と元気に立っていた柔和な春夫さんは少し前から体調を崩して休んでいるそうで心配していた。

「ただいまー」と帰ってきて二階に駆け上がり、塾なのかすぐに「行ってきまーす」とまた元気よく走り出したのは女のお孫さんで、幾代江さんの「慌《あわ》てるんじゃないよー」の声があとを追う。小さなお孫さんたちはときどき店に下りてきて、革ジャンを着た強面《こわもて》の常連もこれには形なしにニコニコだ。忙しいと店に立つ若いお母さんは、祭半纏《ばんてん》が最高に似合いそうな襟足のきれいな江戸美人だ。

「二階の襖《ふすま》に、でっかいドラえもんシールが貼《は》ってあるね」

さっき見た眺めを言うと「ああ、あれ」と幾代江さんが笑う。嫁が子供に、その襖だけは好きにしていいと許したら特大を貼り付けたそうだ。親戚家族のようなこんな会話が心をなごませる。

入口に飾る五〇年前のものという木版の色鮮やかな千社札貼りまぜの額は、千社札の愛好仲間が開店に贈ってくれたもの。真ん中のボラとハマグリの絵は浅草の老舗《しにせ》鰻屋「初小川」の小川初太郎の名がある。壁の古地図「大正七年浅草公園、及附近観世音由来吉原遊廓《よしわらゆうかく》一覧」の「鳥茂」とある家はここの数軒隣。「母の実家の鳥肉屋、ぼくはここで生まれました」と清一郎さんが言う。皆さん生粋の浅草ッ子だ。

息子さんの代になって酔《よ》右衛門《えもん》、伯楽星、睡龍《すいりゆう》、秋鹿、神亀《しんかめ》など酒が大変充実した。長いカウンターの長いガラスケースには時期の魚貝がずらりと並び、冬の今は煮こごりがいい。豆を煮ただけのみそ豆は、根岸の居酒屋「鍵屋《かぎや》」のお通しと同じだ。ここのは青海苔《あおのり》がたっぷりかかり、醬油をちょいとかけてかき混ぜておくと、後で箸休めに重宝する。カウンターをL字に囲む小上がりは居心地良く、家庭の座敷に座るようだ。

常連客は古く、息子さん兄弟は「昔は店をちょろちょろしてたのが」と冷やかされ頭が上がらないと苦笑する。私も何度か来るうち常連らしき人の顔を覚えてきた。四時半開店の五時を過ぎると来てカウンターに座る人は、今日の仕事仕舞いを終えた栗《くり》蒸し羊羹《ようかん》で有名な老舗の職人さんだ。ある日幾代江さんが「栗を煮たんだけど」と鍋《なべ》を見せ「栗はあまり煮ちゃあだめ、栗だけ上げて……」とアドバイスされていたときに居合わせ、大忙しの息子さんから「母ちゃん、お新香はやく取ってきて！」と怒鳴られ、慌てて「あ、はいはい」と二階に駆け上がっていったのが可笑《おか》しかった。

漆の名札額が三ヶ所に上がる。黒ずんできた一番古いものは開店の時に仲間が贈ってくれたもの、やや新しいのは改装した時に客が贈ってくれたもの、一番新しいのは平成二年この建物新築の時。どんどん札の枚数が増えてじつに立派だ。浅草は町内の結束が強く、仲間はつねに助け合うという。

「選挙んときは大変ですよ」

「ん？」

投票所の設営や警備などに店を休んで出張る。今年一〇月頃総選挙があると段取りしていたが、結局なくて「どうなってんですかね」と笑う。祭にはゴミの始末、子供会の付添い、暮は火の用心の夜回りと忙しい。

いいなあ。上京者で地縁をもたない私はそういうことがうらやましい。冬の夜、拍子木を叩《たた》いて町内を回ってみたい。今年は空襲で焼失した浅草寺本堂の昭和三三年新築の五〇周年記念開帳で人出が多く、浅草寺境内に建てた中村勘三郎《かんざぶろう》・平成中村座の小屋掛け芝居が評判を呼び、浅草はいま賑《にぎ》やかでうれしい。浅草公会堂・新春浅草歌《か》舞《ぶ》伎《き》のポスターも、もう出ている。

「うちも創業五〇年なんですよ」

「そりゃあめでたい、ここも何か開帳しなきゃ」

「あはははは、何しましょうかね」

お父さんの春夫さんは、浅草寺新築落成の時はこの店の開店で忙しかったが、翌年からは龍が金の玉を追う「金龍の舞い」は必ず参加している。飾った煙草《たばこ》「蘭《らん》」の記念パッケージは金龍の舞いの写真で、正面大写しの勇壮な姿は春夫さんなのが自慢だ。

「いらっしゃい」

二階からくだんの春夫さんが杖《つえ》を手に降りてきて、私は席から立った。

「お元気になられ何よりです」

「いやどうも、もう少し肉がつけば」

笑う顔は健康だ。私に顔を見せるだけのためにきちんと着替え、上着をつけているのはさすがに江戸っ子。

「創業五〇年おめでとうございます」

「いやどうも、東京タワーができた年の開店ですよ」

東京タワーができた年、という言い方に戦後復興のシンボルと自分の出発が重なった愛着が感じられる。お孫さんの話を振ると、息子さん兄弟はどちらも全く同じ男・女・男の三人ずつお子さんがあるそうで、なんとも平等な親孝行にこちらまでニコニコだ。

「大晦日《おおみそか》は今年も」

「そうです」

大晦日は恒例で明け方五時ごろまで店を開け、深夜の浅草寺初詣《はつもうで》を済ませたなじみ客が続々と訪れる。年一度この日だけ来る人もいる。弁天山の除夜の鐘が鳴り始めると、さあ今年もいろんな人に会えると身がひきしまる。徹夜で酒料理を出し、朝方にかたづけを終えると全員まず、ぐっすり寝て、それから家族の正月を迎える。

この店を知って私の日々は豊かになった。浅草に親戚ができたような気持だ。こんど名札額を作る時はぜひ私も一枚加えていただきたい。

〈2008.10〉

27 ぬる燗《かん》

浅草に興味のある私は居酒屋「ぬる燗」を知って観音裏にも来るようになった。雷門、仲見世の浅草寺参道は浅草の顔として観光客を集めるけれど観音裏を訪ねる人は少ない。明治以来、浅草の座敷として観音裏花柳界は大いに賑わったが、関東大震災と大戦で灯は消えた。しかし名残はあり、今も夜は趣のある店の灯が柳に揺れてぽつりぽつりと続く。「ぬる燗」は五年前ここにひっそりと白提灯《ちょうちん》を灯《とも》して開店した。燗酒を飲んでもらいたいこともあるが、肩ひじ張らずだらだらと酒を楽しむ「人肌を感じる」店にしたいと、この名にしたそうだ。

「あ、いらっしゃい」

店長の近藤謙次さんは三五歳を過ぎ、どこか子供っぽい風貌《ふうぼう》を残しながら達観した落ち着きもある。紺の作務衣《さむえ》、ザンバラ髪に無造作に巻いたタオル。フーテンの寅《とら》のように首に下げたひも付き名札は、焼酎《しょうちゅう》好きが作った「芋っ子クラブ」のメンバーの結婚披露宴テーブルに置かれていた名札で、気に入って下げているうちに放せなくなったそうだ。私の直感では彼はモテるタイプ。店を手伝う白割烹着《かっぽうぎ》の娘さんは恥ずかしがり屋の美人だ。

地鶏《じどり》焼、鶏わさ、白和《あ》え、鰻《うなぎ》肝焼など気張らない酒の肴《さかな》に、最近始めたしじみ汁の煮奴《にやっこ》はうまく、冬の今はくわいの素揚げが東京らしい。初めて来たとき白無垢《しろむく》の徳利《とくり》、朝顔型の盃《さかずき》を誉《ほ》めると「太田さんの本にこれがいいと書いてあって」と言って私の目尻《めじり》を下げさせた。もちろん酒は良い銘柄がそろう。今日は「三重錦《にしき》」というのにしてみよう。

七〇年代ごろの流行歌がひっそりと流れる小さな店は、開店まだ浅いのに古いさびれたムードがいい。ここは場所も内装も料理もまことに古くさく、こういう風に居酒屋を始める若い人が出てきたのかと私には新鮮だった。流行の昭和三〇年代レトロではない単なる昔風だ。かねがね居酒屋は古い方がよいと本などに書いていたが、まさか若い人が共感するとは思ってもいなかった。

「なんで観音裏に開いたの？」

「いや、このあたりは奥が深いです」

彼は東京だが生まれ育ちは浅草ではない。しかしこの町の雰囲気が気に入り、店を終えたあとよそに夜遊びに出ても結局ここに戻り飲んでいる。「志婦や」とも仲がよくお父さんも飲みに来られたそうで「お元気になられたようだよ」と話すと顔をほころばす。

酒は焼酎もたいへんよく揃《そろ》い、前割り（数日前から水割りしておいた焼酎）のお燗は最高にうまい。赤坂の居酒屋「まるしげ夢葉家《むようや》」の店主と一緒に奄美《あまみ》の焼酎蔵を訪ねたりするというのもいい話だ。紺の前掛けは気に入りの「さつま寿《ことぶき》」、店内には蔵の前掛けや半纏が飾られる。

都心には、トレンディな外食産業ですとでも言いたげな店がオープンしては消えてゆく。そういうものに背を向ける彼が好きだ。

「FOSが古民家に移りましたよ」

「え、どこ、教えてくれよ」

以前教わって訪ねた近くのバー「FOS」が越したと言う。なら今から行ってみよう。これからも観音裏通いが増えそうだ。

〈2008.10〉

28 大はし

明治一〇年の千住大橋に、地名から「大はし」と名付けた牛肉屋が店を開いた。すぐに旧日光街道のいまの場所に落ちつき、肉を売りながら牛鍋も出して食べ方をひろめた。一〇年前は侍のいた江戸時代。牛鍋が文明開化の象徴とされた頃だ。

「当時、牛肉専門店をやるのは、(商売)度胸があったと思います」

先祖は近江《おうみ》から来たそうで、近江商人の才覚かもしれない。現主人・神野彦二さんは昭和九年生まれ。一三人きょうだいの七男坊で、店の兄を手伝っていたが自分が引き継ぐことになった。創業の祖父、父、兄に次ぐ四代目だ。第二次大戦後、居酒屋専業に変えた時は魚のことがわからなくて苦労したと言う。

千住に明治からの居酒屋があると聞き、初めてここに入ったのは二〇年近く前になる。店内白漆喰《しっくい》壁の下半分は砕石人造石、壁と天井の接する角は洋風装飾縁が回り、羽根扇風機の台座が残る天井は白ペンキがぺらぺらと壮烈に剝《は》げて、和風を予想していたが明治の洋風建築だった。名物牛にこみをはじめ、刺身、煮物などなんでもある典型的な大衆居酒屋で、ハイカラな洋風建物で牛肉で一杯やる明治の光景を望見させた。私は平成五年『精選　東京の居酒屋』ではこの古い店に出会った喜びを、平成一三年『新精選　東京の居酒屋』では建物の価値を強調し、末尾に「店は使える限りこのままでゆくという主人の決意が心強い」と書いた。平成一五年早々に訪れたとき、神野さんは「じつは、建て直すことにしました」と声を低めて話しかけてきた。

居酒屋ファンや私のようなものは、平気で居酒屋の建物は古い方がよいなどと言っているが、古家の維持がいかに大変で費用もかかるかは考えていない。しかも保存目的ではなく毎日、火も水も使う商売をしている家だ。床は斜めになり、戸の開けたても不自由。机のコップは傾いて客は面白がるが店は気が気ではないだろう。牛にこみ大鍋の乗るガス台は上に換気レンジがないことを消防署から注意されていた。神野さんは、居酒屋は建て替えると客が離れることをよく知っていて心配し、四年間考えたが、今やどうにもならないと言った。

その夏、ついでの折りに訪ねてみると二階建てだった家はなくなり、更地に新しい建物ができ始めていた。そこに奥に仮住まい中の神野さんが偶然ひょっこり現われ、建造中の内部を案内してくれた。店の配置は変わらず、奥の座敷をやめて厨房《ちゅうぼう》を広くし、息子夫婦の住まい用に三階建てにする。工務店に昔の様子はできるだけ残すよう強く注文したが、表情は不安そうだ。新しい家が形になり始めるとわくわくするものだが、これほど心配げな施主《せしゅ》は珍しい。新開店の日取りはまだわからないと言った。

大はし建て直しの噂《うわさ》は常連客の間に広まった。もともと常に満員、遠方からの客も絶えない人気店だ。最後の一週間は見納めの大行列が続いたと聞いた。

新開店はその年一二月になった。私は初日は混むだろうと三日目に行った。

北千住駅から宿場町通りに曲がると店の辺りに人垣ができている。一人の私は列の末尾に立った。五〇分ほどしてようやく中へ。中でまた補助椅子《いす》で待つ。超満員の客は肩が当たりカウンターに向いて座れず、全員斜め座りだ。必死で動き回る神野さんも息子さんもパニック状態で、私はせめて目だけでも交わしおめでとうを言いたいがそのタイミングもない。店内はもちろん真新しいが配置はほとんど変わらず、牛にこみ大鍋も同じ場所に鎮座し、上には換気レンジがついた。広くなった奥の厨房はステンレスのぴかぴかだ。

そして客たちの顔、顔、顔。これほどうれしそうに居酒屋に座る客の顔を見たことがない。それは昔と変わっていない安堵感《あんどかん》だ。みな到底しばらく席を立たないだろう。客とはこれほど昔なじみの居酒屋に来たいものなのか。私はそれを見たことで満足し、席につくことなく店を出た。

あれから五年が過ぎた。神野さんも早いものですねえと感慨深そうだ。

「あのとき、花を贈ったんですよ」

「知ってます知ってます、置くとこなかったんですよ」

私のイヤミにすみませんと頭をかくが、あの混みようでは仕方がない。別室に大切に飾ってくれていたそうだ。新開店に常連は一回は来てくれるとは思っていたが、問題はそのあと続くかで、半年間心配だったと言う。しかし昔と変わらず連日の満員だ。

店は料理出し口の棚や小窓、腰板などは昔の建具を再びはめた。木の丸椅子は似た形のを五〇脚新調。古いのはあと五脚になった。私が感動したのは、いちばん金がかかったという豆砂利洗い出し仕上げの床の再現の際、古い黒石を丹念に剝ぎとり、再び梅の花のように三個単位で並べた場所を作ったことだ。そこの石だけは平たい。一〇〇年の歴史ですり減ったのだ。

名物肉とうふが変わらずおいしい。私は二皿か三皿だが、一〇皿食べた女性もいる。常連は一枚目の汁を二皿目にかけ移して下に重ねる。四〇年を過ぎた大鉄鍋は、新しいのも用意してある。

〈名物にうまいものあり北千住　牛のにこみでわたる大橋〉

おなじみ、常連だった画家・伊藤晴雨作のキャッチコピーのビラも同じ場所にぶら下がる。神野さんはことし七四歳だが、牛肉のせいか肌はつやつやと光り、白衣でせかせか歩く動作も、注文の返事「オーイきた」も、勘定の算盤《そろばん》をしゃっと入れるのも若い頃と全く変わらない覇気があり、五代目息子さんも同じようにせかせか歩くのがほほえましい。神野さんは二人の息子さんに店を継げとは言わなかったが、兄は医者になり、弟は店を継いだ。弟にお前も医者になってもいいぞと話したが、いや、店をやると答えた。兄は今アメリカの医大に派遣されているという。

「息子さん、どちらもご立派ですね」

「いやいや、息子同士で話して決めたようです」

私は神野さんは人生の成功者と思う。何が自分の仕事を支えているかをしっかり考え、熟慮して断行し、子供も立派に育った。跡を継ぐ息子と毎晩一緒に働けるのは幸せだろう。それはまたこの店を愛する客の幸せでもある。古い居酒屋の幸せがここにある。

〈2007.12〉

29 田中屋

都心から電車で千住大橋まで来ると空気も気質も変わる。居酒屋「田中屋」から日光街道をはさんだ前は東京都中央卸売市場・足立市場だ。江戸期は神田、駒込《こまごめ》と並ぶ三大やっちゃ場（青物市場）で、今は築地《つきじ》と並ぶ水産物市場。何十年も通っている田中屋の親方・田中耕一さんは一目置かれる存在で、良い魚は取っておいて、田中さんにだけは切って見せ、クエなど高級魚で売れそうもないものは「買うでしょ」と言われる。返事をしないでいると勝手に包みはじめるそうだ。

「らっしゃい！」

渋い塩辛声の迎えがいい。小さな突き板の品書きはその季節の魚貝のおよそすべてが並び、まいど選ぶのが一苦労だ。今日はイサキがある。初夏のイサキ刺身はうまい。貝好きの私は貝いろいろに目が泳ぐ。大好物平貝に青柳は富津《ふっつ》かな。赤貝は閖上《ゆりあげ》なら一流。お、岩牡蠣《いわがき》だ。

「徳島です」

へー。

「あと今日はシャコがいいですよ、小柴《こしば》のが二年ぶりに入りました」

関東一と言われる小柴のシャコは激減し、何年も休漁していると聞いたが、今年二度目のがほんの少し入ったそうだ。よし、イサキ、シャコ、岩牡蠣でいこう。

田中屋

カウンターのガラスケースにはぴかぴかの魚が琺瑯《ほうろう》バットにきちんと魚別に並び、ラップがかかる。鮮魚居酒屋のなかにはケースに魚を投げ出し、ついでに野菜やヤクルトまで入れている所もあるが、ここは魚への敬意と主人の職人らしいきっちりした性分がある。広々とした本建築の店内は清潔そのもので、幅一尺二分、長さ三間はある長大な檜《ひのき》一枚板カウンターの白い木肌は、毎日丁寧に洗い拭《ふ》きされているにちがいない。厨房も広く、水を張った小判形の木桶《きおけ》には怖いように研ぎ澄まされた包丁がつねに四振り並べ置かれて出番を待っている。

三枚下ろしの尾頭を飾ったイサキ刺身のねっとりした甘味、岩牡蠣の濃厚なコク。すばらしきは小柴のシャコで、きめ細かな風味とみっしりした歯ごたえは粋《いき》な関東の味だ。添えた漬け生姜《しょうが》はヘタな寿司《すし》屋のそれよりも断然みごとで大切な酒の肴になる。必ず添えられる生海苔《なまのり》がまたいい口直しだ。

「みんなうまい！」

「へへへへ」

親方のニヤリがいい。二額、計八〇枚もの魚河岸《うおがし》仲卸し名札額がこの店の信用だ。田中屋は祖父の仕出弁当屋にはじまり、父が戦後に居酒屋に変え、そこを一代目とすると今の親方は二代目、カウンターに入る息子・延幸さんは三代目になる。戦後すぐは魚が入らず、闇《やみ》で入る豚肉をコークスを燃料に揚げたトンカツが評判になった。暖《の》簾《れん》に「とんかつ　魚河岸料理」とあるのはそのためだが、そのトンカツはすばらしく、添えたポテトサラダがまたいい。昔はたいした酒を置いてないのが残念だったが、息子さんが入って断然良くなり、願ったり叶《かな》ったりになった。

私は二〇年も通ううちに、白髪丸刈り、真冬でも真っ白な半袖《はんそで》調理着一枚の親方に惹《ひ》かれるようになった。下町ッ子らしいさっぱりした職人肌。カウンターを誉《ほ》めると「ウチはこれっきゃないす」「太田さんは上手だから、あんまり誉めないでくださいよ」と笑う気っ風がいい。

ここのカウンターで親方相手に、何も考えずに一杯やるのは至福の時だ。〈2009.5〉

30　山利喜《やまりき》

東京の居酒屋で今一番人気のある店はと問われたら、森下の「山利喜」となるだろう。開店前の行列は当たり前で歩道に丸椅子も置いてある。はるばる遠方から来たとおぼしき客が辛抱強く並ぶ。

私が初めて入ったのは二十数年前だ。何かの用事で行った未知の町・森下の大きな赤提灯《ちょうちん》に惹かれて暖簾をくぐった。それは私が東京の居酒屋に興味をもつきっかけになり、本も書くようになった。

当時資生堂の宣伝デザイナーだった私は、酒を飲むのは地元銀座か、青山六本木の流行先端のバー。たまに居酒屋に入っても気取った業界人がいたが、この下町の店は全く空気が違った。それは東京の知らない町に毎夜地元の常連が集まって繁盛《はんじょう》する居酒屋があるという、別世界に出会ったカルチャーショックだった。およそ業界人や宣伝関係などは世間のことは何でも知っていると思っている浅薄な人種だ。今から思えば私は自分の浅薄さに気づかされたのかもしれない。そして、見知らぬ大勢が集まって酒を飲むこと、そういう居酒屋が土地に根ざして全国に存在すること、それは文化であり社会の安定装置であることなどに気づいていった。

「新店は、いつ開店？」

「まあ年内、一二月ですね」

答えるのは髭《ひげ》に白いものも混じってきた三代目・山田廣久さんだ。森下交差点に建つ戦後以来の山利喜本館は建て替えに入り、現在更地だ。初めて入った二十数年前は木造二階家の一階だけが店だったが、混み過ぎるので住居にしていた二階も店に変えた。それでも行列は止《や》まず、七年前清澄通り沿いに、今いるこの新館を作り、今年本館の全面新築に踏み切った。急場しのぎに近くに別館も開いているが、そちらは本館新開店までのつなぎという。

山利喜不動の名物は、五〇年注《つ》ぎ足しの汁をベースに八丁味噌《みそ》、赤ワイン、香草束《ブーケガルニ》で煮る「煮込み」だ。牛のシロ(小腸)とギアラ(第四胃袋)を一日一八キロ、朝一〇時から仕込み、二時頃までに味を整え、開店五時には食べ頃になる。さしわたし六〇センチもある大鍋《おおなべ》に毎日三鍋作るが、閉店前にきれいになくなる。鍋は昭和三三年から使っている五〇年物の一番古いのが、やはり味が良いそうだ。大鍋からすくった煮込みは、信楽《しがらき》の素焼皿でもう一度火にかけられ、ぐらぐら煮えたぎったのが専用台で出てくる。通は濃厚なタンシチューのようなソースをガーリックトーストでさらう。こちらも五〇年もののたれを使うヤキトンをはじめ居酒屋本来の刺身など肴《さかな》も申し分なく、最近は自家製干物に凝りはじめた。日本酒、ワイン、ギネスなど酒も良品がそろう。

廣久さんはフランス料理のシェフをめざして服部《はっとり》料理学園で勉強を終えたが、二代目の父が一時体調を崩し、自分が店を継ぐと決めた。フランス料理の調理はしだいに肴に反映し、置きはじめたワインもすっかり下町に定着した。若手がきびきび働く店内はまことに気持よく、伝統的な居酒屋の酒肴《しゅこう》に無理なく新しさを加えながら、あくまで下町居酒屋の居心地を守る姿勢がこの人気を続けている。

私が気になるのはやはり新本館の設計だ。古い建物の「大衆酒場」の太い浮き出し文字、ヤキトンの煙出し窓鉄柵《てっさく》の「酒場山利喜」の切り文字、待つ客がいつの間にかお賽銭《さいせん》を置くようになった石の狸《たぬき》も忘れ難い。居酒屋は新装すると良さが消えてしまうことが多く、前の店を改装したとき私は「どこを直したか判《わか》らない名改装」などと本に書いた。

「大丈夫です、カウンターも建具もぜんぶとってあります」

廣久さんは自信たっぷりだが私は心配性だ。しかし心配してもはじまらない。

山利喜の創業は大正一三年。初代・山田利喜造《いい》さんの名からこの店名になった。本館隣りの「桜なべ・みの家」の向こうにあった店は、昭和二〇年三月の東京大空襲で丸焼けになり、戦後、二代目・要一がここに移して掘っ立て小屋から再開して煮込みを始め、三代目・廣久が味を整えて名物にした。

平成一六年秋、ホテルで開いた創業八〇周年の祝いに私は所用で行けず、後に顔を出し、祝いの引出物、暖簾に入る豚君の絵を人形にした携帯ストラップをせしめた。いま廣久さんの息子・研一さんが四代目として修業中。下町居酒屋四代。新しい本館が楽しみだ。

〈2009.5〉

31 みますや

東京でいちばん古い現役の居酒屋は「みますや」であろう。より創業をさかのぼる店はあるが居酒屋にしたのは後で、みますやは創業の明治三八年（一九〇五）から居酒屋であったところに価値がある。三代目の現主人・岡田勝孝さんの祖父・長蔵さんは浅草で炭屋を営んでいたが、東京瓦斯《ガス》会社ができて転業を決め、神田に移り住んで居酒屋「みますや」をはじめた。当時近くに市場があり、酒や飯の客で繁盛した。今も残る戦前の木札〈二度目御遠慮下サイ〉は一日二度来る客のために下げていたものだ。建物は関東大震災で一度焼け、昭和三年に再建。東京大空襲の火災は近所総出のバケツリレーで食い止めた。つまり修復はあるものの、一〇〇年前に創業した八〇年前の建物で酒が飲める。

外観は震災後に流行した銅張り看板建築。長い縄暖簾をくぐると中は広く、中央の大柱を軸に椅子《いす》席、小上がり、座敷二つ、右奥にも別室がある。夜七時はほぼ満席だが、幸い玄関すぐ右の小上がり卓の隅がひとつ空いた。ここは店内すべてが見渡せる私の一番好きな席、正面は神田明神の祠《ほこら》が上がる。酒のビラなどを構わず貼《は》った店内は飾らずざっくばらんだが、黒々とした高い天井、昔の戸障子は戦前の重々しい空気を存分にたたえる。柱脇《わき》の帳場に主人。てきぱき働く白衣の男女六人は大学生アルバイトが多く、無駄口なく客に気を配り注文が滞ることはない。ぎっしり席を埋めるほとんどは中年の男たちで、ときおり髪の長い女性が花を添える。

昔は品数も少なく、小僧が「今日できますものは」と口上していたそうだが、今は七〇数種の品が、戦前から使っているという黒札でずらりと並び、いずれも安直な東京の居酒屋の正統的な品ばかり。桜刺し（馬刺）、どじょう、ぬた、あたりはとりわけ東京らしく、最も古くからある肴のひとつ「にしん棒煮」のふっくらと濃い煮方は味わいふかい。かつては近所の印刷工や製本職人が糊《のり》だらけの作業着で、これで飯をかっこんだ。

ここに来たら肴はまず「こはだ酢」だ。酢〆《すじめ》魚は酒の肴でも粋なものだが、重厚な〆鯖《しめさば》に対し、小肌《こはだ》は軽やかな鯔背《いなせ》。〆鯖が幡随院長兵衛《ばんずいいんちょうべえ》なら小肌は弁天小僧菊之助《きくのすけ》だ。とはいえ、ここの小肌は鮨《すし》屋のような小ぶり上品ではなく、大きな身にスパッと切れ味よく包丁の入る、仁俠味《にんきょうみ》のある江戸好みだ。酒は一〇年ほど前から全国地酒の一級品が揃《そろ》うようになり、楽しみが一気にひろがった。品書きの「今週の地酒」を尋ねると栃木の「鳳凰美田《ほうおうびでん》」で文句なし。机の箸立《はしたて》には割箸がぎっしり詰まり、このあたりも大衆居酒屋の面目躍如。老舗《しにせ》はおおむね高級化するけれど、ここは創業から大衆居酒屋ひとすじを通すところに大きな価値と誇りがある。

見ていると、今は大学の先生や出版関係者がいちばんこの店に似合うようだ。私もある本の最初の打ち合わせにここを指定されたことがあった。志高く、ふところはまあまあ。ワイシャツにズボン、黒肩掛カバンの地味な風采ながら談論風発、目は青年のように生き生きとしている。若い男女も学生っぽさが抜けないようなさっぱりした格好で、こちらもなにかを熱心に語りあっている。やはり文化を愛する古書の町・神田なのだ。最近若い人に古書ファンが多いと聞くが、軽薄な流行よりも古い気骨とエスプリのある知性に憧《あこが》れるのなら結構なことだ。その感覚がこの居酒屋の人気であれば古い居酒屋派の私はうれしい。

この雰囲気は京都の居酒屋に似ている。学問の町・京都は教授や学生が居酒屋で酌《く》み交わしながら談論をたのしむ風があり、私はそれを羨《うらや》ましく思っていた。居酒屋はやはり町がつくるものだ。

みますやに通って二〇年は過ぎた。人生意気に感ず。気持は青二才の学生でよいではないか。社会や文化をおおいに語り飲む気風を古い居酒屋がどっしりと支えている。

〈2007.7〉

32　新八

江戸東京の中心は神田と言ってよいのではなかろうか。江戸総鎮守、東京の守り神は神田明神。

神田川祭の中を流れけり　万太郎

祭はもちろん神田祭。神田川の橋はお茶の水橋、聖《ひじり》橋、昌平《しょうへい》橋、万世橋。古い町名淡路町、須田《すだ》町、司《つかさ》町、美土代《みとしろ》町などが生きているのも嬉《うれ》しい。居酒屋「新八」は鍛《か》冶《じ》町だ。

神田駅東口。道に置いた台行灯《だいあんどん》が楓《かえで》の大鉢、竹垣をほの明るく照らす。店の艶《つや》っぽい古箪笥《だんす》や調度品、欄間彫刻などは店長・佐久間達也さんが長年集めた品だ。新八は開店して二〇年。酒も料理も内装も絶えず改良を重ね、今や東京を代表する居酒屋の一軒になった。酒は全国の一騎当千をおよそ八〇種ずらりと揃え、肴料理も一〇〇種を超える。二階の特別カウンターや座敷は仲間と飲むのに最適だ。燗酒《かんざけ》に力を入れ、その酒に最適な燗具合で出す。今日の〈新八おすすめ酒〉の「会津娘・純米吟醸」は好きな酒だ。これを燗してもらおう。

ツイー……。

「うまい、何度?」

「四四度です」

「上燗に近いぬる燗、ぬる上燗だな」

「そうですね」

佐久間さんは紅顔《こうがん》にどこか純真さが残る。「酒は純米、燗ならなお良し」を唱え、漫画『夏子の酒』の上田久先生のモデルでもあった日本酒造技術指導の第一人者、故・上原浩氏は晩年、新八を訪ね、佐久間さんに次から次に燗酒を試させ「すべてよし」の太鼓判を押した。

肴は自家製鮟肝《あんきも》だ。鮟肝好きの私はあちこちで食べたが新八のが断然一番だ。ともかくよい鮟鱇《あんこう》を手に入れ、フレッシュなうちに調理することに尽きるという。よくフォアグラと比較されるが、どこか人為の邪悪さを感じるフォアグラと違い、鮟肝は清純無垢《むく》な自然の恵みだ。ホヤとコノワタの塩辛「莫久来《ばくらい》」は元祖ヤマ食の製品ではなく当店自家製で、同じ味でもフレッシュに感じる。

新八不動の中心酒は埼玉の「神亀《しんかめ》」だ。神亀を全種類置くのは日本中でここだけで、市販していない斗瓶《とびん》囲い、古酒、大古酒もある。さてそのどれにしたらよいか。「おすすめを聞いても答えないよな」と聞こえよがしにつぶやいてしばし。

「田中農場の無農薬山田錦《にしき》使用・小鳥のさえずり純米吟醸、これにしよう」

「ぼくもそれを言おうと思ってました、ホントです」

きっと本当だ。ほどなく届いた燗温度は四二度だが、いったん四六度まで上げた燗ざましで、酒も八パーセント割り水したそうだ。上原先生が来た時、割り水は酒と水のどちらを先に入れるかを実験し「先水」と決まった。最近日本酒はアルコール度一七~八の原酒が多く、私も家では割り水して四五度目安で燗する。原酒は強さを楽しむが、ながく飲むには割り水が良く、夏のオンザロックはいいものだ。

佐久間さんは平成元年に新八を始めてすぐ神亀を飲み「なんとヘンな酒」と思ったという。それから埼玉県蓮田《はすだ》の蔵に通い、日本酒の概念が一変。蔵元の姿勢への共感とともに田植えや草取りに参加したり、自主的に古酒保存するなど力を入れていった。私が佐久間さんと知りあったのもその頃で、一緒に蓮田に行き、ふらふらに酔って帰ったこともある。今でこそ神亀は名酒の誉れ高いが、その頃は埼玉の田舎の無名の蔵でしかなかった。

私が神亀を初めて飲んだのは新八開店一年前の昭和六三年四月二〇日、池袋の居酒屋で開いた居酒屋研究会・第二回利《き》き酒会だ（正確なのは会報が残っているからです）。七種の酒をブラインドで飲み、神亀は参加六人の最高位をとった。思えば平成前夜の昭和六二〜六三年は、神亀が全量純米酒に踏み切った年、居酒屋研究会が発足した年、新八が開店した年で、それらはやがて神亀に終結していった。

神亀の前衛性はますます進み、特徴は力強さにある。まっすぐに強いものの凛《りん》とした輝きはときに神懸かる。信じてついてゆけるものと、たゆまぬ研究心をもつ佐久間さんの居酒屋も今やゆるぎない。

〈2008.10〉

33　赤津加《あかつか》

神田でもここは電気街秋葉原、今はアニメやゲーム、オタク文化のアキバ、という方がわかりやすい。居酒屋「赤津加」はそのどれとも全く無関係に孤高に存在している。

赤津加

ピコピコ騒音と刺激的な電飾に頭が痛くなりそうな通りの一角に、往年の料理屋の風格をもつ大きな木造総二階が黒塀に囲まれこつ然と建つ。白壁には「大衆割烹《かっぽう》」の鏝《こて》文字、看板「酒泉　赤津加」、「菊正宗《きくまさむね》」の大きな一枚板扁額《へんがく》も上がる。壁にかかる品書札を並べた庇《ひさし》つきの箱は花柳界の粋《いき》な華やぎを感じさせる。昔このあたりは花街で、この建物は昭和二七年に待合に作られたが、二年後待合が神田明神下に進出するため空いて、近くの赤塚酒店が居酒屋を始めた。赤塚さんだから「赤津加」。店の粋な造りは待合の名残だ。

小さな玄関を入ると、黒玉石洗い出しの床から太い天然丸柱がくねくねとコブを作ってねじれて立ち、てらてらと艶を放つ。床が沈んだか、コの字カウンターが少し斜めになっているのはご愛嬌《あいきょう》だ。左の卓席は、衝立《ついたて》で微妙に人目を避けて飲める配置になっているのは、ここは待合で、男女の機微を知る昔の棟梁《とうりょう》の気の利いた設計といえるだろう。隣の小間の大きな障子窓はカウンターに近く、注文する時は障子を開けて座ったまま声を出せばよい。ある対談の会場にここを提案し、ひと通りの話が終わって障子窓を開け放ったときの、入れ込みの店内と一体になった開放感は喜ばれた。

私が初めて入ったのは二〇年ほど前で待合の色っぽさよりは江戸神田の侠気を感じた。「江戸っ子だってねえ」「神田の生まれよ」。一角に上がる榊《さかき》青々とした神棚はもちろん神田明神。威勢をみせておよそ八〇枚もずらりと並ぶ漆の名札は、やっちゃ場・神田青果市場の卸しだ。市場は平成元年大田区に移ったが今も当時の市場のお客さんが来るそうだ。常連客が持ってきたという三重ノ海、北の湖、輪島、若乃花《わかのはな》の四横綱手形と自署に加えて「道 立行司・式守伊之助《いのすけ》」と入る大額が立派だ。電気街の真っただ中にこんな江戸東京の粋と艶を残す居酒屋があることに感銘した。

居酒屋を始めたのは今のおかみの妹さんだったが早世され、姉ということで引き継いだが客商売など思ってもいなく、うまく挨拶《あいさつ》も出来ず、二年ほどしてようやく地に足がついた気がしたそうだ。いまだに素人《しろうと》っぽさが抜けなくてと笑うけれど、その水商売をあまり感じさせないところがいい。

店の酒は開店以来菊正宗一本やり。明治の三筆・中林梧竹《ごちく》の書を篆刻《てんこく》した長大な菊正宗の扁額は内外で三枚も掲げられる。三年前の創業五〇周年の祝いに二階座敷に招かれたとき、私の隣は菊正宗の東京支社長だった。その頃二階座敷は建物ごとすこし傾いていたが、昨年思い切って屋根から工事を入れ大修理した。古い建物の維持は新築よりも金がかかる。

酒はステンレスの六穴燗付器《かんづけき》で燗され、徳利《とくり》に袴《はかま》で出される。名物の薄い味噌《みそ》の鶏《とり》もつ煮込小鍋《こなべ》は、下町の豚もつ煮込みと違って粋。肴はまぐろぶつ、ぬた、卵焼き、銀杏《ぎんなん》など東京の正統的な居酒屋の品ばかりだ。

赤津加で盃を傾けていると、居酒屋は土地の地霊のようなものが大きな意味を持つことがよくわかる。同じ菊正宗も明らかに味が違って感じる。今やうまい日本酒はあまたあるが、東京神田の古い居酒屋の酒は戦前の高級酒の代名詞、灘《なだ》の菊正宗でなければならない。

「そろそろ御酉様《おとりさま》ですね」

「そう、今年は三の酉まであるけど、二の酉にしたの」

浅草鷲《おおとり》神社から超特大の御酉様熊手《くまで》を店に運び込むのは毎年恒例の行事で、待ち受けた常連は拍手で迎え、割箸にご祝儀《しゅうぎ》を挟んで熊手に差す。客には小さな飾り熊手を持ち帰ってもらう。

「太田先生にぜひ来てほしいわ」

うれしい言葉だ。東京に憧れて上京し、東京暮らしはもう四〇年をはるかに超えた。土地の行事に誘われると仲間に入れてもらえたような気がする。そんな私は東京人の気分を味わいにここのカウンターにすわる。

〈2008.11〉

34

鍵屋《かぎや》

東京根岸。静かな裏通りの椿《つばき》の大樹を脇《わき》にした大正時代の木造二階家は、小ぶりながらも落ち着いた戦前の東京を感じさせる。

夕方五時。ちょうど門灯が点《つ》き、「鍵屋」の白麻暖簾《のれん》をかけていた。今日は私が一番客だ。厚い楓《かえで》のカウンター席に腰をおろすと主人が声をかけた。

「サイデンステッカーさん、亡《な》くなりましたね」

今朝の新聞に「日本文学研究者、エドワード・サイデンステッカー氏死去」と報道されていたが、ここと縁があるのだろうか。

安政三年(一八五六)、酒問屋として創業した鍵屋は、昭和初期から店の隅で一杯飲ますようになり、戦後本格的な居酒屋になった。江戸時代の家で酒が飲めると文士や芸人に愛されたが、昭和四三年、言問《こととい》通り拡張にともない存亡が心配となった。常連のサイデンステッカーは「この国は人間より車の方が偉いのか」と朝日新聞に投書し、当時朝日記者だった細川護熙《もりひろ》が記事にし、それがきっかけで建物は小金井の江戸

鍵屋

東京たてもの園に移築保存された。若い細川記者は近所に住み、鍵屋に可愛《かわい》がられていた。今の建物は言問通りから一筋入った、踊りの師匠の住んでいた家を店にしたものだ。「サイデンステッカーさんは、うちの恩人です」と奥さんがしみじみともらす。

先代主人・清水幸太郎は「居酒屋だからといって（例えば半纏《はんてん》などで）それらしくすることもない、普通の白ワイシャツでいい」と通し、魚拓・能・詩作をよくし、多くの文人と話を交わせた。玄関の暖簾は自分の筆だ。現主人である息子の賢太郎さんは幼い頃から店を手伝わされ、永井荷風にあやされ、高橋義孝《よしたか》に宿題をみてもらい、谷崎潤一郎に学校の様子をきかれた。

背高細身、白無垢《むく》の古風な徳利から蛇の目盃《さかずき》に一杯注ぎ、口に含む。銅の燗付器は先代からのもので、賢太郎さんの腕さばき、燗具合はじつにみごとだ。小板に書かれた肴《さかな》十数種は昔から全く変わらず、焼鶏や合鴨《あいがも》、他すこしで刺身はない。名物は鰻《うなぎ》の小さいの（めそ）を串《くし》にした「くりから焼」だ。お通しはきまって大豆を炊《た》いた「みそまめ」で、神田生まれの渡辺文雄さんをお連れしたとき「これは懐《なつ》かしい。朝、豆腐とこれを売り歩く声を聞いたものだ」と喜ばれた。

私の好きなのは冷奴《ひややっこ》だ。網柄の皿に小さな木の簀《す》の子《こ》をのせ、豆腐半丁をそのまま置き、黄色のおろし生姜《しょうが》と緑の刻み大葉を二盛りした姿は、豆腐ひとつに粋を求める下町美学そのものだ。薬味刻み葱《ねぎ》の木箱は長年洗い続けて角が減り、清潔な古老の風格に、臙脂《えんじ》の塗箸《ぬりばし》が色を添える。葱は東京人の好きな白根深で、私は葱だけを割下に浸し肴にする。

がっしりした関東造りの店内は、先代が懇意の棟梁にまかせ、腕をふるわせたものだ。江戸の古道具や往年の清酒、ビールのポスターが目を楽します。正面のカブトビールは名妓《めいぎ》とうたわれた芸者万龍がモデルだが、私は左の小さな寶焼酎《たからしょうちゅう》の大正モダン美人がいい。

東京で私のいちばん好きな季節、晩秋に、昔の座卓が置かれた畳敷きの小上がりにあぐらをかき、この頃から出る「煮こごり」を肴に燗酒をやると、東京に住む幸せをしみじみと感じる。信州から上京した私は、粋な東京人に憧《あこが》れてもう長いが、この鍵屋で盃を傾けるようになり、戦前からの本当の東京にたどりついた気がした。

文学者・永井荷風と、江戸からつながる戦前の東京下町情緒を愛したサイデンステッカーも、鍵屋にその粋を感じていたのだろう。昔の東京のままに、路地裏で静かに酒を飲めるありがたさがここにある。

〈2007.8〉

35 味泉《あじせん》

居酒屋「味泉」は平成四年、月島に開店した。

「太田さんが初めてきた時のことは憶《おぼ》えてますよ」

「へー」

どこかで見たような顔だなあと思っていたら私が帰った後に、カウンター端にいた客が居酒屋の本を書いている人だと教えたそうだ。一〇年ほど前のことだ。

酒、料理、主人、いずれも味泉ほど信頼厚い居酒屋はない。あるグルメ雑誌の女性編集長が引退となり、世話になった二、三人でお疲れ飲み会をしようと声をかけると、即座に「味泉がいいわ」と答えた。上の棚に並ぶ三〇本の空一升瓶のすべてに思い出がある。瑠璃《るり》色《いろ》の海、王祿《おうろく》、豊盃《ほうはい》、渡舟《わたりぶね》、龍力《たつりき》、萬代芳《ばんだいほう》などはここで初めて飲み、力を知った酒だ。そして魚。橋を渡ったすぐそこは築地《つきじ》市場だ。

主人の荒木眞一さんは若いとき築地市場で八年ほど働き、魚の目利きになったが、場内に信頼できるよい知人を持ったことが今の仕事に大きいと言う。最初は小車追い回しのアルバイト荷役だったが、魚の「納め」(魚貝を料亭などに発送する仕事)をやっている小作さんというベテランに人柄を見込まれた。宮内庁《くない》に魚を納めるほどの人で、大膳課《だいぜん》にはしょっちゅう配達に行った。鯛《たい》など立派なものもあったが、昭和天皇はイワシを好まれていたというのが興味深い。一方、小作さんは病院食の切身のようなものでも手を抜かず、厳しい職業意識に学んだという。荒木さんは六、七年勤めて辞めたが、その後についた人と小作さんは気が合わず、もう一回戻ってくれと頼まれて復帰し、さらに一年働いたそうだ。

築地で働く前の荒木さんは、千葉高校(先輩に市原悦子)の頃から演劇に打ち込み、上智《じょうち》大英文科でシェイクスピアに取り組んだ。当時の大学劇研は政治的ヘルメット集団の様相で、自分はもっと大きな演劇をやろうと、映画『十二人の怒れる男』のシナリオをもとに劇団を立ち上げ、演出する。卒業後「現代演劇協会」に俳優研究生として入った。民藝《みんげい》、俳優座、文学座など新劇が勢いのあった頃だ。文学座の芥川比呂志《あくたがわひろし》、福田恆存《つねあり》が、重鎮の中村伸郎《のぶお》、杉村春子に極秘抜き打ちで脱退結成した現代演劇協会は仲谷《なかや》昇、神山繁、岸田今日子、小池朝雄、高橋昌也《まさや》、山崎努、橋爪功《はしづめいさお》など、当時の新劇きっての華やかな陣容を誇っていたが、次第に芥川、福田は対立し、「雲」「欅《けやき》」「円」「昴《すばる》」と分裂して行く。荒木さんはそんな騒動に喪失感をおぼえ、大学の演劇仲間と劇団「胡乱堂《うろんどう》」を結成。安部公房の戯曲「棒になった男」の年老いたボクサーの劇中劇「時の崖《がけ》」をさらに戯曲化し、安部に返信封筒つきで上演許可を求めたところ、一言「諾」と大書した返事が届き、渋谷、沖縄の小劇場「ジァン・ジァン」で公演した。

演劇で食えないのは世の常。築地市場のアルバイトは、夜は体が空いて稽古《けいこ》ができるため演劇団員も多く、天井桟敷《さじき》や黒テントの連中もいた。そして四〇歳前、高校も含めれば二〇年続けた演劇生活に終止符をうち、月島で小さな居酒屋を始めた。

一〇年後の平成一四年、近所の居酒屋の二階で、小さな集まり「味泉一〇周年・感謝の会」が開かれ私も招かれた。豊盃の社長らも青森からかけつけ、一人ずつ自己紹介をした。私もした。その間荒木さんは熱心に耳を傾け、本人の言わないところを補足。最後に荒木さんの挨拶になり謝辞を述べたが、感極まって涙があふれていた。

演劇をやっていたといっても芸術家風の癖を全く感じさせない荒木さんを、誰もが誠実一途《いちず》と言う。世にいろんな芸術家がいるけれど、私は志高く、貧乏覚悟の性根が座った演劇人がいちばん好きだ。演劇に、それも正統的演劇にしっかり打ち込み、きっぱりとやめ、次のことに正攻法で取り組んでゆく荒木さんに私は友情のようなものを感じる。ひげには白いものも混じってきたが、清々《すがすが》しい目、紺のTシャツ一枚に首タオルで働く姿はまだ青年だ。かつて「舞台も店も、お客あってこそ、は同じです。毎日公演しているようなものです」と語ったことがある。その日の客はその日限り、毎日が手を抜けない姿勢は舞台で培《つちか》ったものかもしれない。

開店の頃は幼い子供だったという娘さんは高校生になり父を手伝うようになった。あどけない声の「六番さん（私）、味泉風うまいなす一丁」に「あい！」と答える荒木さんの声がいい。一男二女の三人兄妹《きょうだい》。「今年は全員受験で大変です」と笑うが、きっとよいお父さんに違いない。

当店一の名品、たいへん手のかかった調理の「煮穴子」は、お菓子のようにふんわりして穴子の旨《うま》さが結晶している。揚げ出しピリ辛の「味泉風うまいなす」は刻み茗《みょう》荷《が》たっぷりでおいしい。

私はこの店と自分を重ねてゆくつもりだ。燗酒《かんざけ》三本目を娘さんにお願いしよう。


〈2008.1〉

36　ふくべ

東京駅八重洲《やえす》口はちょっとした飲み屋街があり、日本橋の勤め人が、銀座に行くほどでもなしと軽く飲んでゆく。すぐそこは東京駅で帰りも楽だ。

「通人の酒席　ふくべ」はまことにさりげない構えで縄のれんもぱっとしないが、店に入ると圧倒される。すすけた葭簀《よしず》の天井、飴色《あめいろ》に艶《つや》光りする一枚腰板、すり減った黒豆砂利洗い出しの床。カウンターは手前側が客の肘《ひじ》で磨かれて白い。全国地酒がずらりと三段に並び、一二穴のステンレス燗付器がお燗を待つ。古色蒼然《そうぜん》たる店内に二段重ねた白木四斗《しと》樽《だる》だけが清々しく光る。中は菊正宗だ。

「ちょうど今日、新酒を入れました。だいたい二週間で空になります」

酒は、やや溢《あふ》れめに量った枡《ます》を徳利のじょうごにひっくり返し、燗付器の湯に沈める。一合枡、じょうご、徳利が主人の言う「当店三種の神器」で扱う所作が美しい。計る木枡は一〇年以上使われて角はすっかり丸いが、これは二代目だ。差し渡し一五センチもある銅の大じょうごは先代からのを使い続けていたが、創業七〇年に客が新品を作ってくれた。ふっくら丸い白磁の徳利は、店名どおり一筆描きの瓢簞《ひょうたん》の絵が入る。

初代の枡は、現主人・北島正雄さんの父、創業者・幸正さんが一〇年前他界したとき棺《ひつぎ》に入れて持たせてやるつもりだったが思い直して止《や》め、店の四斗樽の上に置いた遺影の脇に並べた。これで酒を汲《く》み続けた勲章だ。花好きの奥さんがきれいな生花を絶やさない。

ふくべは昭和一四年に日本橋の近くの酒屋の立ち飲みから始まり、二一年にここに移り、三九年に現在の建物になった。客は一人一盆。小角盆に白徳利、盃、お通し(昆布佃煮《つくだに》)の三点で出され、この景色がいい。

「かたちができますでしょ」

その通り。私は家の晩酌でも机に漫然と酒器や小鉢があるのが嫌で、徳利、盃、肴一品を小盆に置き「結界をつくる」とご満悦だ。

肴はおでん、たたみいわしなど渋いものばかりだが、私の定番は新島の青ムロ「くさや」と「らっきょう塩漬」だ。くさやを出す居酒屋は近頃めっきり減り、甘くない塩らっきょうも稀《まれ》だ。

目の前に並ぶ全国地酒に故郷の酒を頼む客は多いという。出身地の話にもなり、いかにも全国鉄道の起点・東京駅前の望郷酒場。私の故郷長野県は「真澄」だ。

先代の幸正さんは八四歳で亡くなる前日まで店に立っていたほど健康な人だった。亡くなられてしばらくは昔からの人に続けてもらったが、正雄さんの勤めが定年退職となって二代目を継ぎ、一年半が過ぎた。やわらかな応対は下町親父《おやじ》を得意とした往年の名脇役・中村是好に似て、映画好きの私は気持がなじむ。このカウンターに座ると、居酒屋は多くの客が飲み続けた列に自分も加わるところという感慨がわく。「父の残したものは、また客の残したもの、たいせつに継いでゆく」という正雄さんの言葉が嬉《うれ》しい。

〈2009.8〉

37　シンスケ

「湯島天神下　正一合の店　シンスケ」のカウンターに座った。今は大相撲の本場所中で棚の隅に置いた小さなテレビに音なしで中継がうつる。力士が立ち上がると主人も手を止めて少し見る。結びの一番が終わるとパチンと消され、相撲以外にテレビがつくことはない。東京本場所の時は湯島町内会で呼んだ触れ太鼓がシンスケにも入り、客前で初日取組を読み上げるそうだ。湯島天神下を巡る大相撲触れ太鼓はよい光景だろう。

私の隣は寄席《よせ》・上野鈴本の帰り客で、本日の噺家《はなしか》と演目を話している。惜しまれて亡《な》くなった志ん朝の話題になり「ハメマラ（男が弱くなる順）のマクラは面白かった

シンスケ

なあ、歯はフランスパンがかじれなくなったらあぶないって」と笑い、私も笑った。あれは面白かった。話題は弟子の志ん輔《し　すけ》におよび、少々つきあいのある私は耳をそばだてたが「うまくなった、なんでもできる」の評に安堵《あんど》し、一杯注ぎたくなった。

シンスケに通い始めて二〇年はとうに越えた。平成四年・ホテルニューオータニの「創業六六年を祝う会」、平成一八年・帝国ホテルの「創業八〇周年を祝う会」はともに大会場の端で来賓客をまぶしく見た。

居酒屋シンスケは、大正一四年、神田明神下の酒問屋「一木商店」に奉公していた初代が始めた。店名は一木商店の次男の名が気に入っていただいたが、そのままでは失礼とカタカナにした。今カウンターでお燗番をつとめる主人は祖父、父に続く三代目。「八〇周年を祝う会」で披露された四代目息子さんは台所にいるが、ちかごろは手が空くとカウンターに出るようになり、大柄体軀《たいく》がまことに頼もしい。

酒は一木商店で扱っていた秋田「両関」のシンスケ別製。名入り白徳利《とつくり》の、青線上一本は樽酒、下一本は純米酒、無地は本醸造だ。肴《さかな》は東京の居酒屋料理として最高に洗練され、「ぬた」「岩石揚げ」「あじ酢」などは人気だ。今日は秋らしい「いちじくのそば粉揚出し」がおいしい。

私が初めてシンスケに入ったのは、資生堂の若手社員だったはるか昔になる。黒格《ごう》子《し》に続く杉玉（酒林）の下がる縄のれんの玄関。木賊《とくさ》が緑を添える蹲踞《つくばい》から主人が通りに水を撒《ま》くと開店だ。湯島天神祠《ほこら》の上がる白木の店内は薦《こも》樽が二段重ねに三樽鎮座し、並ぶ清々しい白徳利に布巾《ふきん》がかけられる。余計な飾り物は一切ないすっきりした江戸＝東京の美学が一本筋を通し、パッチに両関前掛け、縞《しま》の半纏、突っかけ草履、頭に細く巻いた手拭《てぬぐ》いのきまる主人が、「ほーい」と春風駘蕩《たいとう》に客前に立つ。長野県出身の私は湯島天神という地縁の居酒屋に、生粋の東京を見た気持がした。

　そして常連客たちの飲み方。大声、泥酔《でいすい》はご法度《はっと》だが、おとなしく飲んでいるだけではない。話題は相撲と落語。そこにピリリと皮肉とうんちくを利《き》かせ、笑いでまとめる。力士よりも、土俵に上る呼び出しの声の寸評に余念なく、本物の相撲好きはこういうものかと思わせる。噺家の批評も辛口ながら詳しい。常連は混んでくるとさっと帰り翌日また来る。近くの東大、芸大の先生から職人まで誰もがシンスケの気っ風を愛し、守り、自分もそこの客であることを自負する。つまりは野暮を嫌い、粋《いき》を尊ぶ東京人気質を知った。

　三代目主人は山登りが趣味となり、今年初めて富士登頂をはたしたと言う。

「へえ、おいくつで？」

「七つの子です」

ん、謎《なぞ》かけかな。ああ、古希か。山頂の神社で人の顔に見える石を記念に拾ってきた。誰かに似ているのが気になり調べ、画家・青木繁《しげる》の若き日の名作「海の幸」に青木繁が恋人の顔を描き入れた、その顔だった。今年は出羽三山も歩いたそうで頼もしいことだ。

半纏を着てときどき運んでくる見慣れない少年は、アルバイト募集に「高校生でもいいですか」と応募してきたそうだ。学校と両親に「夜の仕事で酒を扱うが、学業に差し障《さわ》りはないか」と許可を得て採用。週に二日、都内の高校から授業の後に来ている。はきはきした声の眼のきれいな少年に、四代目は小声で「これをあそこに、お待たせしましたと言って」と指示して見守る。客も思わぬ少年のお運びに「おう、ありがとう」と上機嫌だ。

この店でおきることがみんないい。この良さを味わいたくてこのカウンターに座る。ここは、人物の落ち着きと、闊達《かったつ》なユーモアと、気の利いた皮肉と、若い者への温かい眼をもつ、つまりは大人の座る場所だ。自分はそういう大人になりたくてこの居酒屋に通うようになった。居酒屋に通うとはそういうことだと思うようになった。六〇歳を過ぎてそうなれたかはわからない。しかしそうなろうと思う気持が消えることはないだろう。

〈2009.7〉

38 魚竹《うおたけ》

築地の居酒屋「魚竹」の小さなカウンターに座ると、小黒板「先週のベスト5」にいつも目がゆく。先週は「1〆鯖《しめさば》 2刺身三点盛り 3平貝《たいらぎ》あぶり焼 4漬《づけ》まぐろ 5厚焼玉子」。なるほど、しかしここからが難題。目と鼻の先は築地市場。日本、いや世界中の魚の新鮮な刺身はもとより、酒飲みの急所をおさえた肴の数々に目移りする。「漬まぐろきざみわさびあえ」「肝入りするめ」「かにと小松菜玉子とじ」「まぐろ中トロあぶり焼」に、「生のり味噌汁《みそしる》」「シラスかけご飯」もある。「うるめ丸干し茶漬け」というものも試してみたい。

気品ある香りとさわやかな甘みの「明石《あかし》たこぶつ」は簡素な盛りつけながら、添えた穂紫蘇《ほじそ》、山葵《わさび》とともに一級品の風味。「あわび塩蒸し」はむちむちと弾力があり暗緑色の肝がうまい。瀬戸内香川の新物しゃこ「観音寺しゃこ」はまだ小さいが甘みがきれい。大きな四切れをさっと焙《あぶ》った「平貝あぶり焼」のさっくりした歯ごたえと軽いえぐ味に、絞ったスダチの清新な香りが立つ。酒は山丹正宗《やまたんまさむね》の燗《かん》だ。

この店は新潟出身の早川竹次郎さんが昭和二六年に始めた鮮魚商「魚竹」が前身だ。息子の一夫さんは若い頃から父と築地市場に通っていたが、脚を怪我《けが》して配達が不自由になり、魚でできる商売はと昭和五一年居酒屋に転業した。魚の目利きは年季が入っている。竹次郎さんは昭和六〇年に亡くなられ、今は一夫さんと弟・清忠さん、母・ふじさんの三人で店を守る。ぽつりと洩《も》らした「去年は親父の二三回忌でした」に若くして亡くした父思いの気持が感じられる。

「お母さんはおいくつになられました」

「ことし八八です」

米寿とはご立派だ。ぬか漬けと厚焼玉子だけはおふくろにかないませんと、言葉少なく話す一夫さんの手はとても大きく腕っ節も太い。頼りになる息子二人と一緒に働けるお母さんは幸せだろう。

銀座に比べて夜は人影も少ない、築地のカウンター一二席の小さな店で一人、盃《さかずき》を傾けるのはいいものだ。父の残した店を静かに守る母と兄弟は、黙って仕事に誠をつくす古い東京の市井《しせい》の職人の、つつましやかな職業意識を感じさせる。「小玉（半分）にしときました」という厚焼玉子は、出汁《だし》、やや甘みのある江戸前味付け、ほんの少し焦《こ》がした焼加減などじつにみごとで、酒も忘れて夢中になった。

帰る時お母さんに挨拶《あいさつ》し、今日は手を握らせていただいた。手はやはり大きい。

「厚焼玉子、おいしくいただきました」

「ありがと、お風邪《かぜ》など召されませぬよう」

私は何となく涙ぐみそうになった。ここは軽口で逃げるにしくはなし。

「はい、……伊達《だて》の薄着なもんで」

「江戸っ子だねー」

嬉《うれ》しい言葉を頂戴《ちょうだい》した。


〈2008.10〉

39　こびき

銀座、歌舞伎座《かぶきざ》前の晴海通りを渡り、まっすぐゆくと「こびき」がある。店名は言わずもがな旧町名の木挽《こびき》町からだ。一階は主人・金子弘一さん夫婦の寿司《すし》、二階は長男・大史さんと奥さんの酒亭。厨房《ちゅうぼう》には二男・純平さんが父について料理修業。昼はお勤め、夜は店を手伝う孝行娘の有香さんは上下を行ったり来たり。私が二階に来るとお父さんがちょいと顔を出してくれる。

「生まれた？」

「いえ、予定は一月です」

尋ねたのは初孫の誕生だ。一昨年長男が美人の嫁をもらい、その奥様・麻紀さん見たさに私はいっそうここに来るようになったが、めでたくご懐妊と聞いた。客で来ていたお嬢さんを気に入って息子の嫁に奨《すす》めたのはお父さんだったらしい。息子も歌舞伎座に立たせたいほどの苦み走ったいい男。お父さんは初孫に気が気ではないようだが、きっと玉のような子が授かるだろう。

「こびき」は戦後満州から引き揚げてきた先代が昭和二二年に開店。弘一さんはその開店吉日に二代目長男として生まれたという生まれた時からすでに親孝行だ。銀座生まれ、泰明小学校、麴町《こうじまち》中学、都立一橋高校、アメリカ遊学という生粋の銀座ッ子。雑誌『文藝春秋《ぶんげいしゅんじゅう》』の「同級生交歓」には泰明小同級の女優・和泉雅子《いずみまさこ》さん、関西割烹《かっぽう》「本店浜作」社長、レストラン「グリルスイス」女性オーナー、料亭「花蝶《かちょう》」女将《おかみ》と並び、学級委員だった弘一さんが文を書いている。泰明小学校は昨年開学一三〇年の式典を行い、弘一さんも列席した。「小四のとき八〇周年をやりましたから、早いものです」と感慨深げ。「お孫さんも泰明小に？」水を向けると「いやあ、どうですか」と満更でもなさそうに頭に手をやった。

「いらっしゃいませ、今日のお魚です。キンキ、アマダイ、ハタハタ、白子……」

産休の兄嫁に代わり、着物で先頭に立つ有香さんが上がってきた。ザルで本日の魚をお披露目するのがお約束。前の新橋演舞場の向こうは築地《つきじ》市場、魚は新鮮ピカピカだ。きれいなタラ白子を焼いてもらおう。酒は秋鹿、宗玄、悦凱陣《よろこびがいじん》、鶴齢《かくれい》など重量級が揃《そろ》う。外側を炙《あぶ》ったタラ白子は香ばしく、中はとろとろでたまらない。丸顔美人の有香さんがおひとつどうぞ、とお酌をしてくれる。着物の着付けは一分の隙《すき》もなく、さすがは銀座の娘だ。

「甥《おい》っ子、姪《めい》っ子、どっちでもいいが、生まれたらそこの棚に写真飾って欲しいな。客も喜ぶよ」

「いいですね、お賽銭《さいせん》箱も置きましょうか」

「そりゃいい、たまるぞ。子供にも働かせなくちゃ」

ははははは。銀座初孫明神にこんどお賽銭上げにこようっと。


〈2008.12〉

40 伊勢藤《いせとう》

神楽坂《かぐらざか》は東京で今一番人気のある町。その毘沙門天《びしゃもんてん》前、居酒屋「伊勢藤」のある石畳の小路《こうじ》は神楽坂の代表的な光景だ。左右に椿《つばき》の植え込みを置いた大きな木造二階家の夕暮に、長大な縄のれんをぼおっと照らす「御酒　伊勢藤」の行灯《あんどん》の光は、ため息が出るほど美しい。創業昭和一二年。最初の建物は戦災で焼け、今の家は昭和二三年に昔通りに作ったものだがそれでも築六〇年を越えた。

中がまたすばらしい。藁《わら》切り込みの荒木田壁、黒光りする板壁、柱、梁《はり》。踏み固めた三和土《たたき》を、白障子を透かす柔らかな光が照らし出す。L字のカウンターが囲む板張り床の囲炉裏《いろり》はきれいに灰をならし、自在鉤《かぎ》に鉄瓶、炭籠《すみかご》、火箸《ひばし》を置く。脇《わき》には清酒「白鷹《はくたか》」四斗樽薦被《しとだるこもかぶ》りが鎮座する。

酒は「白鷹本醸造」一種のみでビール、焼酎《しょうちゅう》はない。お燗が基本で、冷やを頼むと「常温でよろしければ」と言われる。冷蔵庫のない昔は酒を冷やして飲む事はなかったのだ。黙っていても一汁四菜（例えば今日は、豆腐とわかめの味噌汁・根菜と蓮根《れんこん》のきんぴら・柿《かき》と人参《にんじん》葉の胡麻《ごま》あえ・すぐき漬とじゃこ）が並び、毎月一五日と晦日《みそか》には蕎麦《そば》が出る。ほかに田楽やたたみいわしなどもある。かつては酒は一人三合までだったそうだ。

囲炉裏に端座する剃髪《ていはつ》、作務衣《さむえ》の三代目主人がお燗番を務める。真っ赤に熾《おこ》った炭火を囲むように灰に埋めた「く」の字形三穴の銅壺《どうこ》の湯に、酒の錫《すず》ちろりを沈め、頃合いをみて指腹で温度を確かめ、今度は空徳利を湯で温め、そこにちろりの酒を注いでようやく客に届く。灰に埋めた銅壺が要《かなめ》だ。お燗仕事が切れると膝《ひざ》に手を重ね座禅を組んでいるかのように動かず、主人から客に声をかけることはない。

その燗酒はおだやかそのもの。注目すべきは盃が腰高の盃台にのることだ。平皿の盃台はごくまれに見るが、ここの茶釜《ちゃがま》型はたいへん珍しい。徳利は柾目《まさめ》板に置かれ、布の指拭《ふ》きが添えられ、一式は武家の酒のような格式を感じる。

壁の書額「希静」は初代の筆だ。声高の客は「お静かにねがいます」と注意される。私もされた。「酒は静かに飲むべかりけり」。賑《にぎ》やかにやりたければ他所《よそ》へ行けばよい。東京の居酒屋は店の流儀に従わされる。そこがいい。

その空気に慣れると、やがて「静か」が味わい深いものになる。「静か」とはなんと豊かなものか。都会にいて山の自然のように「静か」を味わえるのがたいへんな贅《ぜい》沢《たく》に思えてくる。

ここは主人の祖父が昭和初期に自分の通っていた日本橋の居酒屋にならって始めたと聞き、昔の居酒屋とはこういうものだったのかと感慨がわいた。冷暖房はなく、夏は団扇《うちわ》を渡され、冬は石油ストーブが置かれる。作法すべてが昔のままに柔らかな光に包まれたこの店の佇《たたず》まいは、まさに「陰影礼賛《らいさん》」。酒を飲むことをここまで洗練させる文化がある。

〈2009.8〉

41 江戸一

東京大塚の居酒屋「江戸一」はその名の通り東京一と居酒屋通の評価が高い。戦前は酒屋で飲ませ、戦後居酒屋になった。三〇年ほど前にビルにしたが風格ある構えと内装は変えていない。店内を一周する厚さ三寸もの堂々たるコの字カウンターは樹齢六〇〇年の檜《ひのき》を一年半乾燥させた銘材で、日本にはなく台湾から運んだ。

席に着くと四国松山の木地師、塗り師に特注した銘々盆が置かれる。酒は四斗樽の「白鷹」「泉正宗」を基本に、カウンターの中の板張り床に全国の名酒が並ぶ。白鷹はおだやかに、泉正宗はさっぱりと、どちらも樽香を楽しめる。ほとんどの客は燗酒を頼み、名入り白徳利が整然と木箱に並ぶ燗付台の周りは、聖域の空気が漂う。お燗番は指の腹が温度計だ。常連客の燗具合は熟知し、黙っていてもその通りにことが運ぶ。台所口に並ぶ品書き札は刺身、〆鯖、穴子煮、つくね、豆腐、冬のナマコ、煮こごりなど東京らしい品で、値は安い。焼魚は甘鯛《あまだい》、柳カレイ、鯖などその日の魚を書いた紙を渡されて選ぶ。

カウンターは一人客が多く、皆が無念無想に天井をにらみ酒の世界に浸る。女性一人も多く、官庁勤めだろうか堅いスーツ姿のキャリア女性が、仕事を終えてほっとした様子で席に着くのはよく見る光景だ。東京の居酒屋でここほど一人客の多い店はない。

「巣鴨《すがも》のお地蔵様の生まれ」というおかみさんは割烹着でレジ前に座り、時々立って客に声をかける。大塚は粋筋の町でおかみさんのさっぱりと清潔な口跡が心地よく、飲み過ぎの客は「もうおやめなさい」とたしなめられる。終わった徳利や皿は下げられず、最後にその数を五玉の算盤《そろばん》にしゃっと入れてお勘定となる。

いっとき柱に留めてあった大入り袋「大相撲三月場所　江戸一さん江」は、ここの常連で横綱審議委員長だった、ドイツ文学者の高橋義孝《よしたか》が置いていったものだ。その時もう一つ「小林秀雄様」も持っていたが、おかみさんいわく「先生はここで沈没なさいまして」知らぬ客に渡してしまったとか。文学好きなら宝物になっただろう。詩人・田村隆一も常連、ときに宇野重吉も劇作家と訪れたという。名優・宇野が盃を傾けるのはさぞよい光景だったに違いない。

柾目剛直、直角を強調した武張った店内は、背筋を伸ばし姿勢よく飲まねばならない空気がある。私の思う東京居酒屋御三家は「鍵屋《かぎや》」「シンスケ」「江戸一」。鍵屋は端唄《はうた》、シンスケは落語が似合うとすればこの江戸一は講談だろうか。並み居る一人客の面々はみな練達の武芸者に見え、初めて入り、その空気を察して早々に退散する客も見る。

酒を飲むのはここだけと決めて何十年も通う客の端に私もいる。

〈2009.8〉

42 斎藤酒場

時代が平成に入ってから、世間に昭和三〇年代を懐《なつ》かしむ気持がつよい。あの頃は家族も他人も信頼しあい、貧しいが懸命に働いて生活をよくしてゆく希望と実感があった。高度成長が終わると町も人も変わり、大切なものをすっかり失った気持がする。そのノスタルジーが昭和の頃に向かうのだろう。昭和二一年生まれの私は、三〇年代はまさに子供から大人への成長期だ。私は日本の戦後と自分がぴったり重なっている。初めて東京十条の「斎藤酒場」に入った時、濃密に残っている昭和三〇年頃の空気

大衆斉藤酒場
大衆斉藤酒場

に圧倒された。ゆるやかな舟底天井、年期をへた腰板、酒場特有の鏡、何となく粋《いき》な造作。帳場横の、富士の溶岩を積んだ岩場から筧《かけひ》の水をちょろちょろ流し落とす風流なしつらえは、子供の頃に信州松本で見た記憶がよみがえる。年に一、二度連れられたその食堂で若い父は生ビールを飲み、子供は中華そば。母もうれしそうに幼い妹の小丼《こどんぶり》に自分のそばを分けていた。私は店の隅々まで興味をもって眺めた。

「太田さん、いらっしゃい」

白い上着の前で手をすり重ねながら、おかみさんが寄ってきた。誰にもにこにこと笑顔をくずさない、お母さんと呼びたくなるおかみさんを、かつて私は「東京一の居酒屋おかみさん」と書いた。

「酒とポテサラ、あと大根煮」

「大根煮ね、いまおいしいわよ」

ポテトサラダはここの一番人気。冬の大根煮は、おつゆに筒切り大根が浸るだけのものだが、なくなると汁だけでもくれと言う客がいる。品書きは串《くし》カツや刺身など二〇〇円、三〇〇円のものばかり。四時半の開店を待ち切れずに客が入り、終電間際《まぎわ》の一一時半まで満員状態だが、「斎藤酒場の法則」で二人出ると二人来る、三人出るとまた三人とうまくいっている。客は中年以上が多かったが、最近若い人が増えたそうで女性も多い。この店の評判を聞いて来たとおぼしき若い男は、しきりに店内を見回していたが、おかみさんと声をかわして気持がほぐれたのか、相席の初老グループの男たちと話し始めた。年齢差およそ三〇以上の若い兄ちゃんと白髪が話しているのはなかなか麗《うるわ》しい眺めだ。レトロ興味半分で入り、常連になってゆくのは値段の安さだけではない。

こちらの机は夫婦客同士がにぎやかだ。「ウチで作るのめんどくさいから、ここ来ちゃうのよー」「おう、オレもその方がいい」と笑わせる。中高年夫婦二人ともなれば、せまい家で顔つき合わせているより確かによいかもしれない。「オイ、酒。あ、いけね、家と間違えた」とまた笑いがおきる。

白杖《しろつえ》の目の見えない方は毎日一人で来る常連だ。おかみさんは決まった席を必ず空けておくが、来れない日は電話をよこすそうで無駄にならない。いつも「今日は何があるの」と刺身を尋ね、酒量もいける口。ためらいなく進み、なじみの迎えに「やあ」と答え、いつもの席に座りおもむろに煙草《たばこ》を一服。まことにもの馴《な》れた所作だ。酒場の賑《にぎ》わいは格好の肴《さかな》なのだろう。

ポテサラの玉葱《たまねぎ》が鼻にツンと来る。大根煮の昆布出汁《こぶだし》のきいたおつゆがおいしい。煮穴子はちょっとしょっぱめの関東風。カズノコは年中ある。私も酒をもう一本。

斎藤酒場は昭和三年に酒屋として創業し、立ち飲みもしていた。昭和七年生まれのおかみさんはよく空瓶で遊んだ。戦争が始まり徴用で男はいなくなり、出征した父はなかなか帰還できず、女だけでもやれることはと居酒屋を始めた。戦後の酒のない苦労を経て、ようやく昭和三〇年ごろに今の店ができた。客が新築祝いに持ってきてくれたプラスチックラジオは、今も大切に棚に置いてある宝物だ。テレビはない。今はおかみさんと妹さんに加え、「私の自慢は嫁」と言うとおり、二人の息子の奥さんは二人とも率先して店に立つ。形のみな違う、節穴が抜けているのもある机のどこにもいつも花が、それも有り合わせの瓶に飾ってあるのが心映えだ。

みんな苦労した。苦労して今がある。苦労をのり越えたのは家族だ。あの頃のよき時代で酒を飲める幸せに斎藤酒場は今夜も満員だ。

〈2007.12〉

43　まるしげ夢葉家《むようや》

東京の環状線・山手線の内側にはよい居酒屋がほとんどない。区で言えば千代田、中央、港、文京。逆に昨年出た『ミシュランガイド東京』なるガイド本の店はこれらの区に集中する。またここは高層ビル再開発が最も盛んなエリアで、古い居酒屋を失わせこそすれ、再開発でよい居酒屋ができた例《ため》しは「全く」ない。

赤坂みすじ通りの二階の居酒屋「まるしげ夢葉家」はそんな地に八年前開店した。大テーブル、小上がり、カウンターと気取りのない内装は居心地よく、大きなガラス窓から下の華やかな通りが見えて開放的だ。日本酒・焼酎は逸品がそれぞれ五〇種以上もそろい、肴も葉山直送「カワハギ肝あえ」から「じゃがいもDEカルボナーラ」まで多種多様に中年男にも若い女性にも応《こた》える。黒Tシャツのスタッフはきびきびと働き、「まるしげ」よりは「まるひげ」と呼びたいカールおじさんのような黒ひげ丸顔、タオル鉢巻きの店主・小久保茂紀さんは女性に人気。一人でも大勢でも入れる居酒屋として満点とあれば、当然のごとく毎晩満員の盛況だ。

しかし開店時は、赤坂では珍しい居酒屋が続くだろうかと言われた。赤坂は政治の中枢《ちゅうすう》・永田町の膝元座敷として黒塗りハイヤーの並ぶ料亭筋だが、その時代が終ってもどこかバブル景気を忘れきれない韓国料理と鉄人料理人とやらの派手な店が今も並ぶ。そういう安直に一杯やる居酒屋のなじまない地に開店したのだった。

私は食通俳優として知られた故・渡辺文雄さんに親交を結んでいただいたが、開店してすぐの頃、赤坂に住む渡辺さんがぶらりと入ってきてしばらく飲み、「よい仕事をしていれば、必ず客は見つける」と言葉をかけて帰られたと小久保さんから聞いた。小久保さんはその話をしながら少し目を潤《うる》ませた。そして店は渡辺さんの言ったとおりになった。私が赤坂にあるTBSのラジオ番組に呼ばれて居酒屋の話などした時、キャスターから「このへんによい居酒屋はありますか」と聞かれ「まるしげ」を紹介すると、キャスターも調整室の人も真顔で聞いているのが伝わってきた。

「TBSの方は多いです。六時間くらいしゃべっていきます。特に報道の方は激論ですね。はなまるマーケット、王様のブランチは長い常連さんです」

激論する報道人は好ましい。おおいにやってくれ。この春、赤坂サカスができ大手広告代理店も越してきて、いま店は恐ろしいほど混み、入れない常連さんも多く申し訳ないと言う。混むのは当然だ。政治家や芸能人ではないまともに働く勤め人が一日の疲れを休め、自腹で一杯やるのは気楽な居酒屋以外にない。赤坂もそういう町になってきたのだ。

焼酎「萬膳庵《まんぜんあん》」の全割りがうまい。本格焼酎を数日前から水と五対五くらいになじませておく「前割り」は鹿児島では普通の飲み方で、その焼酎の仕込み水で前割りしたのが「全割り」だ。前割りのぬる燗《かん》はじつにおいしく、日本酒燗は女性でも口説こうかと心に華やぎがわいてくるが、焼酎燗は自分の人生をゆったりと肯定するような、おおらかな気分にさせる。

小久保さんはたまの休みに奄美《あまみ》や鹿児島の焼酎蔵を訪ねるのが楽しみだ。奄美の黒糖焼酎「長雲《ながくも》」のお母さんに教わったという「豚足黒糖煮・奄美山田流」が品書きにある。生ウニが安いと作る「自家製塩ウニ」はなかなかの出来だ。大都市に飲み込まれず、自分を信じて居酒屋を開いた好漢の店が繁盛《はんじよう》しているのはたいへんうれしい。


〈2008.7〉

44　萬屋《よろずや》おかげさん

四谷から新宿へ向から広い新宿通りに面したビルの地下という立地は居酒屋には向かないが、開店六年目の「萬屋おかげさん」はしっかりと多くの客をつかんだ。

「あ、太田さん、いらっしゃい」

くりくり眼をぱっと輝かすのは主人・神崎康敏さんだ。元お好み焼店をそのまま使っている店内は狭く、台所は学生安アパート並みの（失礼！）小ささだが、天井いっぱいに酒蔵の紺前掛けを飾り、柱には酒ラベルと、涙ぐましく銘酒居酒屋を演出している。座ると本日の品のホワイトボードをしばし置いてゆく。今日は「カツオ藁焙《わらあぶ》り焼」「サンマ刺身肝和《あ》え」「活《いけ》イサキづけ刺身」などなど。「塩だけの塩むすび」は人気だ。日本酒は充実し「天青《てんせい》」「奈良萬《ならまん》」「来福《らいふく》」などの好品をここで知った。

「最初は冷たいのがいいな」

「天青の夏吟はどうでしょう」

よく冷えた夏吟は一四度と軽く、水のようにすいすいと飲めて爽快《そうかい》だ。「活イサキづけ」に振った金ゴマが夏っぽい。走りの「だだちゃ豆」はまだ実は薄いが味はいい。

神崎さんは池袋の大きな居酒屋「萬屋松風」で働いている時、客の飲まなかった「菊姫・加陽菊酒吟醸《かようきくざけ》」を飲んでいいと言われて口にし、日本酒も大吟醸も知らないときにショックを受けた。一合全部飲んで叱《しか》られたが、以来日本酒に目覚め三六歳でここを開いた。すぐに雑誌に紹介され、みな常連になってゆくのは、神崎さんの誠実正直で人好きのする笑顔のためだ。一人でがんばっていたのが二人になり、今は四人体制だ。

まるしげ夢葉家もそうだが、地価の高い都心に個人が居酒屋を開いて繁盛させるのは簡単ではないと思う。しかし都心に勤める居酒屋好きには、名酒がそろい、料理もよく、店主の人柄も温かい店は干天の慈雨だ。そうなると内装などはどうでもよく、むしろ都心の名店然としているよりもリラックスでき、世代男女を問わず酒好きの集まる店ができた喜びが客の顔にあふれている。くどいようだが『ミシュランガイド』にはこういう店は一軒もなく、都市のグルメガイドになっていない。私個人は名料理人とやらの高級料理を神妙に戴《いただ》くよりも、人々が飲み食べる活気に身を任せ、自分も酔ってゆく方が好きだ。それこそが外食の楽しみであると思う。町の人が大切に通い、愛され、長く続いている店こそが、その都市の真の三ツ星店だ。

「太田さん、次の酒は?」

こうして、ここに来ると私はいつも完全酔っ払いです。

〈2008.7〉

45　池林房《ちりんぼう》

東京新宿の寄席《よせ》「末広亭」から先の居酒屋「池林房」は、行灯《あんどん》看板〈やれ歌え酒池肉林には届かねど〉をおりた地下。店内はがっしりした屋台が四台ならぶ。

「地下だけど、外で飲んでる感じを出したくてね」

もっさりしたオーナー・太田篤哉さんが言う。「外で飲んでる屋台」とは、誰もが相席で顔付き合わせて話を交わして飲んでほしいという狙《ねら》いだろう。

「話の文化、ってあるでしょう」

これはいい言葉だ。ご丁寧に店の一隅には昔懐かしい丸太電柱まで立ち、裸電球が灯《とも》る。頑丈な角材の屋根付き屋台は祭の山車《だし》もイメージされ、動かせる台車つきだ。四角に囲む小カウンターに座ると自然に誰かが中に入り、「何飲む？」と店主の如《ごと》き仕切り役になり、カップルもグループもひとつ屋台と化す。

これはいかにも新宿らしい飲み方だ。一人渋くではなくグループでどっと来て、わいわい賑やかに飲む。カップル客もそんな雰囲気を横目に楽しむ。私もかつて教えていた大学のゼミOBとの飲み会はいつもここだ。何時に来て、何時に帰ってもよい。堅苦しいこと抜きで近況や悩みを聞いたりする。安く気楽な店だからだが、東北山形から出て来た教え子を、新宿のこの雰囲気に放り込みたい気持もある。

新宿で飲むといえばここのこと。「二次会、池林房」の一言で用が足り、銀座やどこかで解散した連中がまた集まり終電を過ぎても飲み続けた。受賞を祝う会、昇進を祝う会、大病の快気祝い、三角ベース野球の納会、山岳会の忘年会など、なんでもこだ。

創業した篤哉さんは私とあまり変わらない年齢だ。北海道岩見沢から一九歳で上京し、朝夕は新聞配達、夜はやはり新宿三丁目の西洋居酒屋「どん底」で朝まで働いた。三島由紀夫や千田是也《これや》、若き冨士眞奈美《まなみ》など文学者や新劇人が常連だった名物店だ。やがて近くの花園神社付近にあった居酒屋「モッサン」のやとわれ店長になり、一〇年の経験を積み三三歳で池林房を始めた。だが三年間くらいはちっとも客が来なかった。

新宿に編集部を構えていた雑誌『本の雑誌』は出版流通の大手取次を通す金がなく、学生アルバイトで組織した配本部隊が書店に毎月新号を届けた。雑誌を始めた椎名《しいな》誠さんと目黒考二さんは、格安アルバイト料の申しわけに「好きなだけいつまでも飲んでよい」お疲れ飲み会を開くことにし、大勢入れて、安くて、いつも空いてるここをみつけて定例とした。若い学生はバイト料よりもここでの自由な飲み会を喜んだ。

その頃から演劇や映画の打ち上げ、出版記念会二次会など大口が入り始め、詰めれば七〇〜八〇人も入れ、気安くて誰かいる店として映画、演劇、マスコミ、出版人などに知れ渡り、文化志向の若者もまじってわいわい飲む居酒屋となった。特徴は(1)旨《うま》いもの本位の実質料理 (2)若いのが黙っててきぱき働く (3)安直な値段 (4)朝までやってる。

篤哉さんは、黙ってまじめに働く若いのには新しい店をまかせ独立の訓練をさせた。

沖縄から来て一三年働いた名嘉元三治さんは子供も大きくなり独立を考えたが、よい物件が見つからず、篤哉さんから近くの倉庫代わりにしている所を使わないかと言われた。有難いがあまりに池林房に近く、客を取ってしまうのではないかと遠慮すると、「おまえに客を取られたら、反省するのはこっちだよ」と言われ胸が詰まったという。その店は池林房の「池」よりも深い「海」、「林」よりも大きい「森」から、「海森」と名づけられた。

篤哉さんは、今は界隈《かいわい》にいくつか店を持ち夜は順繰りに回る。客も順繰りに回り、「海森」と「池林房」は同じ客が行ったり来たりしている。自分の事ばかり考えず、みんなでやろうよという考えはすばらしい。モッサン時代に常連客と結成したラグビーチームは六〇歳をすぎた今も合宿も試合も続け、記念の写真集まで作った。

学生にも有名大家にもまったく姿勢の変わらない篤哉さんの、飾らない素朴な人柄は多くの人に愛された。モッサンのやとわれ店長だったころの常連、まだ有名になる前の俳優・原田芳雄《よしお》さんは篤哉さんと気が合い、時々大会場を借りて開く「池林房〇周年大謝恩会」には必ずブルースバンドで出演する。私でも顔を知る多くの新宿派文化人が「おう、トクちゃん」とみな気安く声をかけている。

よく会うのは椎名誠さんだ。私はサラリーマン時代の終わりころ椎名さんに連れられて池林房に行きはじめ、多くの人と出会った。先日のゼミOB会のときも椎名さんは奥にいて、出る時に「帰るよ」と声をかけてくれたので「せっかくだから学生に何か話してください」とお願いすると「オータ先生は、どういう先生だった？」と学生に質問して私は冷や汗をかいた。サラリーマンをやめて以降の私は椎名誠さんとこの居酒屋がつねに中心にあった。心を開いて他人と交わり、何かを成し遂げようとする志をもつ人が集まるのが新宿とすれば、この店こそ、もっとも新宿らしい居酒屋だ。

〈2009.8〉

46　らんまん

私は鯛《たい》が大好きだ。春、桜鯛の季節になると東京中野の「らんまん」を訪ねる。らんまんはずいぶん前、中野サンロード横のチェーン居酒屋や安い焼鳥屋などのひしめく飲食街に、緑青《ろくしょう》を吹いた堅固な古い銅貼《ば》り看板建築二階家が忽然《こつぜん》と建つのをみつけ、思わず入ったのが最初だ。中に入りさらにうなった。六席の小さな白木カウンターに板張りの小上がりと座敷。飴色《あめいろ》になった柱、檜皮《ひわだ》の小庇《こびさし》、網代《あじろ》の天井。杉綾織《すぎあや》

多聞
らんまん
おでん
らんまん

引戸の茶簞笥の脇には鉄火鉢に茶釜が湯気を昇らせ、竹柄杓が立つ。お茶の世界で尊ぶ茶釜の環も脇にある。銀座や築地ではない場所に昔の粋な風情の料理屋が残っていたことに魅了され、しかもたいへんすばらしい魚料理の店だった。

「こんちは」

「いらっしゃい」

白衣が似合う二代目主人・柳澤豊さんは今年七三歳。この建物は大正一一年の築で、すでに八〇年を越える。戦時中は隣の新井まで焼夷弾《しょういだん》が落ちたがここは残った。昭和三九年に柳澤さんが店を魚料理屋にしてすでに四四年。白髪をきれいに調えた血色よい笑顔は映画評論家・故淀川長治《よどがわながはる》氏を思わせる温顔だ。手伝う紺の半纏《はんてん》は娘さんでやはり似ている。さて……。

カウンター前のガラスケースにはぴかぴかの成魚、大玉の貝がぎっしり詰まる。毎日書く半紙筆字の品書きは、かわはぎ、かれい、めじまぐろ、ひらすずき、あおりいか、さより、平貝《たいらぎ》、つぶ貝、白子酢、〆鯖《しめさば》などなどに春の山菜が加わる。板前さんは、さあ来いと俎板《まないた》に両腕を開いて立つ。

ウーン……いつも悩む。しかし。

「黒鯛と赤貝」

「はい」

私は今日最初の客。板前は得たりとばかりみごとな黒鯛尾頭を捌《さば》きはじめた。二六歳の時ここに来て、かれこれ二五年板場をつとめるそうで、職人らしく無口だが腕っ節は強い。

「おまちどおさま」

古風な染め付け皿に黒白大玉の殻の赤貝、扇のように盛った紅白の鯛刺身は緑の大葉に紫小花の穂紫蘇《ほじそ》が添えられる。濡《ぬ》れた赤貝は鮮烈に潮の匂《にお》いを放ち、皮を残した松笠《まつかさ》造りの黒鯛刺身はべっ甲色を帯びて、昆布《こぶ》だしがきいたように味が濃い。つまんだ本山葵《わさび》のあまりの辛さに目玉が飛び出さんばかりになり主人に笑われる。酒は滋賀の名酒「松の司《つかさ》」のぬる燗《かん》。春のぬる燗ほどうまい酒はなく、肴《さかな》は鯛、陽気は桜満開。文句あるかというところだ。

「小肌《こはだ》を召し上がってみませんか」

口の重い板前が珍しく声をかけてきた。いま頼もうかなと思っていたところでズバリ的中だ。小肌と〆鯖は注文を受けてから酢〆する。届いた銀肌の小肌は格子《こうし》に飾り包丁して手毬《てまり》のように丸くしたものと、ハの字に開きハハハとつなぎ並べた「木の葉作り」という盛り込みでこれぞ粋な江戸前。

「ワー」上がる歓声は、後ろで小さくついていたテレビの大相撲春場所中継、横綱朝青龍《あさしょうりゅう》の敗れた瞬間だ。そうなると次の白鵬《はくほう》の一番が問題だ。ここばかりは箸《はし》を置いてテレビに注目。

「ワー」再び大歓声。白鵬は勝って横綱同士が二敗で並んだ。

春「らんまん」の夕間暮れ――。

〈2008.3〉

47 笹吟《ささぎん》

居酒屋はここ一〇年、酒と料理を等分に楽しむダイニングバー型に深化した。日本酒の質が飛躍的に向上して、酸度の高いすっきりした食中酒に人気が集まり、一方海外にまで出ておいしいものを経験した若い女性たちは飛躍的に舌が肥え、居酒屋も旧来の肴では新しい客を満足させられなくなったと気づいた。その結果、ワインと同じように日本酒を味わい、品評し、ヌーヴェル・キュイジーヌとして料理を合わせてゆく居酒屋が生まれた。その最初の成功が「笹吟」だ。

高級住宅地・代々木上原。さりげなく「旬《しゅん》のお総菜」とある小さな行灯《あんどん》。フローリングの床、粗い土壁、丸竹を並べた天井、草色の椅子《いす》、テーブル席主体の明るいモダン和風の店内は、デザイン過剰でも高級割烹《かっぽう》でもなく快適だ。カウンターもさして銘木でもなさそうなのがここらしい。

日本酒通はカウンター前の大きなガラス保冷庫に詰まる一升瓶に目が引きつけられるだろう。日本酒は定評銘柄四〇、気鋭の名酒三〇の計七〇余りに、保冷庫にはメニュー書き加えが間に合わない最新の逸品が並び、私はまずここをのぞく。

「天明の槽《ふな》しぼりが入ってます、早瀬浦も来ました」

白衣にネクタイ、口ひげの店主・成田満さんはかつてロンドンにいたという変わり種だ。

料理がまた圧巻だ。簡単な手書きコピーのメニューに、数およそ一〇〇。それがひと月ごとに変わる。造り、焼もの、煮もの、蒸しもの、揚ものなどいずれも工夫があり、例えば「合鴨《あいがも》と冬瓜《とうがん》の挟み焼き」「さんまとエリンギの肝醤油《しょうゆ》焼」「地鶏《じどり》と根野菜の黒酢煮」など、ふんふんなるほどとイメージがわく。

とくに力作が並ぶのは和《あ》えものの数々だ。「うにと三つ葉の岩のり和え」「蓮根《れんこん》と海《え》老《び》のずんだ味噌《みそ》和え」あたりは想像がつくが、「パパイヤとお揚げのブルーチーズ和え」「帆立と梨《なし》のサワークリーム和え」「桃と枝豆の白和え」あたりになると「?」。

こんなとき男は「ぼくは穴子白焼でいいや」(これもたいへん見事だが)と尻込《しりご》みするが、若い女性たちは果敢に挑戦し歓声を上げる。私はいつもビールを手に、メニュー解読に一〇分は費やして五品ほどにしぼるがこれが難業。最後に「なめことモロヘイヤの玉子雑炊」、デザートに「栗《くり》のコーヒー煮」も控えているのだ。

強調すべきはこれらが思いつき料理のたぐいでは決してなく、日本料理の基礎、出汁《だし》にしっかり支えられ、しかも日本酒をおいしく飲ませるよう、味、量ともに計算されていることだ。幾人もいる厨房《ちゅうぼう》から活発に料理が出入りするさまは、人気のイタリアンレストランを思わせる。

さて、本日は。

「喜正《きしょう》ね」

「はい、山田(錦《にしき》)の純米吟醸槽《ふな》しぼりです」

喜正はここで知った東京五日市の酒。黒塗り枡《ます》におとしたグラスになみなみと溢《あふ》れ注がれる。

ツイー……。

そのうまさに思わず目を閉じ、ウンウンと顎《あご》振りだ。合わせた「カツオのホヤ塩辛和え」はカツオの焼切り(黒と赤)に、ホヤ塩辛(朱)、水菜(緑)、玉葱《たまねぎ》(白)と色鮮やかに、焦《こ》げ味、生臭み、えぐ味、青味が渾然《こんぜん》として酒がすすむすすむ。

住宅地ゆえ、通りがかりに入ってくる酔っ払いや団体は皆無。ほとんどは女性連れで、女性だけのグループも多く、またご近所らしい品のよい中高年夫婦も多い。私の隣の方は、大学教授と引退した新劇女優といった雰囲気で、ご主人はビールから、奥様はいきなり日本酒。「磯自慢《いそじまん》」とはお目が高い。

明るく落ち着いた居心地、豊富な名酒、新鮮な創作料理。居酒屋はここまで深化したことがよくわかる名店。


〈2007.9〉

48 両花《りようはな》

私が上京して初めて住んだのは下北沢だ。最初に住んだ町は生涯に感化を残すというが、それが下北沢だったのがうれしい。今は若者と演劇の活気ある町。私も観劇に、居酒屋に「わが町」下北沢によく行く。その一軒が、大人も通え演劇人の客も多い「両花」だ。

北口のビル二階。コンクリート打ち放しの店内に馬蹄形《ばていけい》カウンターと板張り小上がり。開店して一六年。当時はモダンと思った店内も落ち着きが出てきた。全国地酒がよくそろい島根「豊の秋」、広島「華鳩《はなはと》」あたりは東京では珍しく、オリジナル酒「両花」は埼玉の名酒「神亀《しんかめ》」の純米だ。小黒板のおすすめ地酒から選んだ鳥取の「田中農場」はすばらしくおいしい。

数多い料理から、私がいつもとるのは「焼油揚」だ。薄揚げを焼き、葱とかつお節をかけた平凡なものだが、京都の油揚を使っているそうで、タラーリと醤油をまわすと、日なたに干した布団《ふとん》のような香ばしさに、これだこれだとなる。秋の「さんまの味噌たたき」は、さんま一尾をおろし、味噌や胡麻《ごま》と合わせてトントン叩《たた》き、大葉、水菜などの青みを加えてできあがり。スキンヘッドの主人は手慣れた仕事だ。

「頭は毎日剃《そ》るの？」

「そうです、毎朝」

ふうん。壁上に大きな袋がかけてある。

「あれ何？」

「サーフボードです」

へえ。主人・中野晴生さんは一七歳から始めてサーフィン歴三十数年。日本のサーフィンは加山雄三《ゆうぞう》さんあたりが第一世代、ぼくらは第二世代。今は一六歳の息子と南房総や福島に出かけると言う。そういえば一見、禅坊主《ぼうず》に見えたが色が黒く、たくましい。当年五一歳。小中学生のときかよった近くの代々木八幡《はちまん》・八幡神社の剣道教室は、作家・平岩弓枝さんの尊父である宮司が師範だった。八幡神社ときいて私はときめいた。

「そのころ吉永《よしなが》小百合《さゆり》さんを見かけましたか？」

女優・吉永小百合さんの実家は八幡神社の近く。小学校は中野さんと同じ上原小学校だ。主人が剣道に通っていた頃は、二〇代になったばかりで青春スターとして最も輝いていた時だ。

「見ました、もうなんというか、レベルが違う」

そうかあ。デビューは、役の公募で一番になった剣道漫画のラジオ放送劇「赤胴鈴之助《すずのすけ》」のさゆり役。主人も赤胴にあこがれて剣道を始めたのかもしれない。私は小百合様と同年。当時私は下北沢にいたのだが……。

主人の実家は新潟の酒蔵だったが、戦時の統廃合で今は「長者盛」の蔵になった。中野さんは店を開く前にわが家のルーツを知ろうと訪ね、当時造っていた酒は「はつ桜」「日乃出《ひので》」「両花」と分かった。両花の古いラベルには「右の立花　左の桜」と賛が入りこれが「両花」の由縁だろうと店名を両花と付けると、親戚《しんせき》から名前を残してくれたと感謝されたという。見せてくれた「大正二年・第四回清酒鑑評会出品申込書」には「右申込也《なり》　中野為治」と実直な署名がある。

「ぼくの祖父です」

酒の仕事も縁でしょうと、ぽつりともらした。

若いカップルの男の方が「ぬた、ってうまいよなあ」とつぶやき、女性が「辛子入れるのよね」と答える。四〇代とおぼしきポロシャツの男一人客は虚空《こくう》を見て盃《さかずき》を傾け、無念無想の境地のようだ。カウンター向かいのすごい美人が中野さんに親しげに話しかけるが、さほど意に介さずもったいない。そのうちお帰りになられた。

「どういう人？」

「イタリアの宝石貴金属を輸入しているとか言ってました」

これは縁がないなー。

なじみの町の、なじみの居酒屋で世間話をかわしながらの一杯。

〈2007.9〉

49　金田

平成一八年六月、目黒雅叙園で開かれた自由が丘の居酒屋「金田七〇周年祝賀会」に行くと、気楽な立食パーティーではなく大広間着席のきちんとした会だった。しかも案内された席は正面テーブルで、同席は故山口瞳《ひとみ》夫人・治子氏、子息・正介氏、元NHK・山川静夫氏、東大名誉教授とやはり大学教授の令嬢夫婦、などと紹介され、ここは私ごときの座る場所ではないと狼狽《ろうばい》した。配席した主催者を恨みつつ、ネクタイをしてきてよかった、ともかく粗相があってはいけないと、指名された祝辞もそこそこに主たる行事の終了をみるや、皆様に挨拶《あいさつ》して早々に退散した。金田には二〇年近く通い、名声は知っていたが、あらためて市井《しせい》の一居酒屋がたいへん大きな存在であることを教えられた。

金田は、明治四〇年宇都宮に生まれた金田直さんが、川崎汽船外国航路の司厨で世界を回った経験から大人が飲める酒場をめざし、昭和一一年、自由が丘で開店した。生来の頑固で酒の燗《かん》具合や安い肴の味にこだわり、一方「酒は自分のペースで飲む」を信条として客の泥酔《でいすい》や口論を嫌い、いつしか「金田酒学校」と呼ばれるようになった。気さくだが筋のある居酒屋はファンをつくり、当時東横沿線社宅に住むサラリーマンだった山口瞳や、伊丹一三《いたみいちぞう》（のち十三）、梶山季之《かじやまとしゆき》、吉行淳之介《よしゆきじゆんのすけ》らは常連になった。昭和四一年「金田酒学校三〇周年記念」の芳名録には梶山、伊丹、川喜多和子、伊馬春部《いまはるべ》、村島健一（評論家、山口に金田を教えた）らの名がある。二〇年後の昭和六一年に常連が作った小冊子『金田酒学校五〇年』には伊丹十三が「風格ある退行と、稚気満々の老成」といささか気負った文を寄せている。七〇周年の小冊子『写真で見る金田酒学校想《おも》い出の七十年』は、戦後間もない頃から最近までの歴史が充実し、若い山口、梶山がカウンターをはさんで主人・直さんと話す写真や、パーティーの伊丹、清水将夫などが興味深い。三〇年、五〇年、七〇年、節目のたびに冊子がつくられる居酒屋はなかなかない。

しかし金田は文化人が常連であったゆえに価値があるのではない。

次々に来る客は、二人連れまでは一階カウンター、三人以上は二階の椅子・座敷席へ案内される。カウンターに三人以上並ぶとつい声が大きくなるからだ。主人は初めての客には「いらっしゃいませ」、なじみ客には「お久しぶり」と声をかけるが、一人に集中することのない公平感が、店の安心できる空気を作る。丸の内あたりにお勤めらしい品のよい女性二人連れも見かける。多いのは夫婦客だ。それも老夫婦から若夫婦と世代を問わない。顔見知りでも目礼くらいで、立って挨拶したり一緒に飲もうとしないのが山の手らしい。

店に挨拶して二階に上がってゆく女性たちは全日空社員の「金田酒学校・全日空分

校」の集まりで、夫婦がそれぞれにやって来ているようだ。七〇周年祝賀会でもパイロット連が壇上に並び、「生徒会長」が「もうとっくに卒業の歳《とし》だが、生涯留年して、安い月謝を払い続けます」と謝辞を述べた。私の知り合いのコピーライターは「小使い」と称して受付に立っていた。この穏やかで華やかな居酒屋は、創業者の信念と、都会的で個人を尊ぶ自由が丘という町の市民気質が育てたと思える。

酒は白鷹《はくたか》など三種。すばらしきは一〇〇種以上にわたる肴《さかな》の数々だ。「肉じゃが」「里芋満月蒸し」や人気の「トマト射込み」などの定番に加え、季節の旬は毎日来ても追い切れず、それが五〇〇円、六〇〇円で味わえる。築地《つきじ》の仕入れを欠かさない主人は品にうるさく、お決まりお通しの豆腐は創業以来七〇年、地元の鈴木豆腐店のものだ。創業者・直さんの跡に長男の圭市さん夫婦が立ち、息子の浩一さんが経理、貴臣さんが厨房で支える。貴臣さんは京都で七年の料理修業を終え、職場で気脈相通じた有村さんと男二人で金田に戻ってきた。七〇周年小冊子に寄せた貴臣さんの「京都修業の記」は名文だ。

一年前のある日、「働かせてほしい」と若い娘が門を叩いた。圭市さん夫婦は「うちは居酒屋、ご両親の許可を得ているか」を確かめて採用。その後実家の長崎から両親が挨拶にみえられ、「こういう所なら安心、よろしくお願いします」と安堵《あんど》して帰られた。二つあるカウンターは、その人が料理を運ぶ小さい方から埋まるようになったとか。

「ははは、そりゃいい」私は大きいカウンター派だがこんどはそっちに座ろうか。

「いやまあ、台所も活気づき嬉《うれ》しいですよ」もう息子たちの時代ですと圭市さんは満足そうだ。

金田の名物は壁の油絵「酒場の七福神」だ。常連の画家・須山《すやま》計一が昭和二三年頃の店内を描き、三越の展覧会に出品、その後金田に寄贈された。七人には金田の主人、おかみさん、すべて特定できる常連にまじりちゃっかり自分もいる。目黒区美術館の展覧会に貸し出した間は淋《さび》しかったそうだ。その隣りの小さなプレート「祝七〇周年金田酒学校　生徒一同」は、いずれ「祝八〇周年」に変わるだろう。私もその生徒の一人だ。


〈2009.8〉

50　梁山泊《りようざんぱく》

曇り空の八丈島空港に降りると、湿り気を帯びた空気に島の匂《にお》いがした。東京都八丈島は東京から南に三〇〇キロ、高知室戸岬とほぼ同じ緯度の孤島だ。

「お父さんは？」

「用事で東京に行きました」

「ここも東京だよ」

「そうですね、ははは」

居酒屋「梁山泊」の若主人が笑う。私は八丈島はよく来ているが、たいてい仲間とのキャンプや大宴会で一人で居酒屋に入ることはなく、少し前にここを知りすっかり気に入った。八丈は人口八五〇〇弱、居酒屋は少ない。三〇年前にお父さんが始め、いまカウンターに立つ山田一行さんは長男。台所は弟さんとその奥さん、奥さんの妹さんの三人があずかる。一行さんはまだ独身。

「さあ食うぞ」

この店で八丈島の数々の食べ物を知った。まず魚。四方を海に囲まれた島の魚はハマダイ、アオダイ、メダイ、アカサバ、ヒラマサ、キツネ（ハガツオ）、マカジキ、アカハタ、チカメキントキ、等々書き切れず、店には魚を説明する写真パネルがつねに用意されている。八丈の魚は青いか赤いか、どちらかだそうだ。大型ムロアジの刺身はねっとりしているが脂《あぶら》くさくなくみずみずしい。刺身は「絶対に口に入れないで

梁山泊
梁山泊

ください」と厳命される小粒の青い島唐辛子を切って浸した醤油か、刺身に直接こすりつけて食べる。初めて来たときどのくらい辛いのかと口に入れ、小一時間ずーっと氷を含む破目になった。小粒だが辛さは世界最強ではないだろうか。種は特に辛く、頭の意識が消えて額から汗が吹き出す。清爽《せいそう》な刺激は知るとやめられず、普通の山葵《わさび》が生臭く感じられる。

魚で好きなのはトビウオだ。一月終わりから五月までが漁で、夏トビウオ、浜トビウオ（春トビ）、アヤトビウオ（セミトビ）などいろいろある。冬の今は刺身はないが、それにまさる一夜干しのうまさ。私は全日本トビウオ振興会を作りたい。そして春先の昇りカツオ！　超厚切り刺身を皿にどーんと盛り、青唐辛子を浮かべた醤油の丼《どんぶり》に手づかみで突っ込んで食べる。

三〜四月にとれる海藻カギイバラノリを煮て、刺身くずなど魚と固めた「ブド」は黒緑色の寄せ物で生魚のほかに缶詰や小貝シタダミ（シッタカ）も使う。時期のトビウオも相性がよく、王様は伊勢海老《いせえび》とか。

粗く干した岩海苔《いわのり》を軽く炙《あぶ》り、マヨネーズ醤油をちょいとつけるとやめられない。岩海苔は全国でよく買うが、間違いなく八丈産が一番。私は八丈島の「ハンバめし」を真似《まね》て炊《た》き立てのご飯に混ぜて食べる。二月の新芽がおいしく高級だ。アシタバ

（明日葉）は今日摘んでも明日は芽が出るという健康野草。伊豆《いず》諸島は葉だけでなく茎も使い、天ぷら、おひたし、ごまあえ、炒《いた》め、漬物、サラダなど様々に料理する。島のオクラを板擂《いたず》りした「ネリ」は、切り口からタラーリと糸を引き、若く青い香りがフレッシュだ。島きゅうりは唐辛子味噌《みそ》、里芋焼はカツオ酒盗をのせる。

魚、海藻、野菜、何を食べてもおいしいのにはわけがある。八丈に限らず本土と離れた島は、昔からあらゆる食材の自給自足が必要とされた。塩、味噌、醤油の調味料もそうだ。今は搬送の便があるけれど、島民はいざ台風で船、飛行機が欠航する危機感をつねに持つ。食料はおろか水、薬、停電、災害救助、病人、お産。どこにも頼らない独立国の覚悟が、米一粒、小魚一尾を貴重においしく食べる工夫を生む。逆に野菜は島外出荷するほど作れないからつねに新鮮、魚はいま揚がった魚。肉も同じ。築地市場などを遠回りして来ない今朝、夕方の収穫がおいしくないわけがない。牛乳を搾《しぼ》る牧場は五つから二つになり「島の牛乳、酪農を守れ」という運動がおきた。「その牛乳はほんとうまいです。おーい、一本残しといて」と奥に声が飛んだ。

その自給自足、今で言う地産地消《ちさんちしょう》に地酒もあったら盤石だ。江戸時代末期に薩摩《さつま》の丹宗庄右衛門《たんそうしょうえもん》が八丈島に甘藷《かんしょ》の栽培を普及させ、さらに焼酎《しょうちゅう》の製造一式を取り寄せ製法を教えた。いま八丈の島酒は島の華、黄八丈、八重椿《つばき》、黒潮、島流し、磯娘などをつくる五つの蔵がある。島酒となれば真打ち、クサヤの登場だ。

「島焼酎・情け嶋とクサヤ、むろ」

むろはムロアジ。クサヤは魚の塩漬けの塩汁を捨てず（塩は貴重品）、使い回しているうち醱酵《はっこう》が重なり独特のうま味をつくるようになった。つまり魚の塩蔵保存食で、昔は各家庭で塩汁を持っていたという。発祥の新島産は塩辛く身は硬いが、水の豊富な八丈は水洗いで塩抜きするため塩分は浅く身も柔らかい。少し炙った腹開きをむしってもらい一口。

昔の八丈焼酎の味を残すという「情け嶋」のお湯割りがしみじみとうまい。酒のなかった日々に自製の焼酎が加わったことは、どれだけ島の生活にうるおいをもたらしただろうか。酒あって、この島に住む喜びを見出《みいだ》したのではないだろうか。島酒にはクサヤ。島酒とクサヤこそ八丈食の基本。ここのお通し、クサヤとアシタバのあえものは八丈不動のつまみだ。

梁山泊は島の居酒屋といっても離島の素朴を演出せず、普通の居酒屋としてきちんと清潔に設計されているところがよい。やはり東京を知っているのだろう。東京で働いていた一行さんは島に戻ると花粉症がピタリと治ったそうだ。店内あちこちの色んな花が美しい。八丈はストレチア、フリージア、ハイビスカスなど花卉《かき》栽培が盛んで、引退した人や海に出られない日の漁師の仕事という。野生の花もたいへん多く、店に飾るのはみな採ってきた野花だ。

いま人気の青ヶ島の焼酎「青酎《あおちゅう》」はラベルに「黒潮の真っ只中《ただなか》に浮かぶ『絶海の孤島』に古くから守り伝えられて来た自然麹《こうじ》を使用し、主原料のさつま芋と麦麹を同時に仕込む昔ながらの製法（丼仕込み）」とある完全な地産だ。淡いカビ香は沖縄石垣島で最も古い製法を守る「白百合《しらゆり》」に似る。古酒「恋ヶ奥《こいがおく》」はカラメルのような甘さに、麦焦《こ》がしのような乾いた軽さが三〇度の高い度数を感じさせず、グラッパの逸品に近い。

焼酎をしこたま飲んだら口変わりは、ビールとアシタバ搾り汁を九対一に割った当店オリジナルの「明日葉ビール」。青味と苦味のミックスはシメに最高だ。きっと体にもいいだろう。

「ビールをトマトジュースで割るとレッドアイ。しからばこれをグリーンアイとせよ」

「ははー、ではおつまみをどうぞ」

さしだしたのはこれも当店オリジナルの「くさやチーズ」だ。初めて来たとき「臭いものに臭いもの？　何でもやればいいってもんじゃないよ」とかなんとか言って口にした途端「これはいい！」と大声をあげた。プロセスチーズを溶かし、ほぐしたクサヤを混ぜ、再び固めただけのものだが想像する通りの味で、マーブル模様もゴージャス。「ローマの黄昏《たそがれ》、バビロンの寂寥《せきりよう》……」酔うと飛び出す過剰な言葉。島の肴と酒にすっかりご機嫌だ。

八丈は流人《るにん》の島だ。「うちの先祖は流人じゃない、連れてきた役人」が八丈のひとくち笑い話と一行さんが苦笑する。江戸時代、八丈島は春秋に二〇人ずつ重罪者が送られて来た。昔の文献に、御蔵《みくら》島から先は天候や黒潮でなんども船を出しては失敗したとある。その流人をどこの島よりも温かく迎えたのが八丈島だ。他の島で手に余り、落ちて落ちて、もう行くところのない最後にたどりついた罪人を、八丈の人は温かく迎えた。今も八丈はよその人が新しい商売を始めても受け入れるという。郷土史家の祖父をもつ一行さんが八丈の歴史を淡々と語る。三二歳、堂々たる体格に優しい眼差《まなざ》しが温かい。情け嶋のラベルに八丈民謡「しょめ節」の詞が書かれる。

沖で見たときゃ　鬼島とみたが
来てみりゃ　八丈は情け嶋

島の人の明るい逞《たくま》しさは、誰にも頼らず自分の力で生きている独立心の現れだ。それが来島者を温かく迎え入れる。八丈島はなんていい所なんだろう。しかも今日は島泊まりで帰らなくていい。

「情け嶋、最初からもう一回飲み直し！」

酔った私に一行さんが笑った。

〈2008.12〉

51 武蔵屋《むさしや》

横浜野毛の坂を上がった路地角の、戦後のままとおぼしき小さな木造一軒家に、夕方四時半を過ぎると一人、二人と人がやってくる。五時にガラス戸の鍵《かぎ》が開く。ここは看板ものれんもないが居酒屋だ。

名は「武蔵屋」。通称「三杯屋」と言われるのは酒は三杯までと決められているからだ。六坪ばかりのベニヤ天井の小さな店は木肌むき出しの柱も板壁も古くすすけているが、よく拭《ふ》き掃除されているのが分かる。カウンターも机もたいへん質素で、奥の畳四枚ばかりの小上がりの卓は、俎板《まないた》のような手造りの台だ。すでに八〇の坂を越した白髪の老姉妹をアルバイト学生が一人、二人手伝う。肴はお決まりで、おから、玉葱《たまねぎ》酢漬け、鱈《たら》豆腐、納豆、おしんこが酒のすすみ具合をみて出てくる。たまに里芋衣被《きぬかつぎ》などもある。ビールは酒三杯を越えてからは出さない。

隠遁者《いんとん》の仮寓《かぐう》のようなここが開店を待ちきれずにいつも満員だ。安い値段もあるけれどそれだけではない。客は中年以上が多くいつもの席で決まった酒肴《しゅこう》を楽しんでいるが、近頃は女性や、噂《うわさ》を聞いて訪ねてきた酒場ファンも見かける。

夏は開け放たれた窓に風鈴が下がり、青々と打ち水されたヤツデからすだれ越しに扇風機が風を運び、男たちはここぞとばかり扇子を嬉しげに使う。クーラーはあるが客が使わせない。気が向くとやってきて窓際《まどぎわ》に寝そべる猫は皆が知っている。まさにここは清貧の居酒屋だ。

武蔵屋は、明治生まれの木村銀蔵さんが大正八年今の中区相生町に始めた立ち飲み屋だ。大震災で焼失後、店は南仲通りに移り港も近いため繁盛《はんじょう》した。今もカウンターにある立派な銅の燗付器《かんづけき》は震災もすぎた昭和一〇年にあつらえたもので、右書きで誇らしげに屋号「武蔵屋」が浮き出される。酒は一人コップ三杯までのルールは当時から。たくさん飲んでくれれば儲《もう》かるのにそうしなかったのは、酒はそのくらいが適量、あとは家に帰ってという配慮だろう。

木村喜久代・富久子さん姉妹は戦前横浜のミッション系私立女子高を卒業し、姉は教員を五年務めたが戦争激化で離職、父の店を手伝うようになった。大空襲を経た終戦後、南仲通りの場所は接収され、昭和二一年野毛に移り、銀蔵さんが昭和五八年八八歳で亡《な》くなられたあとも姉妹で何ひとつ変えずに店を続けてきた。

燗酒を土瓶からコップに一気に一滴も溢《あふ》れさせずピタッとぎりぎり一杯に注ぐのは、父の技を継いだ姉の仕事だ。亀甲《きっこう》柄の浮いたその土瓶は、小上がりに飾られた写真の父が手にしている何十年も使い続けた大切なもので、一日が終わると白湯《さゆ》を沸かして酒気を抜いておく。肴の支度は妹さんの仕事。鱈豆腐は昔の居酒屋にはよくあった肴だが今はあまり見ない。老姉妹を手伝うアルバイトは横浜国立大学の学生が多く、先輩から後輩へと引き継がれてゆくという。

壁には長洲《ながす》一二《かずじ》元神奈川県知事や細郷道一《さいごうみちかず》元横浜市長、作家・内館《うちだて》牧子、新井満、画家・平山郁夫《いくお》氏らの色紙、常連の作らしき書や絵の額、ここを書いた海外紙の大きな記事もある。客には横浜の財界名士や学者、文化人も多く、学生や社会人になりたての頃に金がなくて通ってきていた人が、しばらく来なくなり、やがて地位も得て時間の余裕も出てくるとまた足繁《しげ》くやってくる。

ここを定例とした会は多く、そのひとつ「なごみ会」は日本郵船の会で、会長は徳川宗家《そうけ》一八代当主・徳川恒孝《つねなり》氏。氏は大学卒業後、日本郵船横浜支店に入り、副社長まで進まれた。「新人社員の重要業務は武蔵屋の席の確保だった」と新聞に当時を回想する記事がのっていた。ここを自分の居場所と定めた客には学校の先生も多い。ある高校の校長と居酒屋談義をかわしたし、別の先生と何度めかに会ったときは就職の決まった娘さんを連れてきて顔をほころばせていたこともあった。

入口脇《わき》の机は元気な老夫婦と息子と成人した孫娘が親子三代で酒を酌《く》み交わすうるわしい光景だ。喜久代さんは、酒を注ぎながらなにか声をかける。おそらく父もそうしていたのだろう。目の前で注ぐのは、そうして一声かけるためにみつけた方法かもしれない。その一杯を注いでもらうために通い続ける。

私が武蔵屋に初めて来たのは十数年前だ。それは私の居酒屋観（?）に根本的な変革をもたらした。うまくて安いなどではなく、居酒屋は人の人生とともにある、ひとつの居酒屋が人生のながい伴侶《はんりよ》になる、そういうことがあると知り、私の居酒屋の価値観が定まった。

ひとつだけ個人的なエピソードを。何年か前、雑誌の編集者から、太田さん推薦の居酒屋に作家の川上弘美《ひろみ》さんを案内したいと言われ、ここにお連れした。川上さんはたいへん喜んでくださり、編集者が、酒を注ぐ喜久代さんに「こちらは芥川賞を受賞された作家の方です」と紹介したところ、ご存知なかったらしく「そう、がんばりなさいね」と励まし、川上さんはコップを机に置いて両手を膝《ひざ》に揃《そろ》え、こくりと頭を下げ「はい」と言った。

今年は武蔵屋にはつらい一年だった。二人は姉八七歳、妹八五歳とご高齢だ。営業は週四日のみとし、夏は休みを続けていたが、今年は三月二週め以来ずっと休みが続いた。足や腸など姉妹ともに手術をふくむ入退院を繰りかえし、三回も救急車を呼んだ。きょうだいは五人で上から喜久代さん、富久子さん。三番目の弟さんは早世。四番目の弟さんは長期療養中だったが今年のある日「水を飲みたい」と言われてもっていった奥様に、ながい夫婦生活で初めて「ありがとう」という言葉を発し、奥様が台所にコップを置いてもどると亡くなられていたという。五番目の妹さんも病気をもっておられて心配とか。

私も店がながく休んでいることを知ってはいたが、横浜に行くたびに様子を見に寄り、玄関戸に鋲《びょう》留めした「しばらく休みます」という心細げな小さなメモを見て心配していた。

ある居酒屋通から九月一五日に武蔵屋が再開すると情報が入った。その日私は四時三〇分に行ったがすでに列ができている。べつの所で時間をつぶして行くとまだ並んでいる。もう一軒よそに入ってもどってからは列についた。やがて私の番が来た。

久しぶりの武蔵屋。白髪の喜久代さんも富久子さんも、腰の曲がりが深くなったような気がする。

「先生、どうもいらっしゃいませ」

「再開おめでとうございます」

最初に言う言葉はこれと決めていたが後が続かない。奥の「なごみ会」が帰られて、そこに座った。酒一杯目、おから、玉葱酢漬け、昔となにも変わらないことが粛々と始まる。半年休業後のこの日を期したのか店は磨き上げられてピカピカだ。小学校の教室のようだった木の椅子《いす》は会議用の安いパイプ椅子になった。

店は満員だがシンとしている。誰もがじっと店内を見回し、居酒屋につきものの世間話やさんざめきが聞こえてこない。しばらく休んだことでこの店の価値を再認識したのだろうか。この静かに満ち足りた空気はなんだろうと考えて気づいた。それは彼岸だ。シンとしながら湧《わ》き上がる根源的な安息感は、彼岸とはこういうものかと思わせる。そこに酒がある。今回も一滴の狂いもなく注がれた酒は、ほどよいぬる燗だが、そのぬる燗は少しもさめてゆかず、永遠にこの温かさが続くようだ。やがてどこからか「オレはここから出発したんだ」という呟《つぶや》きが聞こえた。

再開日を手伝う女性は常連の歯科医の妹さんだ。いつも忙しい時には来てくれ、父は牧師様のためか人に尽す心があり、富久子さんが店で倒れた時も沈着に手配し、女性ならではの配慮が有り難かったそうだ。横浜国大の先生の推薦で来た教育学部二年のミサキちゃんは北海道出身で寒がらず、力持ちでよく働く。四年のヒロシ君は教員試験を受けており、ここの手伝いは一年生を含む三人態勢を組んだ。この店を守る人たちがいる。

老姉妹は長年のことが続いているだけと淡々としておられ、お元気な様子が本当にうれしい。体を考え週三日の営業にさせてもらって申し訳ないと恐縮している。三杯目を終えて座を立ち、お二人の手を握らせていただいて店を出た。外から振り返ると、小さく粗末な一軒家からもれる明りが目ににじんだ。

〈2009.9〉

52 麺房亭《めんぼうてい》

昭和三〇年代の雰囲気を残す横浜野毛の町が好きだ。そこにスーパー居酒屋「麺房亭」がある。「超」たる由縁は、酒は日本酒、焼酎《しょうちゅう》、ワインの実力銘柄がずらり。全国の生産者を直接訪ねて厳選した肉、魚貝、野菜などの料理は和洋・種類限りなし。中華麺、パスタはすべて手打ちの自家製麺。調味料も自前で作る。飲食に関することはすべて徹底的に追求したものしか出さず、漫画『美味《おい》しんぼ』を地で行くからだ。私はかれこれ一〇年は通い、ここの料理を注文し尽くそうと思っているがとても追いつけず、もはや横浜に住むしかない。

「いらっしゃい」

大柄の店主・黒塚道利さんは糊《のり》のきいた半袖《はんそで》上下の白い調理着で最近髭《ひげ》を立てた。数ヶ月のイタリア生活で白ワインと粉文化にめざめ、料理や子供の育て方などにも魅せられ、その後も何度も足を運んだ。また早くから国内の食物情報を集め、一四年前に勤めを辞めて居酒屋を開くとき、「産地直送、生産者固定」のデータベースは完璧《かんぺき》に出来ていた。厚岸《あっけし》の牡蠣《かき》を見てすぐ現地に飛び、越前《えちぜん》大野の里芋畑に行き、三浦の大根を作りにといった調子だ。そもそもは小学生ばかりの料理クラブに入り、『暮しの手帖《てちょう》』を見て自分の方が上手と思っていたそうだ。

粗い木の床、寄せ木のカウンターなど店はイタリアの食堂風にした。イタリアの食堂が酒も含め最も健全と思ったからだ。装飾など無駄な金はかけていない。ではここは日本の居酒屋かと言うとまさにそうだ。保冷庫にはキラ星の日本酒一升瓶が詰まり、焼酎も並ぶ。良いと思うことを国に関係なく取り入れるコスモポリタン性は横浜という土地柄からかもしれない。メニュー「麵房亭全仕事」は生産現地の写真や説明も入る。日本酒、焼酎に合う酒の肴《さかな》は山のようにあるが、まずは白ワインと生ハムで始めよう。

生ハム・プロシュートは自家製だ。きれいなピンク色は清潔で、味は濃厚だが脂《あぶら》ぎった輸入品とはちがい甘味が柔らかい。使うのは出荷前六ヶ月は麦だけ食べさせて脂を変えた特別飼育豚。開店以来、直接生産者からの一頭買いを続け、一日中肉の解体をしていると自分はいったい何屋かと思うそうだ。ソーセージも作り、プロシュート用骨付き腿肉《ももにく》は、塩漬け後二年熟成すると味がのってくる。「これは熟成二年半、時間は嘘《うそ》つかないですね」。時間は嘘つかない、は名言ではないだろうか。

「日本酒にしようかな」

「いいですね、生ハムは日本酒に合います」

得たりと持ってきた一升瓶は重厚な本格派「王祿《おうろく》・丈径《たけみち》」。う～ん、なるほど。黒塚さんは日本酒は「東北泉《とうほくいずみ》」で開眼したそうで、東北泉チルドレンであるのは私も同じだ。焼酎は沖縄返還前から泡盛を飲み続け、本格焼酎は「横浜焼酎委員会」を立ち上げて普及に取り組んだ。

最近、山地酪農直送牛乳でチーズも作り始めた。山地酪農とは短角牛を冬は牛舎で育て、春から牧草地に母子放牧し、秋に里に降ろす「夏山冬里」方式のことだ。輸入配合飼料ではなく山の草木、木の実を食べ、湧水《ゆうすい》で育った牛の乳は季節の食物で微妙に味が違う。その生乳でプリモサーレというチーズを作る。作って三〜五日で食べられ、酒の肴に淡い味噌《みそ》漬けにして出す。皿はチーズが並ぶだけで、いったいにここの料理は飾りというものがない。口当たりはさっくりしているが味はきれいにクリーミーに濃く、一呼吸おいて体にぐんと活力がみなぎって来るのがわかる。

「それが生乳の力、よい子を生んだ牛のミルクはほんとに味が違います」

イタリアで、生乳をミルクスタンドで売れるようにする法改正を三〇年かけて実現させたのを見て感動した。その生乳で各家庭はチーズをつくる。「食べたい一心ですよ」と笑うがそれが大切という笑いだ。「幸せのサラダ」は大量の紅大豆、トマト、胡瓜《きゅうり》、キウイ、柿《かき》、海老《えび》、シラス、青大豆豆腐、リコッタチーズがたっぷり盛られ、内容も色も豊饒《ほうじょう》そのもの。間違いのない素材はいくら食べても飽きず安心できる。

イタリアで生まれたスローフード運動に共鳴した黒塚さんはスローフードジャパンの会員となり、今年一〇月横浜で開かれる世界大会のイベント事務局長として奔走している。ちなみに昨年トリノの大会は五日間で一九万人の客が来た。また「横浜スローフード少年団」をつくり、昨年は厚木市で「枝豆収穫祭２００７」を開催、枝豆六種食べ放題、おいしい豆腐味比べ、餅《もち》つきなどをして、かながわ夢ポーク料理をふるまった。収穫した枝豆を手にした子供たちの笑顔の写真がいい。対象は小学生で、中学生になったらリーダーをさせるという考えもいい。

横浜は日本のボーイスカウト発祥の地だ。夏は山形県川西で夏季教室を開き、子供に包丁を持たせた。数少なくなった神奈川の小麦生産農家を応援し、秋に種を蒔《ま》き、冬の寒空に子供たちを麦踏みに連れ出した。今年はその小麦で小麦粉をつくる。

「横浜で農業を続けるのはたいへんなんですよ、子供が手伝うのが励みになればと」

地産地消、心土不二。横浜にも真剣な生産者はいる、だんだん横浜野菜の使用率が高くなってきたそうだ。五八歳の黒塚さんは生産者と子供たちの話になると目が輝いて真剣になる。食べ物を知る、食べたものでお婆《ばあ》ちゃんと向かい合える、食べ物は人と人を結び、親子が伝えてゆくものという熱い心が伝わってくる。私はこの人に一生ついてゆこう。

目の前の「幸せのサラダ」には、確かに幸せが盛られていた。


〈2008.12〉

53　企久太《きくた》

小林秀雄、永井龍男《たつお》、久保田万太郎、里見弴《とん》など鎌倉《かまくら》文化人に愛された小町通りの居酒屋「長兵衛《ちょうべえ》」は、昨年惜しくも店を閉じた。しかしその近くによい居酒屋ができた。以前長兵衛で一人で飲んでいるとき、常連の年配二人組から、「若いが、有望なんだ」と教わってすぐに行き、たいへん好感をもった。

今日は二度目。店名「企久太」は主人の名。ビル二階の店は長兵衛のような風格はないが、酒も料理も実力派だ。鎌倉から横須賀《よこすか》沖はよい漁場で生しらすは長兵衛の名物だった。この店は生しらすに加えて「しこいわし」がうれしい。ピカピカの銀肌と身の鮮紅の対比が美しい素裂きを、茗荷《みょうが》・大葉・浅葱《あさつき》の繊切りと和《あ》えて白ゴマを振った「しこいわし薬味和え」は、少し酸味をきかせてたいへんおいしい。

「ぬか漬と茗荷のおかか和え」は大根銀杏《いちょう》切りの浅いぬか漬を茗荷・おかか粉・一味唐辛子と和え、大根のばりばりした食感にバランスよく薬味がきき重宝する。長兵衛の主人が企久太君はうちの息子と高校の同級で、藤沢の「久昇」で修業したと言っていたがこれを食べて納得した。久昇は一七〇種もある独創的な料理につねに新作が加わるという有名な居酒屋だ。後日久昇に行ったおりに話すと「ああ、後藤君。彼はまじめでよくやっていた」と主人は目を細め、頼まれて仲人《なこうど》をしたと話した。

黒板の本日の魚から選んだ「かわはぎ肝醤油《しょうゆ》」は、活《い》け〆《じめ》の皮は細切り湯通し、肝の半分は湯通し、半分は肝醤油につくり、刺身だけでおいしいのをさらに豊かに食べさせる。日本で最初に乳製品をつくった千葉の嶺岡《みねおか》牧場に敬意を表し名を付けた「嶺岡豆腐」は、白胡麻《ごま》と牛乳を何時間も練り上げた胡麻豆腐のようなもので、ねっとりもっちりしてたいへんおいしく女性に人気。楽しみは最後の「平目べっこう茶漬」で厚切り平目刺身のたれ漬けを熱いご飯にのせ、熱々の出し汁をかけてかっこむ伊豆《いず》大島の料理だ。

開店して八年。しっかり料理修業をした店はやはりいい。包丁をもつ若主人はすでに落ち着いた風格がある。鎌倉の名居酒屋、長兵衛のあとは彼がいる。〈2008.12〉

54 銀次

数十年ぶりに故郷を訪れ、そこに昔のままの飲食店が残っていれば誰しも入ってみたくなる。ビールを一本とり、古き日の追憶にひたる。高級老舗《しにせ》料亭はいざ知らず、大衆居酒屋が町の同じ場所に何十年も変わらずあるのは安心感をもたらす。居酒屋の本質はノスタルジーにあると思うようになってきた。

しかし大都市の変化、地方都市の衰退とともに、創業時の古い建物で昔通りに続けている居酒屋は今やたいへん貴重だ。七年前横須賀の「銀次」に入ったとき、これは出会ったと思った。

基地の町横須賀は米軍風俗が目立つものの、若松町あたりは昔ながらの飲食店が残る。その路地に銀次はあった。木造モルタル二階建て、紺のれん、「大衆酒場」と入る赤い小田原提灯《ぢょうちん》。路地に向かって一尺ほど張り出した出窓の曇りガラスは、下五分の一ほどが透明で店内がのぞき見える。格子戸《こうしど》を開けると左に長いカウンター、右に机いくつか。L字カウンターが囲む台所はかなり広く、近頃のせせこましい居酒屋とは違うおおらかなゆったりした作りだ。奥には座敷もある。高い天井から笠《かさ》もつけない裸電球が幾本も下がり、温かな光が店を包む。布巻のよじれたコード、黒の二股《また》ソケットが懐《なつ》かしい。

カウンターも木の丸椅子《いす》も、客のひじと尻《しり》ですり減り、壁にずらりと並ぶ品書きビラは何十年も貼《は》ったままらしく茶色に変わっている。板張りの台所には頭に布を巻いた女性三人がつねに客を見て立ち、魚の注文は素早く白衣の板前に伝達され滞ることがない。暖簾《のれん》を出す四時の前から一人客が当然の如《ごと》く黙って入ってきてカウンター席に腰をおろす。ほどなく一四、五席はふさがる。皆一人客だ。それぞれ手短に注文するとあとは無言。大勢いるのにシンと静かなのは、客は客、店は店と、分をはみ出さないからだ。

「銀次」は昭和二九年ごろ、小林銀次さんが横須賀中央駅前に自らの名をつけて開店した。五年ほど後、弟の昌郎さんがこの場所に別館を開店。間もなく今のおかみさん、壽江さんが嫁いできた。兄弟でそれぞれの店をやっていたが、昌郎さんは平成六年に早世し、店は壽江さんが継いだ。義兄の駅前店は二年前に閉店し銀次はここだけになった。今は壽江さん、娘さん、手伝いの方、信頼厚い板前の四人で銀次を守る。

兄弟の父・徳太郎さんは大工で、この店は徳太郎さんが普請《ふしん》した。贅沢《ぜいたく》な材料を使っているわけではないが、客席よりも台所を広くとった間取りは仕事しやすくさせたいという親心だったのかもしれない。壽江さんは義父の作った店を隅々までピカピカに磨き、玄関の戸はガラスが入っていないかのように一点の曇りもない。銅貼りの四角の燗付鍋《かんづけなべ》は相当古く、長い徳利《とくり》が首まで浸かる。

「私がここに来てから二つめですが、それでももう三〇年たちますか」

壽江さんがしみじみともらす。引き上げた背高細身の白徳利には「伏見の酒　招《しょう》徳《とく》」または「菊吹雪」のロゴ文字に「酒場銀次」と入り、首に回る紺の一本線・二本線は酒一級・二級の名残りだが、この徳利も残り少ないらしい。亡夫・昌郎さんが冷やでも燗でもうまいと好んだという招徳は、やわらかく飲みあきない。義父も酒好きだったが、息子と嫁の働くここに来て飲むことはしなかったそうだ。

名物の「湯豆腐」は、特大アルマイト鍋の鱈《たら》と昆布《こぶ》の出汁《だし》つゆで温まった豆腐に辛《から》子《し》をぺったり塗り、刻み葱《ねぎ》と、そのつど掻《か》く削り節を山のようにかけ、醤油をひとまわし。鰹節《かつおぶし》が香り立ちたまらなくうまい。鰹節を掻く鉋《かんな》は義父の使っていた大工の本鉋を裏返して箱に置いたものだ。

茶色に変色した品書きビラの中に目立つ真っ白な一枚は最近の新メニュー「湯豆腐半丁　二五〇円」で、客の要望で作ったと言うが、それでも豆腐はかなり大きい。ガス台の大きな羽釜《はがま》は煮込みで、牛肉、コンニャク、玉葱、じゃが芋、人参《にんじん》、セロリなどを形なきまで煮込んで黒緑色をなし、スパイシーな味は海軍の町らしくカレー風味を感じる。

そして魚がすばらしい。三浦半島突端の走水《はしりみず》あたりは浦賀水道絶好の漁場として知られ、久里浜《くりはま》の蛸《たこ》、松輪の鯖《さば》は名高い。品書きの「しこ　四〇〇円」は「しこイワシの素裂き」で、瀬戸内広島では酢味噌《すみそ》で食べる「七たび洗えば鯛《たい》の味」と言われる美味だ。指で捌《さば》いた刺身は全く生臭くなく、生姜《しょうが》醤油で箸《はし》が止まらない。

見る間に店はいっぱいになった。野球キャップにチェックのシャツ、スイングトップジャンパーにジーパンがぴたりと決まる初老の男は、ここがアメリカ軍基地の町であることをわからせる。すり減った木の足のせバーにサンダルを脱いだ裸足《はだし》をそのまま置いて気持よさそうだ。

私もいい気持になってきた。店の充実した静謐《せいひつ》感は昔のままであることで生まれていくものだ。それはノスタルジーを越えた洗練だろう。八五歳になる開店からの常連は今も週に一、二度来ては、酒二本を飲んで帰られるというから立派だ。八五歳になって通える居酒屋があるのは幸せな人生ではあるまいか。酔って仰ぎ見る天井からいくつも下がる裸電球が、そうだよと言っているように見えた。

〈2008.2〉

55　久昇《きゅうしょう》

神奈川県藤沢駅前の居酒屋「久昇」は、開店五時過ぎにたちまち満員になり、入れない客は盃《さかずき》の置かれた予約席をうらめしそうに見て帰る。客は年配の奥様方も多く、地元に知らぬ人がない店だ。

そのわけは二週間ごとに「今週の推薦料理」新作がおよそ二〇も登場し、常時約一七〇種もが並ぶ料理の大群だ。少し前までは毎週四〇も新作が登場していたと書いて信じてもらえるだろうか。来るたびに新作を注文しても追いつくはずもなく、しかもすべて思いつきや組み合わせ替えではない、その料理として完成された品であることに常に驚く。

例えば今回初登場の「牡蠣《かき》の能代《のしろ》煮」は、冬の終わりのぽってりと膨らんだ牡蠣と秋田能代の生海苔《なまのり》を蟹《かに》の出汁で温めたお椀《わん》で、蓋《ふた》を取るとほわりと湯気が上がり、たっぷりの生海苔の緑の海に牡蠣が浮島のごとく白い頭を出す、晩冬と早春が交錯する逸品。これで七〇〇円。

「赤貝とはっさくのぬた」は、柑橘《かんきつ》の八朔《はっさく》を剝《む》いたオレンジ色の房と赤貝刺身、ワラビ、ウドを玉味噌（玉子黄身・酒・みりんを白味噌と和えた基本調味料＝板長談）で和えて桜花の塩漬けをあしらったぬたで、味噌の薄茶にからむオレンジ、赤、緑、白、桃色は、山里の春の畑のような美しさ。赤貝よりも八朔の柔らかな甘み酸味が主役で、みずみずしい味わいはまさに春ここにあり。かつて味わった、えぐ味と爽《さわやか》味の対比がいい初夏の「ホヤと茗荷《みょうが》の沢煮」。鴨《かも》の肝を煮詰め、羊羹《ようかん》のようにしてケシ粒を散らした「かも肝松風焼」。新じゃがを揚げて練味噌と青じそを熱々にからめた「新じゃが味噌ころがし」。八角をきかせて煮た牛スジを甕《かめ》に入れ、生クリームをかけた

「牛スジの旨煮《うまに》」などなどのすばらしかったことよ。

あまたある中の最も人気は「おから」だ。なんだおからかと言うなかれ。人参、椎《しい》茸《たけ》、いかげそなど具沢山に桜海老が芳《かんば》しく、世にこれほどうまいおからがあるのかと思うが、これが四〇〇円。この店の料理を書き出したらきりがなく、「久昇の料理」という本が出ないのが不思議だ。

創業昭和四六年。主人の松本幹之助さんは時代劇のような名だが、案の定というか、かつて京都太秦《うずまさ》の東映撮影所に勤め、遊びに行った先輩の下宿のお嬢さんを見初めて結婚したという石坂洋次郎原作映画のような方だ。而《しか》してその奥様は、品よく少しだれ目の大柄、東映時代劇の陽気なお姫さまのようなうるわしき美人。店ではエプロン姿でてきぱき働き、縞《しま》の半纏《はんてん》をひっかけた殿様市川右太衛門《うたえもん》の如き貫禄《かんろく》の主人と並ぶとまことに絵になる。

店名「久昇」は昔、幹之助さんの先祖・松本久左衛門が三橋昇なる人と旧東海道で運送業「久昇組」をやっていて、日本通運に勤めていた父に店を始めるなら久昇の名を復活させてくれと頼まれたという。

幹之助さんが「この店の第一は彼の腕と料理」と言う板長の藤永光郎さんは二七年も板場を支えている。富山の大きな農家に生まれ、五歳のとき父を戦争で失い、小学校三年から台所で朝昼晩一〇人の食事を作り、学校に行くひまもなく農作業に出た。一五歳で板前の世界に入った時、お前はなんでこんなに包丁が使えるんだと驚かれたという。お客様に飽きられないうちに次の新作を出すのをモットーに、毎朝八時から仕込みを始める。カウンター角の小さな仕事場は季節の山菜、薬味などが飛行機操縦席のようにずらりと囲み、次々に飛ぶ注文に手の止まる時はない。

一段落した私に「女郎屋のおつまみはいかがですか」と声をかけてきた。「若いころ六〇歳になる親方から教わったもの。これは一切、まがいものではできません」と鰹節を掻き始めた。大きく半身に構えて腰を入れ、左手は鰹節の頭を、右手は胴をしっかり押さえ、急がず正確に前後を往復する姿は大工の鉋かけと全く同じだ。修業時代は毎朝四時に起き、三、四本の鰹節を削りおろしたという。

削り立ての鰹節、おろし立ての本山葵《わさび》、焼き立ての海苔、おろし立ての大根おろし、刻み立ての葱。すべて「立て」をボウルにとり、指で醤油とからめる。箸はだめで、指の感触が具合を決める。正しくは「錦木《にしきぎ》」と言い、京都祇園《ぎおん》の芸妓《げいぎ》が自分で作って旦那《だんな》を喜ばすのだそうだ。ツンとくる山葵、削りたて鰹節は涙ホロホロのまさに究極の酒のつまみだ。

「居酒屋の料理はあまり金をかけられないから工夫がいる。安いものほど難しい」

「春は苦味、夏は酸味、秋は渋味、冬は油味。季節で好む味が変わります」

語る言葉がうなずける。居酒屋料理にこれほど情熱を傾けている人を私は知らない。


〈2008.2〉

56 くさ笛

中央本線甲府は、これといった飲み屋街もなくひっそりしている。軍配を手に駅前にどっかと腰をおろす甲冑《かっちゅう》姿の武田信玄の巨大な銅像も、さて何を睥睨《へいげい》しようかと相手を探すかのようだ。すこし歩いた先の、簡単な屋根をかぶる細い飲み屋横丁はオリンピック通りと言い昭和三九年にできた。そこの居酒屋「くさ笛」は小路《こうじ》に並行する長い縄のれんのどこからでも入れる。中に立つ着物に白割烹着《かっぽうぎ》のおかみ樋口東洋子さんは肌艶《はだつや》若々しくとても古希を越えたとは思えない。女性の年齢を明かしてはいけない気もするけれど、店内には常連「吟峰」氏の短冊「裏春日《うらかすが》馴染《なじ》みのママは古希の華」を飾ってあるので本人承知と思おう。裏春日はこのあたりの通称地名とか。

「久しぶりです」

「よく来ただいねー」

言葉は隣りの信州に少し似る。信州は私の故郷だ。山国の今は山菜の盛りで、マジック書きの貼紙は「コシアブラ、ウド、ハリギリ、クワ、ヨブスマソウ、ハンゴンソウ、ヨモギ、イケマ、アカシヤ、モミジガサ、ヤブレガサ、ヨメナ、セリ」など。元気なおかみはこの季節は毎日、雨の日はカッパを着て昇仙峡のあたりに採りにゆく。茅ケ岳《かや》はどのあたりに何が生えているかを熟知、金峰山《きんぷさん》、瑞牆山《みずがき》にも遠征する。金峰、瑞牆は私が岩登りに熱中していた頃の懐かしい山だ。

カウンターの大ざるには緑あざやかに美しい山菜が山をなす。皆同じように見えるが、モミジガサは葉がモミジの形で紅葉傘、それが破れた形のは破れ傘という別種。ヨブスマソウ（夜衾草）は葉が夜具に、或《ある》いは蝙蝠《こうもり》（ヨブスマ）に似るからの名という。そのいろいろを天ぷらやおひたしで次々に出してくれ、モミジガサは甘く、ヤブレガサは苦味のアクが強く、イケマはワラビのような粘りがあり、味はみな違うが、すべてに共通するのは生命の発芽する「気」だ。私は早春の山に入り、冬を越して一斉に吹き出した生命の「気」が体を浄化する体験を何度もした。

アカシヤの花の天ぷらが懐かしい。私は信州松本の高校生のとき「アカシヤ会」という名の美術部に入り、初夏に房状の白い花を咲かすアカシヤに親近感をもっていた。

およそ二〇年も前、久しぶりに帰省した松本の古い居酒屋で「これを天ぷらにしてくれ」とアカシヤの大枝をかついで来た男がいたという話を聞いた。いま揚げてもらったアカシヤの天ぷらの甘い香りは高校生のころを思い出させる。

仕事を終えた勤め人でいっぱいのカウンターはみな、さばさばと明るいおかみのファンのようだ。初めて来たとき酔って「白割烹着でずいぶん男を泣かせたでしょう」とタメ口をきくと「そうよ、でもみんな死んじゃった」と軽口で返され「今はその子たちが来てくれるの」と笑われた。開店四五年。おかみさんは今でも一晩で一升瓶を空ける酒豪ながら、定休日以外は店を休んだことがなく、それは山に入るから。二日酔いも山に入ると消えてしまうそうだ。

「太田さん、お久しぶりです」

隣りに座った身なりよい紳士に挨拶《あいさつ》されたがどなたかわからない。数年前名古屋の居酒屋「大甚《だいじん》本店」で偶然同席になり、名刺交換をした日本銀行の方と聞いて思い出した。名古屋から甲府に転勤してここの常連になり、今おかみから電話をもらって来た。その方からこんな話を聞いた。

昭和二〇年七月六日、甲府はB29編隊の大空襲で市内の八割が焼け、千人におよぶ死者を出して昔の城下町は消滅した。町が燃え尽きるのは町から現金が消えることを意味し、時の日本銀行は同月二三日、急きょ甲府支店を開設して経済の基本となる現金を用意したという。

おかみが話を継いだ。焼夷弾《しょういだん》が真っ暗な夜空に甲府の町をぱあっと明るく照らし出すや、絨毯《じゅうたん》爆撃が始まった。おかみは西へ逃げ、川を越えようと水に入ったが、焼夷弾で熱河になり、ここにいてはだめだと叫ぶ人について死人の山を踏んで逃げた。アメリカ軍はこんな山奥の戦闘地域外の町まで無差別爆撃に来たのだ。私は多くの人が死んだ甲府の町並を味気ないと感じたことに申し訳ない気持がわいた。

「これは珍しいわよ」と出してくれたのは岩茸《いわたけ》の酢の物だ。山の崖《がけ》に生息する珍品だが採れるのは一〇〇年から一五〇年も生きてきたもので、それを知ってから採る気持がしなくなったそうだ。空襲があろうとなかろうと山には生命が続いていたのだ。

「くさ笛」という店名は、おかみが島崎藤村の詩「千曲《ちくま》川旅情の歌」からとったというのがいい。島崎藤村は私には懐かしい名前だ。私の父は国語教師で、藤村の生まれた長野県木曾馬籠《きそまごめ》（現岐阜県中津川市）に赴任すると、藤村全集をそろえて勉強し、郷土の生んだ文豪を中学校の授業でとりあげた。幼い私も『若菜集』のロマンチックな詩が好きだった。

地酒「春鶯囀《しゅんのうてん》」のぬる燗《かん》がうまい。「春の鶯《うぐいす》の囀《さえず》り」とは詩的な名だ。隣りは自分の故郷の甲府の小さな居酒屋で、山菜を肴《さかな》に傾ける盃に旅情がつのる。くさ笛はおそらく「千曲川旅情の歌」のこの節からとったのだろう。

暮れ行けば浅間も見えず
歌哀《かな》し佐久《さく》の草笛
千曲川いざよふ波の
岸近き宿にのぼりつ
濁り酒濁れる飲みて
草枕しばし慰む

〈2009.5〉

57 樽平《たるへい》

信州松本から飛驒《ひだ》高山に向かった。そびえる日本アルプスは紺青《こんじょう》の空を背に白い雪渓がまぶしい。目を洗う鮮烈な緑に車を降り、しばし山並の大気を浴びた。漂泊の俳人・山頭火の「分け入っても分け入っても青い山」とはこのことだ。日本アルプスの腹を通貫する上高地線トンネルの長い暗闇《くらやみ》を抜けると、山国ながらどこか柔らかな情緒のある高山の空気に変わった。

　夜になって高山で四二年になる居酒屋「樽平」に入った。引き戸の玄関構えは武家たらず商家たらず、山林をもつ豪農旧家といおうか。木の国・高山の太柱や梁《はり》は垂直水平の木組みに寸分の狂いもなく、がっしりと剛直だ。梁に並べ置いた「弓張」と大書した大きな漆塗りの箱は祭の高張提灯《ちょうちん》を納めたもので、格式のある家は家紋が入る。ぶ厚いカウンターの後ろの小上がり座敷は、酒仕込み桶《おけ》の巨大な酒盞を半月型に壁に貼《は》り、居酒屋の雰囲気をつくる。隅に下がる、鳴子を蛇腹状につなげたものは、白川郷五箇山の平家落人《おちゅうど》が黒紋付で「こきりこ節」を踊るときじゃらじゃら鳴らす楽器という。

　まずは飛驒高山麦酒《ビール》のペールエール。地ビール草分けのこれは、各地の地ビールが撤退するなかでも名品として残っている。肴は朱塗り曲輪《わっぱ》に緑の朴葉《ほおば》を敷いた山菜のキノシタ（モミジガサ）、コンテツ（コシアブラ）、ヤマブキ、笹《ささ》の子、山ウド。キノシタは癖があり、コンテツは醬油《しょうゆ》と胡麻《ごま》油であえて、飛驒の人がいちばん好むというアズキナ（ナンテンハギ）天ぷらはもっちりしておいしい。今年は暖かく山菜も早く出始めたが、最近熊《くま》が多く採りに行けない。昼ひなかの公園にニホンカモシカが現れるそうだ。

美人母娘《おやこ》の吉田良子さん、熊谷史恵さんは着物がよく似合い、店にはしっとりした雰囲気が漂う。茄子《なす》に茗荷や味噌を詰めて焼いた「地味噌入り焼茄子」は湯気を上げておいしい。「飛騨牛串焼《くしや》き」も茗荷を挟みビールに合う。飛騨牛は名牛「安福号《やすふく》」に始まるそうで、そういえば昼歩いた通りに安福号の巨大な原寸ブロンズ像があった。

昼の高山は外国人観光客がたいへん多く、リュックを背負った若い欧米人が目立つのは、山奥の小京都に日本の原風景を感じるのかもしれない。中国台湾、もちろん日本の団体も観光バスでやってくるけれど、彼らは古い町並みの観光通り・上三之町あたりを歩くと泊まらずに帰ってしまう。

私は観光客の帰ったあとの城下町高山のひっそりした夜が好きだ。人通りのない夜道に灯をともす居酒屋は旅情をかきたてる。高張提灯を出す祭は春と秋の高山祭のことだ。二度あるのはそれぞれ神社氏子が違うから。飛騨の匠《たくみ》による山車《だし》舞台の精巧なからくり人形が人気だが、秋の長夜に、獅子《しし》舞と神楽《かぐら》で出発する夜回り提灯の情緒は格別という。衣裳《いしょう》の腰にさりげなく先祖代々の印籠《いんろう》を下げるのが誇りで、行列を見終えた肌寒い夜の燗酒がまたいいそうだ。

棚に古い一升徳利《どっくり》がいくつも並ぶ。昔の婚礼は座に大釜《おおがま》を据えこの巨大徳利で燗をした。高山には酒蔵が七つある。春秋の大祭、数多い酒蔵、盛大な婚礼行事は山深い城下町の文化をしのばせる。能登《のと》あたりから来たとおぼしき九谷焼など様々な絵柄の古盃も飽きない。ゆるりと玄関を開けた男客はわが家のようにためらわず座敷に上がった。観光客の帰った夜の居酒屋で地元の人が静かに飲んでいる光景がいい。

旅の酒は静けさが肴《さかな》だ。二本目の燗が届き、盃を別の絵に換えた。〈2009.5〉

58　多可能《たかの》

昔、東京から京都まで東海道の居酒屋を飲み歩く旅をした。黒潮洗う太平洋に沿う居酒屋は開放的で気質が明るく、地酒は殿様型の派手好み。肴は刺身、とりわけ鰹《かつお》。一年中温暖な気候は野菜果物がよくとれ、目の前の海にはいつも魚が泳いでいる。

静岡の居酒屋「多可能」は創業大正一二年、八〇年を超える老舗《しにせ》だ。地名「葵区紺屋町《あおいくこうやまち》」がいい。静岡空襲で戦前の店は焼失したが、戦後再建した板張り一軒家は今も続き、「大衆酒場　多可能」の台行灯《だいあんどん》が置かれ、玄関と窓の野花が五月の風に清々《すがすが》しく揺れる。

中は広く、踏みしめた三和土《たたき》に卓がいくつかと畳敷き小上がり。幅広い腰板は年期

が入って艶光りし、丸柱、割竹の細工が粋《いき》だ。舟底天井に合わせ段違いにずらした天井板は「寄せ返す波」を表したそうで「昔の造りは遊びがありますね」と三代目主人・高野《たかの》利秋《としあき》さんもしみじみ眺める。

古い店を生き生きとさせるのは、あちこちに置いた花で、奥の入れ込み座敷の床の間は背よりも高い枝花が壮観だ。お上品な床の間生け花ではない豪快な野花投げ込みは海山豊かな地にふさわしく「女房がやってるんですが、なんだかエスカレートしてどんどん大がかりになってきて」と苦笑する。床の間の花に隠れた「大衆酒場」と彫った扁額《へんがく》は、初代が大衆酒場という言葉に誇りを持って作った大切にされているものだ。

私の座る小さなカウンター席は主人と距離が近い常連席だ。目の前には一六穴の銅製大型燗付器《かんづけき》が二台。徳利三二本を同時に燗できるというのがこの店の隆盛を物語る。酒は静岡市の地酒「萩錦《はぎにしき》」。ガラスの瓶燗から注ぎ替えた古風な徳利は「多可能」の店名入りで、こっそり持ち帰る客もいたに違いない。お通しのきれいな巻貝「ナガラミ」は一つとして同じ柄がなく、楊枝《ようじ》でわりあい簡単に身が抜け一回ごとに満足感を味わえる。

静岡の初夏は生桜海老《さくらえび》と生シラスだ。世界で駿河《するが》湾でしか捕れない桜海老はまさに海の幸。今日のは一尾が大きくよく太る。あしの速い生シラスは時間が経《た》つとねっとりとからみあってしまうが、これはピンと張り、目もキロリとこちらを見て、生臭みなく魚の味がする。「舌の上できちんと並ぶ（一尾一尾が分かれる）のが上等な生シラス。やっぱり桜海老は由比《ゆい》、生シラスは用宗《もちむね》です」と主人が強調する。

湯気をあげて筍《たけのこ》とワラビの煮物が出された。これは山の幸。名物・静岡おでんは、黒く濃いおつゆに串がぎっしり浸り、魚粉と青海苔《あおのり》をかけるのがお約束だ。串に旗のような黒ハンペンと牛スジがうまい。昔は子供の買い食いおやつで、子供のものを大人が取り上げたと笑う。これは町の幸。

「いらっしゃい」

耳まで黒々と山賊髭《ひげ》が回る若い四代目が悠然と登場。オレがここを継ぐと決めた自信あふれる姿が頼もしい。手に持つ二五センチの超特大ビール栓抜きは、この店で二五年以上は使っているもので、「これでないと手が疲れる」そうだ。

壁に昔の駅のような丸い大時計がかかり、鉄道時刻表が貼ってあるのがいかにも東海道線沿線の居酒屋だ。それを横目に飲む客に、脇《わき》の伊東深水《いとうしんすい》筆になる「澤之鶴《さわのつる》」美人画ポスターは帰心をかきたてたか、今しばらく居たい気持にさせたか。

東海道宿場町の明朗な居酒屋は、海道の風のようにさわやかだ。

〈2008.4〉

59 寿屋《ことぶきや》

焼津《やいづ》駅からタクシーに乗り、運転手に「浅草通りの寿屋」と言うとすぐ通じた。

焼津は遠洋漁業の基地として昭和三〇年代ごろまで大いに栄えた。戦前あった観音様から名がついた浅草通りでは大金を手にした乗船員や船主、水産会社の派手な大宴会が毎夜くりひろげられたそうだが、今は昔日《せきじつ》の光彩はなくひっそりした町だ。

初めて寿屋に来たのはおよそ七、八年前で、焼津にたいへん古い居酒屋があると聞いたのをたよりに、出張ついでの夜の九時頃来て深い印象をもった。後年、静岡県清水市で育った作家・村松友視《ともみ》氏に紹介していただいた時この話をすると、よく知っているとうなずかれた。

間口二間の典型的な昔の商家の木造二階家は、下が店、二階が住まい。初めて訪れたとき夜目に印象的だった唐傘をかぶせた赤提灯は、唐傘から布傘に変わった。

「酒　寿酒店」の大きな紺のれんはそのままだ。

縦長の店内には壁の腰掛に沿って大机が二つ並び、ひんやりと光る三和土が台所か

日本酒
キリンビール
酒
KIRIN
炭

ら裏庭に抜け、風も通って気持よい。右側の座敷は昔は生活の部屋だったようだ。店内はすべて木造で、天井の白い碍子《がいし》をコードが這《は》い裸電球を下げる。ガラスはみなピカピカに磨かれ、その都度工夫してきたであろう棚や物置きは年代を感じさせて艶《つや》光りし、あちこちに置いた野花が目をなごませる。大机のすぐ前の魚調理の水場はせまいが仕事しやすそうだ。昔来た時、白割烹《かっぽうぎ》着のお婆《ばあ》さんに玄関外の道路に七輪を出して魚を焼いていただいたと話すと、今も魚は道で焼き、しゃがまなくてよいように七輪は丸椅子《いす》にのせていると笑った。

寿屋の前身は先代・前島幸一さんが戦前に始めた魚屋で、カウンターに置いた塩カズノコや黒芝エビの茹《ゆ》で立てを肴に酒を飲ませていた。新しもの好きの先代は静岡で初めて生ビールを扱い、縁日には樽を背負って売りにも出た。戦後調理師免許をとって居酒屋になり、一二年前に八九歳で亡《な》くなられたが、私に魚を焼いてくれた白割烹着の奥さん・ひでさんは九四歳でご健在とは立派だ。今店を切り盛りするのは、昭和一八年生まれの息子・幸男さんが表の魚調理場、姉が奥の台所で料理する。浅草通りが賑《にぎ》やかな頃はカフェーや料理屋、洋食屋、居酒屋が並び、夕方になると芸者衆が五人、一〇人と箱屋を従えて往来を歩いたという。

「さて、何にしましょ」

寿屋には品書きはなく、本日の魚から刺身、焼きなどと注文する。「今日のは身性《みしよう》がいいです」というカツオ刺身の、全く生臭みのないすっきりと濃厚な旨味《うまみ》はすばらしく箸《はし》が止まらない。銀肌がまぶしい削《そ》ぎ切り鯵《あじ》の即席酢〆《すじめ》も、魚が新しいから切れ味がいい。魚はすべて注文されてから捌《さば》き、ぴかぴかの太刀魚は全長およそ一メートル、ぶら下げる手は頭の上だ。奥からジャーと揚げ音を立てていた海老素揚げは塩を振っただけのものが甘く、香ばしく、ビールに最適だ。

存在感たっぷりの大型木造氷冷蔵庫は戦前にあつらえたものだが今も現役で、分厚い真鍮《しんちゆう》のハンドルや蝶番《ちようつがい》、飴色《あめいろ》に変わった木肌は力士のように頼りになる。魚もビールも氷で冷やすと味が全然違うそうで、たしかにいつもの瓶ビールがじつにうまいが、氷代は月七万円もかかる。さらに見事なのは鳶職《とびしよく》の手鉤《てかぎ》のような太い木の握りに厚い王冠抜き金具のついた三〇センチもある巨大な栓抜きだ。接続部は今も全くガタがなく、これぞ栓抜きの王。戦前に静岡地酒「杉錦」からもらった逸物で、昔の道具の逞《たくま》しさにほれぼれする。

天井に下げた「焼津新河岸《かし》　寿屋」と黒々と墨書した大きな手付き桶は仕出しのものだろう。何十本も並ぶ九谷焼徳利は一合七勺《しやく》入りで、色絵を特級酒、紺染め付けを一級酒と分けたそうだ。豪華な絵柄の尺皿、地酒「初亀《はつかめ》」の陶器樽、大小木桶の数々、五玉の算盤《そろばん》、粉山葵《わさび》の大缶などが往時の盛業をしのばせる。

開け放った外は静かに暮れてきた。子供を呼ぶ声が聞こえ、猫が悠々と道を横切ってゆく。ひと気のない地方の町の静かな夕暮れはいい。足もとに置いた蚊取り線香から煙がゆらゆら上がってくる。地方の町の古い居酒屋をもとめてあちこち歩いたが、港町の往時の隆盛を伝える寿屋は、私の居酒屋歩きの最高の成果となった。

「太刀魚焼魚、いこうかな」

「そろそろやりますか」

立ち上がった幸男さんは丸椅子ごと七輪を表に運び、炭火に団扇《うちわ》をつかい始めた。


〈2009.9〉

60 貴田乃瀬《きたのせ》

浜松の繁華街を抜けた田町稲荷《いなり》通り、神社前の静かな場所に「貴田乃瀬」がある。何年か前に友人から「主人は料理の鉄人、ただし頑固。日本酒にも詳しく自ら料理に合わせ酒を選ぶ」と聞いた。海山の素材はもとより、醬油は自家製、塩はイスラエル産岩塩、日本酒は眼鏡にかなった六〇種以上を常備……。絵に描いたような頑固鉄人イメージが浮かぶが、私は暖簾《のれん》をくぐって、二時間後には「ワハハワハハ」と笑いあっていた。今日は三度目だ。

「こんにちは、何年ぶりかな」

「四年、ですかね」

主人・市川貴志《いちかわたかし》さんのがっしりした体軀《たいく》に、目の据わった迫力ある頑固顔はちっとも変わっていない。太い腕、合うサイズの手袋がないという肉厚の掌《てのひら》、指。紺の着物に絞りのたすきがけが仕事の気合を感じさせる。まずはひとくちビール。お通しは酒醬油で煮て瞬間スモークをかけた鯖《さば》と筒切りの茄子《なす》漬。さて今日は何にしようか。品書きは半分ほどが創作料理だ。まずは〆鯖《しめさば》からゆこう。

〆鯖は市川さんが最も研究を重ねた品で、サクに冷凍をかけ、外側を凍らせて酢に浸けると浸透圧で外側だけ酢が利《き》き、中は刺身のまま残る。今日は五島《ごとう》の鯖。飾り包丁が四本も入った厚切りは、酢〆と刺身がしなやかに対比して、じつにスケールの大きな〆鯖だ。添えた西伊豆《いず》の柑橘《かんきつ》「黄金《おうごん》柑」のフルーツ香が鯖の生臭みを甘く柔らげる。

「これに、酒は何を合わす？」

「はい」と取り出したのは静岡地酒「開運・純米吟醸無濾過《むろか》生原酒・山田穂」。山田穂は酒米の王・山田錦《にしき》の母になる米で、兵庫県で明治一〇年ごろ発見された復活米という。その味は重みのあるコクながらよくキレる。

「これは〆鯖と力勝負だね」

「はい、そうです」

私は主人の意図する所をくみとったか。では次。

「明太子《めんたいこ》のどろ焼、って何？」

「はい」

いか塩辛を作り、フライパンで水分を飛ばしてフードプロセッサーにかけた「どろ」に辛子明太子を一週間漬ける。その明太子を軽く焼き、「どろ」をたっぷりのせてもう一度焼いて出す。イカ風味の「どろ」だけでも十分珍味だが、辛子明太子と重なると骨太だ。これに合わせたのは滋賀県湖南市の酒「御代栄《みよさかえ》・純米大吟醸」。重い珍味に繊細な純米大吟醸は頼りないのではないかと思ったが逆で、重味をサラリと流し、口に臭みが残らない。

「なるほど」

「そうです」

くすりともせず真顔で答える禅問答がおかしい。「どろ、のネーミングが女性に受けず失敗でした」と告白するのがいい。もう一つわからんものを注文してみよう。

「穴子《あなご》と鰻《うなぎ》の親子焼、って何？」

この説明が長い。鰻の蒲焼《かばやき》をすり身にして刻み玉葱《たまねぎ》で味を整えたのを、煮穴子で巻いて太巻きにし、ラップして蒸しておき、客に出すとき焼く。粉山椒《こなざんしょう》を敷いた皿の太巻きは穴子の煮詰めタレがかかり、木の芽山椒が貼《は》り付く。柔らかくねっとりしたコクの鰻の餡《あん》を、こちらも柔らかな煮穴子が包み、これこそ不老長寿、神仙蓬莱《しんせんほうらい》の宝味ではないだろうか。

「これは、米寿の祝いにぴったりだ」

「はははははは……そうです」

爆発的に高笑いして急に真顔に変わり、厳かに「そうです」と言うのがおかしい。この人は強面《こわもて》だが根は面白い人なのかもしれない。合わせる酒は……。

美術用語で過剰な技巧主義をマニエリスムと言うが、そんな感じもする。なぜこういう料理を考えるのか尋ねると「アミノ酸×アミノ酸で二倍うまくなるかと思って」と案外に率直な答えだ。つまりは鰻と穴子を同時に食べるようなものなのだが、旨いこと限りなしだ。「自分は完成品をさらにかけあわせ、どうだとねじ伏せるのが好きで」と、ややうつむいて言うところに人間味を感じる。店を始めた当時、金時人参《にんじん》、普通の人参、空豆、枝豆、南京《ナンキン》かぼちゃなど七種のすり身をそれぞれ別に玉子でつなぎ、蒸し器の中火、弱火を細心の注意で繰り返し、七層に色変わりした蒸し物の大作を出したが、「それだけ手間と労力をかけたにもかかわらず」客からはふーんと言われて終わりで、二度と作るかと思った。修業時代に憶《おぼ》えた「甘鯛松毬焼《あまだいまつかさ》」はウロコを残したまま焼き、そのバリバリしたウロコがおいしいのに、客から「親方、いくら忙しくてもウロコ取りの手を抜いちゃいかんよ」と言われ、台所裏に駆け込み「くそー」と叫んだという。

「あっはっはっは」

鉄人の目にくやし涙。わるいが今度は私の笑う番だ。

「それ以来、作らなくなりました。今は無難な線でやってます」

淋《さび》しげにうなだれるのがますますいい。

「オーイ、お茶お出しして」

「はーい」

明るい声は大きな眼鏡がアラレちゃんのような小柄な美人奥様だ。主人のドスのきいた指示にいつも「はーい」と軽い返事がとてもいい。

「もうヘンタイ的な料理ばかり作るのよ」

言われて、そうかもしれんと憮然《ぶぜん》とするのがまたいい。

「その極みです」

開き直ったように出してくれたのは、直径一〇センチほどの丸いカマンベールチーズを半分に切り、片方を同量のわさび粕《かす》漬けで固めて丸型に戻したのをバーナーで焙《あぶ》ったデザート的一品。両方を一緒に食べる。

「これには『るみ子の酒・袋搾《しぼ》り無濾過生原酒・9号酵母うすにごり』が合うと思います」

ねっとりと溶けたナチュラルチーズの強烈な匂《にお》いに酒粕《さけかす》が甘くからみ、山葵《わさび》がひりひり刺激する。未体験な味はヘンタイ因業親父《いんごうおやじ》好み。それをさらりと流す清らかな娘の酒。この店の神髄極まれり……。

「あっはっはっは、……そうです」

今回もまた、大笑いとなった。

〈2008.4〉

61　千代娘

東海道新幹線で豊橋《とよはし》を通ると、ちょっと降りて「千代娘」に寄ろうかなあと思う。

駅前から離れ、旧東海道の空気がただようひなびた商店街を横切った先の大きな山家風の割烹《かっぽう》料理屋。切妻《きりづま》の白壁から下は檜皮壁《ひわだ》で、屋根庇《ひさし》の端には草が根をおろし青々と元気だ。金文字浮き彫りの「千代娘」扁額《へんがく》、しめ縄、茶暖簾《のれん》の玄関回りに置いた鉢植木の緑は今が盛りで、打ち水が清々《すがすが》しい。入ってすぐ右の寄り付きカウンターが私の定席だ。黒豆砂利洗い出しの三和土《たたき》に、糊《のり》のきいた白カバー丸椅子《いす》が映える。

「いらっしゃいませ」

微笑《ほほえ》みで迎えるおかみさんは、ややたれ目の福々しい顔に黒髪を艶々《つやつや》と結い上げ、真っ白な割烹着がまぶしい。板場から白い調理着の主人、帳場からとんぼ眼鏡の純情な娘さんも顔を出した。カウンターは後ろに丸木の横棒柵《さく》が立ち、背を預けると具合がよい。大鉢のバイ貝、筑前煮《ちくぜんに》、きんぴら、筍《たけのこ》、ごまあえ、じゃがいも、常節煮《とこぶし》などから、私の気に入りは辛子《からし》でたべるタコ煮だ。時季ものの「耳イカ」、この辺では

「玉イカ」と言う小イカは、耳が三角ではなくミッキーマウスのように丸く、腹は子を抱いて玉のように張り、可愛《かわい》らしい。これだけで十分酒を飲めるが主人に仕事を出さねば。経木《きょうぎ》品書きにならぶ魚から初カツオと、伊良湖岬《いらござき》の鯛《たい》にしよう。酒は浜松の「千代娘」だ。

まだ脂《あぶら》があまりのっていない真っ赤な若いカツオがすっきりとおいしい。醤油《しょうゆ》は普通の醤油に溜《た》まり醤油を四分の一加えてある。豊橋は関東と関西の接点と言われ、味付けもその中間。主人は鯖《さば》、ハマチ、鰺などは溜まり醤油が、ヒラメなど白身魚はきりっとした生醤油が合うと言う。伊良湖岬の鯛は清々しい若鯛で、これには関西風の紅葉おろしポン酢醤油だ。

伊良湖岬。〈名も知らぬ遠き島より流れ寄る椰子《やし》の実一つ〉唱歌「椰子の実」に歌われるのは伊良湖岬の恋路ケ浜だ。海を知らない山国育ちの私が幼き日にあこがれた岬を千代娘のついでに訪ねようとしたが、豊橋からは案外遠く、実現しないままだ。

先日、ある縁で知った伊良湖岬近くの島に住む人からいただいた浅蜊《あさり》は、たいへん立派な品で味もよかったと話すと、主人が「浅蜊串《ぐし》」を持ってきた。浅蜊むき身の水管に竹串を通し天日に干したもので、むき身のだらりと垂れ下がった形で固まり、干してこれだから元は相当大きい。ほんの一瞬火にかざすと柔らかくなる。貝は干したり焼いたりすると味が出る。日の匂いと濃縮した旨《うま》みは陽光あふれる内海を伝えるが、作る人がすっかり減ってしまったそうだ。知多《ちた》半島と渥美《あつみ》半島に囲まれたおだやかな三河湾は浅蜊、鳥貝、赤貝、馬刀貝《まてがい》など貝がたいへんよくとれ、主人は子供の頃、近所の人が道端にザルとバケツを置き、スプーンのような道具で目にも止まらぬ早さで浅蜊を貝剝《む》きするのを、しゃがんで一時間も見ていたそうだ。

主人は一八歳から京都で料理修業。二三歳で父の店を継ぎ五〇年を超えた。私はお母さんがご健在だった頃、隣に座っていただき一杯やりながら長話したことがあった。店に飾る季節の花や風景の「ちぎり絵」は和紙を染めて貼ったお母さんの作品で、板場の小額は今月は紫露草だ。

愛知県も名古屋のある尾張と、ここ三河は気質がまるで違うそうだ。尾張は派手、三河は地味。三河の人は性格に裏表がなく、語尾の「じゃん、だら、りん」が特徴という。私は娘さんに顔を向けた。

「これ食べりん、て言ってくれる？」

「これ食べりん」

「あっはっはっは」

三〇年も前にお客さんが持ってきたという棚に置いた狸《たぬき》の剝製《はくせい》は、酔って切株を枕《まくら》にごろ寝して貧乏徳利《どくり》を抱き、大事な所は笠《かさ》で隠して気持良さそうだ。「この狸、なんか親しみがわくんだ」と呟《つぶや》いて三人に笑われる。他愛《たわい》ない世間話で飲む酒がうまい。

カウンター上の小暖簾に染めた家紋は交差する三本の矢だ。主人は三ツ矢《みつや》和良《かずよし》さん、奥様は絹子《きぬこ》さん、娘さんは恵子《けいこ》さん。皆さんなんとよい名前だろう。三つの矢が和になった良さ、家族の温かさに囲まれて傾ける酒はまさに三河の親戚《しんせき》、おいらは狸。


〈2008.4〉

62 大甚《だいじん》本店

名古屋の目抜き、広小路《ひろこうじ》伏見の大きな交差点角が居酒屋「大甚本店」だ。後ろは御《み》園座《そのざ》。作家・池波正太郎は御園座に自作の新国劇をかけると、よく大甚に顔を出したという。私は出演中らしき名優・大滝秀治と背中合わせで飲んだことがある。漏れ聞こえる会話はやはり舞台のダメ出しだった。

「大甚」は明治四〇年、愛知県海部《あま》郡大治《おおはる》村に、地酒「大甚」の名をとり山田《やまだ》徳五郎《とくごろう》が始めたが早世し、息子はまだ一六歳のため、妹・ミツが継いで名古屋に移した。ミツの才覚と人柄は多くの人に愛されて店の基礎が固まり、ミツは働き詰めて五五歳で没し、徳五郎の息子・甚一《じんいち》が継ぎ、現在はその息子の弘《ひろし》さんが継いで、七〇歳ながら毎日バイクで仕入れに出て、張りのある声も、きびきびした動きもまことに若々しい。

夕方四時開店、九時閉店。常連は四時前から店に入って暗い席に座りじっと待つ。柱時計が四つ打つと明るくなり、客は大机に好みの肴《さかな》をとりに立つ。ここは注文は取りに来ず、自分で好きなものを取りにゆく。およそ五〇種もの肴小鉢がずらりと並ぶ机は壮観で、出来たての煮物が湯気を上げて追加され、なくなった肴は大皿からどんどん取り分けられる。初めての人は迷って四皿も五皿もとってゆくが、通い慣れると一つか二つ。常連はいつも同じものばかり取るそうだ。

朝八時から総出で仕込む小鉢は、魚もの二六〇円、野菜もの二二〇円均一。かしわ旨煮、川えび煮、鶏肝《とりぎも》、イワシ生姜《しょうが》煮、タラコ、浅蜊ぬた、百合根《ゆりね》、丸いか煮、ポテトサラダ、鳥貝、おひたし、きんぴら、塩辛、豆腐、納豆……。およそ考えつくあらゆる季節の肴が並び、人気は穴子や鯛の子などの煮物。味は名古屋らしく濃いめだが転勤族が増えてずいぶん薄味になったそうだ。冬は小鉢に湯豆腐、鱈《たら》ちりなどと書いた紙が置かれ、それをとって紙を渡すとやがて熱々の小鍋《こなべ》立てが届く。さらに奥のガラスケースには見事なマグロやスズキ、ノドグロなどの鮮魚が待機し、指さして刺身、焼魚、煮魚、天ぷらかを注文すればよい。ちなみに私は今日は、まず鮎《あゆ》の塩焼を注文しておいてから、稚鮎甘露煮、白和《しらあ》え、海老《えび》ときゅうりの酢の物をとり、酒を注文した。

玄関すぐの、樽《たる》を据えた燗付場《かんつけば》が感動的だ。日本酒の王者は樽。青竹タガがきりりと締まる白木の四斗樽を机にでんと据え、赤煉瓦《れんが》の二連の竈《かまど》が脇《わき》を固める。樽の木栓をひねって特大の片口にとり、じょうごで七〇本余りの徳利に小分けし、竈に嵌《は》まる五升炊《だ》き羽釜《はがま》の湯で燗をつける。隣の大鍋の湯には常に盃《さかずき》が温まる。土間の大竈こそ日本の台所の原点。まるで村祭のように大勢で日本酒をぐいぐい飲む豊かさがこの店の真骨頂だ。たいせつなお燗番を務めるのは奥さん良子さんだ。店全体を見渡して余裕があり、客の飲み具合をみて徳利を沈め、待たすことはない。弘さんは客の注文の動きをすべて把握してよどみなく、勘定はしゃっと算盤《そろばん》をはじいて即答する。

酒は大甚専用に仕込んでいる広島の賀茂鶴《かもづる》だ。毎日樽で運ばれ、四斗樽は一日で空になる。樽香をたたえて燗された酒の旨さは比類なく、ゆるやかに何杯も何杯も、いつまでも旨く飲める酒だ。これは本当にここでしか飲めないものだ。明治の開店以来の徳利は、一合八勺《しゃく》ほどの太め寸胴《ずんどう》に細い口。松竹梅の三文字を古い印璽《いんじ》のようにかたどり絵が入る。古典的で格調高く、私は日本一の徳利はこれと思っている。

店は大きく、息子さん二人が一階二階を担当する。昭和二九年の建物は欅《けやき》や檜《ひのき》を使いまったくガタがない。一階は厚さ一五センチもの檜一枚板の大机がいくつも置かれ、カウンターがないのは、一人で主人相手にではなく、他人同士が一つ机で一緒に飲むのが良いという考えの現れだろう。四時半にはもう帰る人も大勢いる。五時を回ると奥の入れ込み座敷、二階もどんどん人を吸い込み満員となる。最近は女性もたいへん増えたそうだ。大机には一人沈黙を守る無念無想の紳士から顔なじみ同士まで、それぞれがそれぞれの流儀で酒を楽しんでいる。自分の好みの肴を自分で運び、誰に気兼ねすることもなく、しかし同じ机を囲んで飲むのは居酒屋の理想の姿だ。

大甚は昨年創業一〇〇年を迎え一世紀を過ぎた。酒、肴、居心地、歴史、そのすべてにおいて日本の居酒屋の頂点だ。『日本百名山』の頂点が富士山ならば、大甚は居酒屋の富士山と言えよう。

壁上に飾られた、昭和二五年に亡《な》くなった山田ミツさんの古い白黒写真が店を見下ろしている。あまり旅行などしたことはなかったが、亡くなる三年前、孫のように可愛がっていた小学生の弘さんを連れ日光、箱根に旅行したのが弘さんのよい思い出だそうだ。弘さんもときどき顔を上げて写真を見ていることだろう。

〈2008.4〉

63　能登《のと》

琵琶《びわ》湖東岸の長浜をよく訪ねるようになった。市内の黒壁スクエアを中心にした北部は観光地として整備され、大通寺の巨大な山門に至る参道もいろんな店がにぎわい楽しい。

しかし長浜の本当の良さは、昔から変わらない南部の町並みにある。北国街道をはさんで千本格子《ごうし》の古い家並が続き、家裏を流れる疎水《そすい》に各家から石段が下がる。船板を焼いて壁にした屋敷長塀、醬油屋、菓子屋などの古い看板は見飽きず、長浜の朝はいつもこのあたりの散歩が楽しみだ。

そこにある割烹「能登」は、北陸の料亭「能登」で修業した先代が名をもらい昭和四七年に開店。三〇年ほど続いて一旦《いったん》閉めたが、客の強い要望で一年半後に先代弟子だった今の主人により再開された。そのとき玄関先に設けた六席の小カウンターが私の気に入り席だ。

「ようこそいらっしゃいませ」

主人・国友重一さんの奥さんは長襦袢《ながじゅばん》風のピンクの略着物が色っぽく、いつもどぎまぎする。湖北料理は冬は鴨《かも》、夏は鮎と鰻《うなぎ》。琵琶湖の天然鰻は今年は豊漁で形も大きく、お通し「うざく」の鰻も大きい。

鮎食いの私はまずは塩焼きだ。注文が入ると坪庭の生《い》け簀《す》に放ったのをタモ網で掬《すく》うが、若鮎の活力はすごいもので、三〇センチほどの深さのバケツに入れてもぴんぴん跳ねて外に飛び出す。串打ちして焼き上がった三尾は小型なりに身をくねらせ、頭からがぶりとやると脂はまだ浅く、気品ある苦味が鮮烈だ。より小さい体長六センチほどの稚鮎の天ぷらがまたおいしく、小鮎といえども香味、苦味をもってまさに「栴《せん》檀《だん》は双葉《ふたば》より芳《かんば》し」。すすめられた「小鮎山椒煮《さんしょうに》」は酒の友によい。

カウンターから眺める店内が立派だ。広くとった石畳にゆったりと小上がり座敷を設《もう》け、艶のある大きな座卓を置く。見通しのよい小上がりで庭を前に飲む酒はさぞ気分よいにちがいない。見せていただいた奥の部屋も風格がある。

太閤秀吉《たいこうひでよし》が初めて一国一城の大名となった長浜城は出世城といわれ、楽市楽座、町屋敷年貢《ねんぐ》免除の朱印状で商業が発展した。明治以降もはやくから鉄道が敷かれ自由都市の活力が続く。今も町には経済を発展させ生活を楽しむ風があり、割烹能登もそれで続いているのだろう。

琵琶湖はイサザ、本モロコ、ニゴロブナなどの固有種をもつ。昔大津で食べた本モロコの塩を振らぬ素焼きは、製塩技術以前の古代の味とはこれかと思った。ニゴロブナを使うのがご存知、鮒寿司《ふなずし》だ。発生は奈良時代以前にさかのぼり、滋賀の神社には神前に供える習わしが多い。この店の「自家製天然鮒寿司」は昨年五月に仕込み、一一月に樽開けしたもの。程よい醱酵《はっこう》は酸味が過ぎず、銀肌に抱いた朱鷺色《ときいろ》の卵が美しく、たいへんおいしい。

国友さんは漁師が琵琶湖から揚げた魚はすべて引き取るが、小さい鰻は「太って、またおいで」とそっと湖に返すそうだ。「こんなものも獲《と》れます」と持ってきたバケツには甲羅三〇センチの巨大な天然スッポンが首をぬうっと伸ばす。鰻の仕掛けに時々ひっかかるそうで「一五年ものでしょう、これまでつかまらなかったのがむしろ不思議」と言う。

地酒「琵琶の長寿」がうまい。松の司《つかさ》、喜楽長《きらくちょう》、浪乃音《なみのおと》、七本鎗《しちほんやり》など滋賀の酒は最近評判だ。ゆったりしたこの店は大人のひとり旅、夫婦旅に最適だ。明日の朝も散歩をしよう。

〈2009.7〉

64　魚志楼《うおしろう》

江戸から明治にかけて北前船の交易港として栄えた福井県三国湊《みなと》は、県内最初のコンクリート建築の銀行や多くの豪商が並んだ。芝居小屋「三國《みくに》座」が立ち、格式高い遊廓《ゆうかく》も軒を連ねたが、明治末に北陸本線が開通すると船運は急速に衰退し、忘れられた地となった。その後大火にも地震にも遭わず、「帯の幅ほど」と言われた道もそのままに往時の栄華の余韻をひっそりと残している。

三国湊遊興の中心・滝谷出村地区の「魚志楼」は、千本格子の明治の建物で昭和二〇年代までは芸者置屋だった。二〇年ほど前から料理茶屋として白暖簾を下げ、夕方になると洋燈《ランタン》と呼びたい灯が、笏谷石《しゃくだにいし》の敷石を照らす。奥に長い玉砂利洗い出しの通路を抜けると、広い廊下から座敷に通じ、客が顔を合わせぬよう配置された座敷はそれぞれに庭を持ち、趣きを変える。私は座敷で飲んだこともあるが、京都、金沢の雅《みやび》とはまたちがう重い情念をたたえた空気のためか、あまり酔わなかった。

座敷は予約だが、廊下手前の六席ほどのカウンターは主人を相手に気軽に飲める。

「どうも久しぶりです」

「いや、どうも」

主人・松崎至孝さんはすっかり髪も薄くなった。私は一五年ほど前、出張で三国を訪れた時、三晩続けてここに座った。ここで知った料理「メギスの汐煎《しおい》り」は、キスに似る日本海の魚メギスを塩湯で煮てから煎りつけて水分を飛ばし、酢醬油で食べる。あっさりと癖のない味は食べやすい。アワビの粕漬《かすづ》けに添えた肝は懇意にしている福井の醬油屋から特別に分けてもらう醬油で漬けたもの。すばらしきは塩ウニだ。福井の塩ウニは名産と知られるが、これほどコクの深い塩ウニは知らない。冬はカニが主役。三国湊は番号タグつきの最高級の越前ガニの揚がるところだが、カウンターでは安いセイコガニを気軽に食べられる。

「三国は最近いかがですか」

「そうですね……滅びゆくものの美学というか、滅びをじっと見ている生き方もあると思うんですよ」

松崎さんは私とあまり変わらない歳《とし》だが、昔からどこか諦観《ていかん》の風情《ふぜい》をもち、世間話にも熟考して文学的に答えるのが私は好きだ。

「いらっしゃいませ」

料理がひと通り出て、着物に白割烹着《かっぽうぎ》の奥さんが挨拶《あいさつ》に来た。奥さんは対照的に陽気で「先生の本見て来てくださるお客さん多いんですよ、でもあまり若い女性はいませんね」「そりゃどうも」「あ、ごめんなさい、ハハハ」。雰囲気ががらりと変わり、至孝さんは苦笑いだ。

見せてもらった資料『出村　昔の花街』によると、三国には往時一六軒の置屋があり、魚四楼（当時）には七人、全域では六〇人余の芸妓《げいぎ》がいた。廊下に飾った古写真は、舞妓《まいこ》お披露目の記念、芸妓をはべらせ宴を張るお大尽、若い舞妓に囲まれて上気した面持ちの旧四高生だろうか制帽制服の学生たち。近くの東尋坊で海女《あま》を囲み、浴衣下駄《ゆかたげた》履きで撮った記念写真もある。

最近の三国の話題は何十年ぶりのニュー海女の登場とか。水産庁の肝いりで他業種から漁業に転じた人を全国から四人選び、漁業メッセンジャー「ザ・漁師，S（リョーシーズ）」と名付けた。紅一点の大井七世美さんは金沢大学から大手メーカーOLをへて、結婚を機にご主人とともに漁師に転身、サーフショップと海女を兼ねる。

「ナンちゃん（七世美さん）の功績は、海女が実際何をどうしているかを、初めて伝えたところにあると思うんですよ」

至孝さんが言うには、海女は林業と同じく海の掃除が主な仕事で、海も山と同じで放っておけば荒れる。畑に行くように海に手入れにゆき、時期の海草や魚貝を収穫する。それを知らしめたと。七〇歳以上と高齢化した海女さんたちの中で、ニュー海女さんは刺激になっているそうだ。

「海女も、滅びゆくばかりじゃないんだ」

「あ、そうですね」

板場の息子さんを呼び、挨拶させた。二七歳、京都で八年間の料理修業を終え、昨年三月に戻ってきたそうで頼もしい。

「立派な跡継ぎじゃない」

「もうぼくは滅び行く世代ですよ」

「またまた」

「あ、いけね」

笑って薄い頭に手をやった。

〈2009.7〉

65　赤垣屋

子供のころ修学旅行で行った程度の京都を、大人として、酒飲みとして知りたいと意気込みを持って訪ねたのは四九歳の時で、かなりいい年齢になっていた。それまで京都について何も知らず、もちろん居酒屋巡りなどしたことはなかった。

行ったのはじつは仕事にかこつけて。その年、雑誌に連載を始めた「ニッポン居酒屋放浪記」の取材だ。そして「赤垣屋」に入り、その感動がその回の原稿の大部分となった。以来京都に行くとは赤垣屋に入ることであり、泊まるホテルは店から歩いて帰れることが条件になった。その後京都は何度もゆき、いろんな居酒屋に入り、京都の居酒屋本でも書こうかと思っているくらいだが、それでも赤垣屋に顔を出さないことはない。

鴨川《かもがわ》に沿う川端通りの二条大橋たもとという立地がいい。夏などは早いうちに店を出ると外はまだ明るく、川風が頬をなぜ、町中とは開放感が違う。店の外観はモルタル壁に赤いネオンと安っぽいが、中は別世界だ。

〈上半分が障子の番所風引戸を入ると小さな玄関の間で、そのまま縦長に奥へ続きカウンターになる。その入口近くに席をとった。
　ゆったりした空間の大きな店だ。踏みしめられた三和土《たたき》は堅く、壁は割竹が貼《は》られベニヤらしき天井は黒く古びている。カウンターの下は網代《あじろ》貼りで足のせは台つきの丸太、カウンター前の浅い立上りは少し粋《いき》な塗仕上げ。天井から昔の実用品の電灯が下がり親子ソケットに裸電球がつく。正面上に酒蔵寄贈の大鏡が二枚並んでいる。一方は「名誉冠」、もう一方の「大黒娘」と「親孝行」は聞いたことのない酒だ。親孝行、か。民家の改造ではなくはじめから居酒屋のようで、相当に古くよく磨かれて光り、ひんやりした静謐感《せいひつかん》がある。――これは素晴しい店だ。〉
　以上はそのときの連載の丸写し（スミマセン。しかし何も変わっていないから不正確ではない。初めて入った感動が細かい観察になっている、と思ってください）。
　手抜きはさておき、その後知ったことは、赤垣屋という居酒屋は戦前のかかりいいい（初め）から別の場所にあり、現主人・伊藤博利さんの父はそこに酒を納めていたが、戦争が始まり「あんたこの店せえへんか」と言われ、昭和一八、九年ごろ引き継いだ。伊藤さんは中学校から帰ると妹と一緒に店を手伝わされ、「家内手工業」の一家総出でやっていた。戦後昭和二四年に、少なくとも一〇〇年はたっているこの家に店を移した。二五、六歳くらいからは本格的に父と働き、昭和六四年に父は亡くなられた。

「へい、いらっしゃい」

私は空いていればカウンター角のおでん舟の前、見上げれば鏡に顔が映る席だ。十数年前最初に座った席が定位置になった。

「お燗《かん》」

「へい」

あとはじーっと燗さばきを見る。後ろの四斗樽《しとだる》の木栓をひねって片口にとり、ステンレスの細身ちろりに注ぎ、おでん舟脇《わき》の燗付湯《かんつけゆ》で温め、頃合いを見て（左手中指がじーっとちろりの肌に触れている）上げて徳利に移し、その徳利をもう一度燗付湯に入れてわずかに温め、ようやく燗がつく。

最初の一杯だけは酌をしてくれる。それが独特で、こちらの上げた盃《さかずき》に徳利の腹をカチリと当て、そのまま盃に添わせてすべり下ろし、徳利の首で止めて傾けて注ぎ、すっと離す。こうすると一滴もこぼれないそうだ。これが樹藤《きとう》流お燗番。樹藤さんは多くを語らないが横須賀《よこすか》の出身。主人・伊藤さんの料理と樹藤さんのお燗が店の両輪だ。

突き板に書かれた品書きは京都らしいものばかり。ひとつお薦めするなら「きずし」。関東の〆鯖《しめさば》だが、きれいに〆て二杯酢をかけて出す関西の居酒屋の代表的な肴《さかな》だ。注文があると切り分ける。「僕らの仕事はいつでもその都度です、でなければ僕らのやっている意味がない、注文きいてから作るのが基本です」と伊藤さんが言う。

伊藤さんとは勘定の時すこし話し、飲みながら話すのはいつもお燗番の樹藤さんだ。昔は座ると「お、いらっしゃい」と驚いてくれたが、もう慣れたのか、いつ来たとも何しに来たとも聞かない。最近はたいした話もなくただ飲んでいる。出る時は「まいど」で終わりだ。

しかし！　それがいい。京都になじみの居酒屋があり、地元の客と同じに飲む。これこそ望んでいたもので、ここがその場所だ。カウンターもいいが、後ろの極小の一畳小上がりで小さな二月堂机を前にあぐらで飲むのもいい。奥には石畳に、今なら紅《あか》い八重椿《つばき》が美しい京都らしい坪庭の古い座敷が二つあり、ここで大勢で飲むのも格別だ。あれもしたい、これもしてみたいも私は全部やった。大学で教えていた時のゼミ学生OBを、卒業後修学旅行と称してここに集め、飲んだこともあった。

赤垣屋は大学の先生好みだろうと思ったがやはりそうらしく、カウンターでぼんやり聞いているとノーベル賞の話だったりする。学問の町京都は、教授や学生が居酒屋で闊達《かったつ》に語って飲む風があると聞き、うらやましく思っていた。東京あたりでは文科省の役人でも呼んで研究費でもせびってるんだろうと悪態をついてみたくなる。まあ、遅い京都デビューでしたけど、楽しんでおります。

〈2009.1〉

66　ますだ

京都先斗町《ぽんと》小路《こうじ》の中ほど、一五番ろーじ（路地）の入り口に黒柱、紅殻《べんがら》壁の「ますだ」がある。小さな引戸を開け、仕切り壁を右に回ると明るい店内だ。洗い出し床の黒豆石は平たくすり減り、網代《あじろ》と葭簀《よしず》に丸竹押し縁の天井は飴色《あめいろ》の艶《つや》が年季をみせる。天井に挟んだ長刀鉾《なぎなたぼこ》が京都らしい。

八人ほどで囲むカウンターにはおばんざい大鉢がいくつも並び、好みを注文する。私はだいたい「きずし」「おから」「ニシン茄子煮《なすに》」あたり。関東で言う「ぬた」、こちらでは「てっぱい」の分葱《わけぎ》とイカの酢味噌和《すみそあ》えもいい。酒は広島賀茂鶴の樽酒だ。四斗樽の木栓をひねって手桶《ておけ》にとり、大徳利に注ぎ替えてコルク栓を嵌《は》め、氷入りの空き樽に入れておく。樽の丸蓋《まるぶた》は蝶番《ちょうつがい》で開くように工夫された木樽の氷冷蔵庫だ。燗酒は年代物の錫《すず》か、新品のアカ（銅）のチロリで燗して二合徳利で出る。

主人の太田晴章さんと奥さんがカウンターに立つ。

「どうも」

「ようおこしやす」

「ますだ」に初めて来たのは二〇年より前で、その時は京都で知られた店くらいの気持で入ったが、数年前から再びぽつぽつ来るようになった。認識が変わったのは、昭和五六年に亡《な》くなった創業者・益田好《たか》さんの葬儀が葬儀委員長・奈良本辰也《ならもとたつや》、副委員長・司馬遼太郎《りょうたろう》により清水寺で行われたと知ってからだ。

益田好さん（おたかさん＝つねにこう呼ばれた）は伏見のせんべい屋に生まれ、九人きょうだいだった。昭和二年、祇園《ぎおん》乙部のお茶屋「益田」に奉公に入り、昭和二〇年に養女となる。戦後「益田」は閉店し、おたかさんは南禅寺「瓢亭《ひょうてい》」に五年ほど仲居奉公。昭和二七年、新聞の売家広告を見て先斗町に家を買い、養家両親をひきとり、店名を「ますだ」にして開店した。（国分綾子・西山治朗著『京の女将《おかみ》たち』昭和五五年／柴田《しばた》書店より）

おばんざいの気楽な居酒屋ながら、おたかさんの豪放気さくな気っ風からしだいに良客がつき、京都の学者、作家、芸術家、文化人、映画人、芸能人、出版ジャーナリストらのたまり場となっていった。

やがて京都を訪ねた著名人を、地元京都人が連れてゆく店となり、大仏次郎《おさらぎじろう》など来京すると必ず寄る常連もでき、谷崎潤一郎未亡人・松子は「いまや京都だけの店ではない」と言った。

現当主の晴章さんはまだ子供だった当時を振り返る。常連はいつしか「端で見ていても怖いように白熱した大議論になり」、そうなると、おたかさんが客の背をどしんと叩《たた》いてかんらかんらと笑う名物の背中叩きが出る。

「まあ、そう力まんときと、どしんと叩くんですよ」

頭を冷やしなはれ、ということだろうが、その「どしん」は半端《はんぱ》な強さではなかったそうだ。いつしかおたかさんに背中を叩かれれば一流の客と言われるようになった。

晴章さんは井伏鱒二《ますじ》から頭を撫《な》でられたことがあるそうだが、なんだか怖くて身を引いたとか。名を聞いた外人客はフランスの哲学者サルトルと伴侶《はんりょ》ボーヴォワールで、サルトル全集の翻訳者・白井浩司《こうじ》に連れられて来ていたのだ。

開店から二九年後、おたかさんは六六歳で亡くなる。清水寺の早朝六時、本堂、お滝、奥の院を回る朝詣《まい》りを三〇年間一日も欠かさなかったおたかさんの篤《あつ》い信心から、葬儀は清水寺で大西良慶貫主のもと、奈良本・司馬らにより行われた。

没後に編まれた追悼文集の巻頭弔辞は奈良本が書き〈頼山陽の山紫水明処にも匹敵

するほどの文化的サロン……京都ますだは一つの芸術品〉と謳《うた》い上げ、〈古き都に来てみれば浅茅《あさじ》が原となりにけり　月の光は隈《くま》なくして秋風のみ身にしむ〉と嘆く。続いて、ドナルド・キーン、司馬遼太郎、金子信雄《のぶお》、荻昌弘《おぎまさひろ》、荒木道子、桂《かつら》米朝、佐々木久子、八尋不二《やひろふじ》、篠田正浩《しのだまさひろ》、山川静夫、谷崎松子、依田義賢《よだよしかた》らが文を寄せ、〈お礼の言葉　太田晴章（ますだ当主）〉で終わる。文集は一〇〇〇部つくられ、「なにごとも凝る先生ばかりで、装丁は故人の浴衣をほぐした布を貼ったんです」と晴章さんがその本を見せてくれた。

昭和五八年二月の末、元毎日新聞副社長・藤平信秀の退任の集いにここへ多勢が集まったとき、司馬はやおら筆をとり、座敷の隅にあった真っ白な二双大屏風《びょうぶ》に即興文を墨書した。

〈瀬戸内の奈良本丸の光るなる八尋の海の秋乃《の》永きや依田の山添下村荒ぶる秋の北風森谷に満つる猛《たけ》き武夫思い遥《はる》かな夏の藤波　遼〉

瀬戸内寂聴、梅原猛《たけし》らその夜の出席者の名を織り込み、太筆で一気に書き上げた雄渾《ゆうこん》な書は、酒が入っているだけに迫力がある。末尾の署名「遼」はスペースがなくぎりぎりだ。晴章さんはこの場面を見ていた。

店には〈思いでに肩叩かれしことあらん　きみよ汲《く》め汲めたか女しのびて　辰也〉

の奈良本の小額、〈桃唇向陽開　遼〉の司馬の大額、〈大白　心平〉小額は草野心平、「昨日新しいのに替えました」という油絵は秋野不矩《ふく》。酔筆とおぼしき〈おとっくり二本　もんげん十じ〉は巨匠・溝口健二監督の片腕だった脚本家・依田義賢によるもので、背景の徳利と時計の絵は醬油《しょうゆ》で描いたそうだ。

畳一畳ほどの小上がりの半分を三〇体ほどの大狸《おおだぬき》小狸が占領する。この家を買ったとき置いてあった狸を捨て難く残していると、桂米朝が乳房ゆたかな雌狸に赤いお腰をつけ「お嫁さん」と持ってきた。その後「子供」が増え、いつのまにか大家族になった。昭和五三年春の先斗町の火事で、ここだけ類焼を免れたのはお狸さんのおかげだと思い、その年に家を建て直し、一五番ろーじに狸を祀《まつ》ることにした。それを聞いた常連は奉加帳を回し、米朝、司馬ら七〇人あまりの寄進で祠《ほこら》が作られ、依田義賢が「十五大明神《そごだいみょうじん》」と名付けた。見せていただいた巻紙の大奉加帳にはお歴々の名が「金〇〇円　何乃何兵衛」と直筆で連なり、酔筆まじりもあって楽しい。見てゆく中に私の旧知の友人もいて、そこを写真にとり、後日渡すと目を細めて懐《なつ》かしんだ。

「こんなものがあります」と晴章さんが雑誌「毎日グラフ」昭和三八年一一月三日号を見せた。見出し「狸祭りで酔いまショー」として「人間稼業《かぎょう》をやめて、いっそ狸にでもなったらどんなものだろうと、イキな連中が秋晴れの一日、京都で狸祭りをやらかした」と続く。集まったのは「ますだ」常連。神官姿の狂言師・茂山七五三《しげやましめ》が狸一族に祝詞《のりと》を奉納、司馬、大岡昇平、井上清（京大教授）、内田吐夢《とむ》（映画監督）の四人が鏡割りの木づちを握る。この日おたかさんはハワイのフラダンスの格好で登場し、満場の喝采《かっさい》を浴びた。記念写真には私でも知る数々の著名人がいる。

私はぼろぼろになった雑誌をお返しして、ゆっくりと一杯を口に含んだ。盃はざるに盛られた中から選んだものだ。この盃で司馬遼太郎が酒を飲んだかもしれない。常連の預かり盃は山のようにあり、棚にしまってあるが「こわくて」手がつけられないそうだ。脚本家・八尋不二著『京の酒』（昭和四六年／駸々堂《しんしんどう》出版）に載るおたかさんの写真は浴衣《ゆかた》にたすきがけ。酒を注ぐ笑顔はいかにも人好きされるのがよくわかる。

京都は大学教授や文化人が居酒屋で気楽に交遊し、学生も遠慮なく同じ店に入る。「ますだ」も大学の先生は多く、最初は恩師に連れられて来て、後年こんどは自分が学生を連れてくる。私はそういう市民性に憧《あこが》れがあった。

その最も華麗な客筋がこの小さなカウンターだろう。映画好きの私には依田義賢、八尋不二、内田吐夢、篠田正浩などの映画人が各界の文化人と交流している様子がうれしい。そういう店でありながら全く嵩高《かさだか》な様子はなく、身なり質素な職人夫婦とおぼしきが、小上がりの小さな卓をはさんで静かに酒を飲み、妻の話に耳を傾ける様子を私は好ましく見た。

おたかさんは、店をやる女は男が見えてはいけないと生涯独身をつらぬき、甥《おい》の晴章さんが、大学卒業後やはり「瓢亭」で修業して店を継いだ。ひきしまった晴章さんの表情を奥さんが陽気にもりあげ、二本目をお酌してくれる。

「京都はあついでっしゃろ」

「そこがいいんですよ」

私も「ますだ」に入るために京都に来る人になった。

〈2009.7〉

67　祇園　きたざと

京都祇園。朱壁の一力茶屋からの花見小路。並ぶ木造町家は祇園祭の長刀鉾《なぎなたぼこ》を魔除《まよ》けに飾り、二階は簾《すだれ》をさげる。国際観光都市京都の看板ともいえる通りは外人観光客もふくめ、歩く人のため息がもれ、どこかに入ってみたいが敷居が高そうだ。

それは表、一本西に並行する西花見小路はなお良い。道幅も狭く、人も少なく、向こうから舞妓《まいこ》さんが歩いてくるとすれ違うまでどきどきする（実際、経験しました）。

夕刻、季節の野花を置いた石畳の打ち水に、置行灯《おきあんどん》が照り映える瀟洒《しょうしゃ》な眺めはため息が出る。そこに通い慣れた一軒があるとなれば、どうです、うらやましいでしょう。「祇園 きたざと」はとても小さな玄関で履物を脱いで上がる。冬ならばここでオーバーを脱ぎ、ちょっと襟元を整える。

「こんちは」

「おこしやす」

奥の板の間座敷には座布団《ざぶとん》と卓。私は右の五席カウンターに腰を下ろし、主人・北《きた》里隆《ざと》俊さんと飲む。

「お酒、燗。……さあて」

「桜鯛《さくらだい》どうどす、造りか、カマ焼」

夏なら、

「鱧《はも》どすな、今から時季ですわ」

「おお、それそれ」

どうです、いいでしょう。

北里さんは料理修業後独立すると、ドライブで行くような比叡《ひえい》山の峠で料理屋「北さん」を始めた。不便な場所なのにわざわざ行く価値があると通人の評判を呼び、私も出かけ、こんな猿の声のするような（狸は出ますと言って飼っていた）山奥に名店がと驚いた。それが二八年を経て祇園の真ん中に新開店したと聞き、これはうれしいが私でも入れる店かと心配した。しかし料理も何も変わらず、ただし店はたいへん洗練され、そのうえ美人の娘さんまで店に立つようになったのである。

「祇園に来て何年になります？」

「四月で七年めに入ります」

はやいものだ。私は何回来たかな。

「おこしやす」

三つ指の挨拶《あいさつ》は奥さん。地味にすこし華やかさを入れた着物の着付けはさすがに寸分の隙《すき》もない。

「あ、どうも。……お嬢さんは？」

「ええ、ちょっと」

残念。「稽古《けいこ》かなんかでしょ」と北里さんが言う。お嬢さんの名は、お母さん綾子《あやこ》の一字をいただき、綾左《あやさ》。五画の字をさがして「左」をつけたそうでとても素敵だ。稽古とは花柳流京舞で「（片岡）仁左衛門《にざえもん》さん」の姉の「寿々《すず》の会」に入門し「寿々綾左」の名を取り、その後お母さんも入門し「寿々北」となったが、入門順で娘が姉弟子というのがおもしろい。今は大阪・国立文楽劇場三年一度の発表会に向けての稽古に身が入るとき。私は声を小さくした。

「おカネ、かかるでしょう、着物とか」

「ええ、まあ……」

苦笑されたが俗人の質問はこんなものだ。目下ビデオ撮影の練習中。「寿々の会発表会」は今度の第一〇回が最後とか、さぞかし華やかなことだろう。

「桜鯛カマ焼どす」

ピシッと立ったヒレ、赤茶の焦《こ》げと白銀網目模様の対比美しく、ふっくら盛り上がる身に箸《はし》を入れると、ふわりと湯気が立ちあがる。

「こんど来たとき、ビデオ見せてください」

「どうぞおこしやす」

京都の酒の最大の魅力は、「今、京都で酒を飲んでいる」という華やぎだ。それをもっとも感じられる店。

〈2009.1〉

68　めなみ

木屋町三条小橋、高瀬川を前にした「めなみ」は創業昭和一四年。今の若おかみの祖母・川口なみさんが、女なので「めなみ」と名のって始めた。今の若おかみは三代目、着物に長い白割烹着《かっぽうぎ》がまぶしいうりざね顔の美人だ。私は二〇年以上前、出張のときふらりと入り、白木カウンターに白衣白帽の料理人たちが黙々と働き、おかみが迎えるいかにも京都らしい小割烹によろこび、寄るようになった。昨年改装してさらに明るく洗練され、カウンター割烹の堅苦しさはないが、客同士が顔を合わせない京都らしい配慮があり、小上がりも一度座ってみたい。居心地はますます良くなった。

「口がうまいおすなぁ」

改装をほめると笑って、軽くあしらわれる。何十年常連の建築士の設計で、おかみの注文はただひとつ「めなみ、らしう願います」だけだったという。「ご自分の好みにされたんとちがいますか」と笑うけれど案外そうかもしれないぞ。

今日夕方、前を通ると開店前の外で一服していた若い白衣料理人と目が合ってぺこりと頭を下げられ、あれ知ってるんだと思い、これは後で顔を出さないわけにゆかないと来た。
「はあ、きいとりますぅ」
おかみは軽く受け流す。いいなあ、この軽い返事。関東のように「お待ちしてまし
た！」などと決して騒がない。
カウンターには大鉢にいろんなおばんざいが並ぶ。今はよく見るこのしつらえを最
初に始めたのがここだそうだ。夕方外にいた若い彼は一転、厳しい顔つきで私を見も
しない。
「菜の花辛子《からし》和《あ》え、それときずし」
「はい」
落ち着いた返事も一言だ。白衣の若い女性は焼物担当らしく修業の緊張感がただよ
う。菜の花辛子和えは織部皿に緑が映える。朱塗り椀《わん》の「小芋の白みそ煮」は小芋だ
けなのにとてもおいしい。
ここは京都在住らしき外国人がよく居る。いつかの私の隣はイギリス人らしき白髪
婦人で、ひとり慎重に品書きから選び、小さな盃《さかずき》で手酌してお酒を飲んでいた。
「そうどすなぁ。京都は大学が多いさかい、外人さんはようきやはります。お燗《かん》はぬ

るめと、けっこううるさいおすぇ」

去年の暮れ、京都に住んで英文京都ガイドを発行しているアメリカ人からインタビューを受けたとき、京都のおすすめ居酒屋にここをあげると、「ああ、あそこは京都ガイジンのたまり場です」と笑った。

私の隣にひとつ空けて品のよい（日本の）婦人が座られた。

「お酒と……のどぐろ一夜干し、葱《ねぎ》のてっぱい、まずそれで」

「はい、かとうさん、てっぱい、のどぐろ」

用意された盃は小さく華やかな九谷焼。専用かもしれない。器好きの祖父と父の蒐集品《しゅうしゅう》というカウンターの大鉢は見事なものばかり。器のギャラリーも持ち、店使いの趣味の良い食器も楽しみで、ながく続いている豊かさを感じる。

「戦争中は、酒がなかったり苦労されたでしょうね」

「いやぁ、京都は空襲もおへんし、なにかよその国のことのようおしたそうどす」

そうなのか。戦争中も日常が続いていたことの貴さ、やはり千年の都だ。

私の座るカウンター席の表通り側の端は、若おかみが「これは気に入りました」と言う小窓が切られ、高瀬川が見える。

「春の桜はきれいおす」

若おかみは山本桜子さん。ふたつの桜を見て一杯もいいな。〈2009.1〉

69 神馬《しんめ》

京都で古い店は当たり前だが、居酒屋はどうだろう。

千本の「神馬」は昭和九年の創業、いまの店は昭和一二年からだ。通りに面した蔵造りは上の白土壁に「銘酒 神馬」と鏝《こて》文字が浮き彫りされ、下半分は板壁だ。玄関周りは袖垣《そでがき》や飾り窓の古風な細工に、短い縄のれん、京都おなじみの丸い赤提灯《あかちょうちん》が下がる。建物は一〇〇年を越えており、大正天皇即位御大典のとき表の道を広げるため曳《ひ》き家して退《さ》げたそうだ。

入ると古めかしい店内に圧倒される。手前は大きなコの字カウンターが回り、奥の一本机は大勢で飲むのに良さそう。昭和三六年、それまで住居にしていた奥を店に変えるとき、座敷として座っていた場所を下足で踏むのはよくないと、小さな泉地にして太鼓橋をかけ、手前と奥をつなぐ橋懸かりの粋《いき》な趣向になった。奥の長大なカウン

ター机は当時で三〇万円以上した銘木。古めかしいといっても隣は上七軒。どこか花街の粋な艶《つや》がある。

「こんちは」

「せんせ、よう来てくれはりました」

主人は酒谷《さかたに》芳男という結構な姓名だが酒は不調法でと笑ったことがある。明治三三年生まれの創業先代・禎一《ていいち》さんの二代目で七〇歳。姉の紀代子さんと元気に店に立ち、台所は次男・直孝さん夫婦が支える。数年前、京都の料亭でながい修業を終えた直孝さんが店に戻ると料理は飛躍的に充実し、結婚するとたちまち子に恵まれて、しかも双子。「もう、働くしかないですわ」と苦笑していた彼の顔を忘れない。直孝さんが戻る前のころ主人は病気をされていて台所も思うままにならず、顔を出すと「おでんくらいしかでけしまへんが」と肩を落としていただけに、そのときの直孝さんの笑顔は冬が過ぎた春のような明るさに感じられた。今日のお通し、海老《えび》・鳥貝・大浅蜊《あさり》・わらび・浅葱《あさつき》の白みそてっぱい（ぬた）は色あざやかに早春を表現している。

カウンターの中のアカ（銅）の大きなおでん舟は、上に檜皮《ひわだ》の庇《ひさし》がかぶる。鯨《くじら》コロでとった出汁《だし》はコクがあっておいしい。コロは〃万円もする高級品となったが「これ入れんとうちのおでんにならしまへん」と意地で使っている。真っ黒になった招き猫、恵比寿《えびす》と大黒の笑う額、戦前の倉庫から出てきた「婦里袖《ふりそで》」なる京都の酒の古い美人画ポスターがいい。太鼓橋の手作り絵提灯は、絵手紙が得意な四国にいる弟さんの作という。玄関脇《わき》帳場の古い木製レジスターは単位が円なので戦後のものだろうが（戦前は銭だった）、四桁《けた》までしかなく九、九九九円が最高値で今は使えないそうだ。

ここの酒は珍しく七銘柄ほどのブレンドだ。先代が伏見の酒はどうもうまくないと始めると好評で、続いた。大きな甕《かめ》に入れて布巾《ふきん》をかけ木蓋《きぶた》を置き、竹柄杓《たけひしゃく》で徳利《とくり》に汲《く》んで燗《かん》する。銅壺《どうこ》燗付器は一二穴の堂々たるものだが、店の最盛期は一日八斗（！）の酒が出て、一穴として空くときがなかったそうだ。

最盛期を支えたのは九六歳で亡《な》くなられるまで店に立っていた母のとみさんだ。分け隔てない気っ風は警察にも顔役にも一目も二目も置かれた。あるとき奥に新任警察署長が来て、横柄《おうへい》なとりまき部下が伝えると「それがどうした」と言って、並み居る客の溜飲《りゅういん》をさげさせた。チンピラが舞台の切符か何かを売りつけに来ると、黙って一〇枚買い、「見にいかんからやるわ」とその場で返し、以降チンピラはおとなしく飲んで帰るようになった。ある酔漢《すいかん》が一本飲み終えてから「一合入っていない」と難癖をつけるので一本出し、「あんた、量ったんか」と言った。表をうろうろして中をのぞく金のなさそうな若い男を手招きして座らせ、大まけして飲ませてやったという。

父は凝り性で、いつも店を直し、酒は飲まないのに集めた酒器や馬を手作り棚に飾った。今もそのままだがガラス戸が開かなくなってしまい「永久保存」だそうだ。昭和三〇年ごろは、背丈よりもはるかに高い酒蔵の巨大な仕込み樽《だる》を玄関左右にはめ込み、当時の絵からその迫力がわかる。

戦後の千本は西陣の織屋や太秦《うずまさ》撮影所の客で賑《にぎ》わった。機織《きしょく》の織子《おりこ》は休みの一五日が来ると映画を見て何か食べ、土産を買って帰った。千本は庶民の町で、ちぢみのシャツにステテコ、腹巻、草履ばきで店に来る。商店も一〇時すぎまで開き、七軒もある映画館の最終上映がはねるとどっと飲みに来た。家に酒がない時代に酒はここで飲み、昭和三〇年ごろは酒二、三本、あて二品で二五〇円くらいだったそうだ。若い者はここで勢いをつけて近くの五番町遊廓《ゆうかく》に出陣した。水上勉の小説『五番町夕霧楼』はこの町の話だ。旦那《だんな》衆は早じまいで来て、上七軒に繰り出し、遊女をつれ出して飲みに来た。それは遊び自慢ではなく、かごの鳥の女に好きなものを食べさせ、世間を見せていたのだろうと言う。当時は映画全盛期、若かった主人のアルバイトは映画エキストラというのがいい。

「へえ、斬《き》られ役？」

「いや、通行人ですよ」

往時の京都の様子が生き生きと伝わってくる。祇園《ぎおん》ばかりが京都ではない。京都にも庶民生活があり、居酒屋で酒も飲む。常連には詩人T・S・エリオット研究の英文学者・深瀬基寛《もとひろ》、フランス文学者・伊吹武彦《いぶきたけひこ》、画家・山口華楊《かよう》。また特異な作風で近年注目され、溝口健二監督映画の時代考証をいくつもつとめた画家・甲斐庄楠音《かいのしょうただおと》は毎日のように来て、いま私の座るあたりに腰をおろしたそうだ。

「いらっしゃい」

手の空いた直孝さんがやってきた。双子さんは元気か尋ねると「もう幼稚園、その下もできちゃいました」と屈託ない。「何がいいかな？」「今日は甘鯛《あまだい》、対馬《つしま》の紅王《べにおう》（ブランド）です」。市場で良い魚は勝手に「神馬」とぺたっと紙をはりつけてあるので買わないわけにゆかないと笑う。

その甘鯛のすばらしさ。飲んでいるブレンド酒を言葉に置き換えようと「豊かな味」と思いついたが当たり前だった。七つの酒の味がここにあるのだから。それは、へんに特徴をもたないことの平明さと知り、人間にも当てはまるのかもしれないと思った。

〈2009.1〉

70　上かん屋

食い倒れの町大阪には、よい居酒屋はいくらでもありそうでいて、上方の味の実力と大人が通える格のある店は自分にはまだ数少ない。昨年知った「上かん屋」はその渇を十二分に満たしてくれた。

心斎橋筋東の小路《こうじ》奥。打ち水された石畳に白提灯が映える清潔な二階家の小さなカウンターに、私は一人で来て無心にいくつもの料理を頼み、酒を飲んだ。料理のひとつひとつは、みな奥深い厚みがある。とりわけ煮物。たこ旨煮《うまに》、いわし梅煮、まぐろと焼葱旨煮、なす煮、子持ち鮎《あゆ》煮浸し、とびあら水茄子煮、冬瓜鶏《とうがんとり》そぼろあんかけ、にしん海老芋煮、鱧《はも》の子、おから、などなど。どれも地味で料理名どおりのものが出てくるだけだが、味覚の奥底の深遠を照らすようで心をうたれ、求めていた浪花《なにわ》の味の神髄に出会ったと思った。

三〇年続く割烹「久佐久」の一階を居酒屋にした上かん屋は、三年前法善寺横丁に一軒、昨年ここができた。すぐ前で用意される二階割烹用の豪華な鱧造り大皿や松茸《まつたけ》鍋《なべ》に目を見張っても、居酒屋品書きのこちらは格安でありがたい。狭い調理場に親方、板前、見習いの三人が黙々と働く。核心の仕事は親方だが、親方といえども手が空くと洗い物や片づけ、器の用意、炭火の加減など下仕事に動くのに感心する。怖い頑固親方の緊張感ではなく、それぞれが自分の仕事に打ち込んでいる静かな充実した空気がいい。私は何度も通ううちに親方と話すようになった。

親方・竹内雅彦さんは五八歳。若くして料理修業を始めた三年後、師匠と呼べる人に出会った。料理人の世界はおおまかに包丁方と煮方に分かれ、包丁仕事は派手で見《み》栄《ば》えがする料理長型。煮方は地味な存在。師匠と見込んだ人は煮方出身でそのときすでに六〇歳。当時でも古くさいと感じる料理ばかり教えられたが、今はそれが宝になったと言う。

板場修業は、坊主《ぼうず》（追い回し）、八寸場（盛りつけ、野菜）、脇板（魚の助手）、脇鍋（煮方の助手）、焼場（焼もの）、向板（刺身を引く魚の責任者）、煮方（煮もの）、立板（料理長代理）、花板（料理長）と進む。一人前になるのに世間で一〇年と言うが、ひと通り経験しただけで、そこからが本当の出発。西洋料理は若くして天才はあるが、日本料理は若い天才はあり得ない。味付けは経験と年齢でできることで、テレビに立板二三歳、料理長二九歳なんてのが出ているが、できるわけがない。一万円以下の料理ならともかく、四、五万もするものをと笑う。

親方は二八歳で独立して「久佐久」を開店し、五〇歳を過ぎた数年前から居酒屋もやりたいと思いはじめた。

「割烹のコース献立は、料理人の自己満足じゃないかと思い始めたんですよ」

もちろん喜んでいただいていればこの上ないのだが、お客さんもその日の状態で食べたい品も避けたいものもある。いらない前菜を出して残されると申し訳ないと思う。しかし居酒屋は料理屋よりも難しく、割烹から居酒屋に転じた人は大抵失敗するのを知っていたので慎重に勉強して準備した。

それは私が思うに、割烹は鱧、松茸、フグなどある程度型の決まった高級季節料理を全員に出して腕を見せればよいが、酒中心の居酒屋は客それぞれの一品注文に、腕と個性を求められるからではないだろうか。初めての客には様子をさぐり、常連の好みは知っておく。

「居酒屋は客に寄っていかねばならない、その上での自己表現です」

そもそも大阪は喰い切り料理と言って、カウンターで食べたい品や薦める品を一品注文し、それを「喰い切る」。そこに通人と料理人の勝負もあり腕を磨いた。流れを総合的に楽しむコース料理の懐石は京都から広まったもので、一品勝負の大阪は違う。

それは居酒屋的だ。

親方の祖父は戦前ミナミで居酒屋「上かん屋」をやっていたと聞いて一膝《ひとひざ》のりだした。祖父は老舗《しにせ》のおでん「たこ梅」や「正弁丹吾亭」の主人と親交厚かったが「博打《ばくち》で失敗して」廃業。今里で持ち帰り天ぷらを始めると、味がよく繁盛《はんじょう》したそうだ。傾ける燗酒の錫《すず》チロリは重く、かなりよい値段のものだろう。

「錫チロリがいいですね」

「柔らこうなりますね」

しかし一番は循環式燗付器《かんづけき》という。「明治屋さんあたりはまだ使ってられるんじゃないですか。祖父も続けていたらあそこくらいの格にはなっていたでしょう」と笑う。薦められた「にしんと海老芋」は「どうも陰気くさい料理ばかり薦めちゃうんですよ」と苦笑するがすばらしい。身欠きニシンはカラカラ干しの上乾をもどすが、最近は戻さず使えるソフト身欠きが主流でいけませんと嘆く。古い料理という「いちじくゆずみそ田楽」は酸味甘味の爛熟《らんじゆく》した味わいに陶然となり、炭火でないと絶対にダメなのだそうだ。目の前で煮ている茄子《なす》に、くりかえしくりかえし煮汁をかけまわすのを見て「本来冷やして出すんですが」と言うのを、たまらずすぐに盛ってもらったこともあった。

今日の「小だこ柔らか煮」は、小豆と炊《た》く「小浦煮」と、あっさりした出汁《だし》で生タコを温め、後はながく浸して味を含ませた二種が盛られ、味も食感もちがう。煮物はでき上がると「直す」（しまっておく）ことで味をのせる。「いわし梅煮」は出すまで三日直す。ここが、今すぐ結果を見たい若い料理人にはできない。

「慌《あわ》てた料理をするからいけないんです。飾らず、慌てず、じっくりと」

創作料理などは興味ないんでしょう、と言うと「いえ」とぴしゃりと返事がもどった。世界的に有名なスペインのレストラン「エルブジ」の泡料理を作る道具エスプーマを取り寄せて試した。何日もかけて最高のコンソメを作ったが二リットルでン万円になり実用化できなかった。趣味はヨットで国際レースに幾度も参加。年長となった今も若手ヨットマンから「乗ってるだけでいいから」と国際レースに呼ばれるそうだ。休みの日は昼前から自転車で新世界にゆき、大衆酒場で一杯やるのが楽しみで「なんでもないあてが、結構いい仕事してんですわ」と屈託ない。

じっくり時間をかけて出る味の深みに感動したのは私の年齢かも知れないが、年齢を重ねたからわかる楽しさを知るのはうれしいことだ。「飾らず、慌てず、じっくりと」。親方は、ある程度基礎ができたからこそ試してみたいことが沢山あると言っていた。これもまたうれしい言葉だった。

〈2008.9〉

71 門

大阪の繁華街はキタとミナミに分かれ、キタは高級と言われるが、細い小路に居酒屋が密集するお初天神通りは庶民的だ。居酒屋「門」は、小さなドアを開けて細い急階段を上がる二階。

「らっしゃい！」

威勢よい返事は、荒っぽいだんじり祭で名高い岸和田出身の快男児マスター・村上和彦さん。毎年の祭は店を休みにしてかけつける。

「今年は何人死んだ？」

「いや、死人は出ませんよ」

怪我《けが》程度と落ちついているのがかえってリアルだ。

好物の地元泉州水茄子はそろそろ終わりと思ったが、今頃からが味のよい露地物だそうで即注文。すすめられた「ワタリガニの塩焼き」はだんじり祭の頃になると岸和田でよく食べ、菱形《ひしがた》甲羅の左右が二〇センチもある傑物を生きたまま豪快に手で裂き、炭火で焼くと真っ赤に変わる。熱々の蟹味噌《かにみそ》のむせるような香りにうっとりし、香ばしく焼けた柔らかな殻の脚にかぶりつき、口から破片を抜き出しながら、「うまい！　酒、酒！」と叫んだ。

近所で小料理スナックをやっていた村上さんは、門をやっていた叔父さんから店を渡されて一四年になった。しばらく前に私が来たとき近所の寄り合いでいなく、若い手伝いが太田さんが来たと電話してくれたが、行けないという返事だった。

「東京から来たぼくより大事な用だったんだ」

「そんな、勘弁してくださいよ」

「はははは」

平気でからかえるのがいい。その時電話してくれた若い彼は、勤めていたリーガロイヤルホテルで、そろそろ独立にむけて町場で修業したいと申し出ると、総料理長が「いい店がある」とここを紹介したそうだ。

隠れ家的な二階の実力居酒屋はマスコミ人に好まれ、壁は落書きで一杯だ。小さな店が密集する小路とあいまって、どこか新宿ゴールデン街に雰囲気が似る。品書きには「女乳」とある。

「女乳……メニュー？　なんじゃこのセンスは」

「すみません、岸和田じゃ普通で」
「わはははは、こら」
大阪ゴールデン街も捨てたものではない。

〈2008.8〉

72　明治屋

大阪阿倍野《あべの》。重厚な木造瓦屋根《かわらやね》二階家の「明治屋」は、明治の末に酒屋を始め、昭和一三年から居酒屋になった。居酒屋だけでも七〇年になる。屋根の「酒屋 明治屋」の雄大な右書き扁額《へんがく》は酒屋時代のものだ。丸い門灯、瓦の魔除《まよ》け鍾馗《しょうき》、茶の大暖簾《のれん》などは商都大阪らしい雰囲気をもつ。玄関を入った左は菊正宗《きくまさむね》の名入り大鏡で以前はここに手洗いがあった。昔の居酒屋は食品衛生法だろうか必ず手洗いを設けた。

右のカウンターと左の机は同じ高さと幅で、机としての幅は狭いが居酒屋は料理をたくさん並べる所ではなく、また対面が近くなるので小声で話せ、店の静けさを保つと初めて来た時知った。天井角には「常富大菩薩《だいぼさつ》」の小さな提灯《ちょうちん》の並ぶ祠《ほこら》が上り、扁額「群鶴藤天（鶴《つる》が天から藤の花のように降りてくる）」は創業時のもの。大時計はゼ

酒
明治屋

ンマイ式二一日巻きで健在だ。

カウンター内中央の杉白木・青竹タガ四斗樽《しとだる》を置く台の角は、長年寄りかかった主人の尻《しり》で丸く減っている。棚の紅白布団《ぶとん》に横たわるブロンズの牛は「商売は牛のよだれのように細く長く」と創業初代が置いた縁起物。脇《わき》にはつねに盛大に花を活《い》け、花名のメモを置く。顔がおかめのダルマのレリーフは四、五〇年前、出入りの京都の呉服屋がくれたもの。木箱に並べた極薄ガラスの徳利は今や数少なく、布を敷いて大切に扱われ、「酒の明治屋」と入る最初期のものは貴重品だ。右書き「ハクツル」の一升瓶贈答用木箱は上蓋《うわぶた》に東京・大阪・神戸・京城・大連・奉天と入る戦前のもので、銭函《ぜにばこ》に使われ続け黒光りする。

主役は銅製の循環式燗付器だ。四つある漏斗口《じょうご》に一合枡《ます》をひっくり返して酒を流し、ややおいて下の蛇口をひねると、湯の中を循環して燗された酒が出てくる。戦前からの二台を交互に大切に使っているが、ある時故障し、銘板の「特許登録即席温酒器　日本大阪賑橋　いな音銅器機作」を調べて電話すると、まだ会社はあって手入れができたそうだ。「日本」と入るのは戦前は大陸にも出していたと思われる。

こんなことを細々と書くのは、この店の詳細を記録に残したいためだ。

阿倍野筋通りに面した明治屋の裏は、今はサッカー場が二つ入りそうな広大な更地だ。昭和五一年からの再開発で高層タワーマンションは完成したが、商業地は計画を三〇年すぎて遅々として進まず荒涼としている。この風景は全国の明治屋ファンを心配させ、私も行くたびに主人に「どうなりそうですか」と尋ねたが、「まあ（本工事は）まだ先でしょう」と関心がなさそうだった。商業ビルができたら優先的にテナントに入れる話が来たが、ほうっているうちに立ち消えになったようだとも言った。私は主人はそろそろ引退したいのかなと思った。

明治屋三代目主人の松本光司さんは物静かな人で、接客は手伝いにまかせ自分は奥様と調理場にいて、忙しいと店に出た。私はカウンターにいた細面の方が主人かと思っていた。その方が辞められて二人入り、やはり松本さんは奥にいた。しかし時々出てきてつける松本さんのお燗《かん》はじつにすばらしく、常連は呼んで燗させた。

一五年前、新築の梅田スカイビル地下に戦前の商都大阪の賑《にぎ》わいを再現したレトロ飲食街「滝見小路」がオープンし、明治屋も大阪らしい老舗居酒屋として声をかけられ出店した。たまたまそのころ阿倍野に来た私は松本さんはそちらにいると聞き、行ってみると若い人で賑わい明治屋も満員だ。並べば座れそうだが中をのぞき、品書きは同じでもこれは違うと感じてやめ、松本さんに声をかけると困惑し、失敗したという顔だった。その後すぐに撤退したときいた。

私は阿倍野再開発にあたり明治屋はこのまま残すか、曳《ひ》き移動するのがよいと思う。いま飲食店は古民家移築が大流行だ。大高層ビルの谷間の土地の記憶を残す古い瓦屋根居酒屋は人々を引きつけるだろう。町が近代化するほど古い寺社が住人の心のより所になるのと同じだ。いつか酔って「古い居酒屋は神社である」とぶち上げたが、あながち的外れではないつもりだ。地霊を負う寺社を動かすことはできない。バチがあたる。居酒屋もまた地霊を負っている。私は相談されればこう答えよう、大阪市にも言うぞと独り相撲で考えていたが、松本さんはその話はしなかった。梅田スカイビルの経験からこの家この場所でなければ明治屋はあり得ないと考えていたのかもしれない。

今年二月一一日、明治屋は創業七〇周年の祝いの会を開き、再開発で微妙な情勢のときの周年祝いは価値を再認識させるのではないかと思っていたが二ヶ月後の四月、松本さんは急逝され、いよいよ店の行く末が案じられるようになった。二人のお子さんのうち兄は研究畑に進み、妹は店を手伝っていた。葬儀をすませしばらく休んだ後、とりあえず奥様と娘さんにより再開したと聞いた。六月に大阪に行ったおりにお悔やみにうかがうと奥様の成子さんは、松本さんが「太田さんに渡す」と残しておいた七〇周年祝の引出物を差し出して涙ぐんだ。その引出物「創業七〇周年　明治屋」と入る徳利《とくり》がブロンズの牛の横に花とともに置かれている。

明治屋は昼一時の開店で、昼は静謐《せいひつ》が大きな魅力だ。時折やってくる路面電車のガタゴト音が恰好《かっこう》の肴《さかな》になる。品書き黒板の独特の流麗な字は昔から奥様の仕事だ。きずし、じゃこ豆、皮くじら、鯛《たい》の子煮、だし巻など、大阪らしい艶冶《えんや》な味わいの三〇種ほどのあては皆すばらしい。今日は昔から手伝う女性・守田さんが遅れて来るそうで、カウンターは珍しく娘さんの栄子さん一人だ。父が亡《な》くなってから時折こうして立つようにしているという。

もの静かな栄子さんは父に似ている。いろんな酒が揃《そろ》う樽酒は昔から「松竹海老《しょうちくえび》」だ。大阪らしいやわらかな甘口は身も心もとろけさせたが、蔵が廃業になり、全部引き取った酒もすっかりなくなり、蔵元の奨めで奈良の「梅乃宿《うめのやど》」に変えた。祖父があつらえ、父が使い続けた循環式燗付器に栄子さんが手を伸ばし、私は注目した。ちろりから注いだ一合枡を漏斗口にひっくり返し、ややおいて蛇口をひねってガラス徳利にとり、差し出した。梅乃宿は松竹海老よりはきりりとしているが、この柔らかさは何十年使い続けている温燗器によるものだろう。

「おいしいです」

「ありがとうございます」

栄子さんは少しもじもじして続けた。

「燗付は難しいです。ただ入れて、流して、受ければよいというものではないです。その日の気温、天候、燗付器の熱さ、お客の様子、そのすべてを考えなければ、よいお燗にならないです」

私の目から涙があふれた。よくぞ言った。この人はお父さんを継いでゆける。

私は再開発に無関心な光司さんは意欲が薄いのかもしれないと思ったときがあったが、そうではないと悟った。世の中に慌てず、騒がず、自分は最後に動く。まだ数年は変わらないでしょうと言っていたのはその通りになっている。横たわる牛だ。動く時がくるまではじっとしている、それが大阪の商売だ。

七〇周年の徳利の脇の紅白布団に、光司さんが座っていた。


〈2008.9〉

73　ながほり

「ながほり」は長らく続いた大阪島之内から越し、今年六月、中央区上町に新装開店し、私はその一〇日後の今日訪ねて来た。着いた所は広大な大阪女学院キャンパス前の閑静な住宅地だ。細いマンションと牛乳販売店の間の黒の冠木門《かぶき》をくぐり、由緒《ゆいしょ》ありげな蹲《つくばい》と生垣にはさまれた石畳を進み白壁蔵造りの母家《おもや》玄関になる。がっちりした木組みの重い玄関戸を両手で開けると、三和土《たたき》の床から天井屋根まで高い吹き抜けで、天窓から梁《はり》の木組を透かして外光が差し込む。上の棚には祝樽が並び、下は超特大の甕《かめ》に開店祝花が盛大だ。振り返った奥は長大なカウンターが伸び、主人・中村重男《なかむらしげお》さんが白衣白帽でにっこりと立っていた。目が「どうです」と言っている。

「すごいじゃない！　まるで酒蔵だね」

「そうです、さすが太田さん」

新装開店の祝いよりもこの言葉が先に飛び出した。長いカウンターは前の店と同じスタイルだ。向こう奥は青苔《あおごけ》、黒竹に小さな石灯籠《いしどうろう》の坪庭、右の障子は座敷小間のようだ。玄関の武張った力強さに対しこちらは優しい感じがする。

「前は男庭、奥は女庭のつもりです」

気概をもって玄関を開け、酒が入ると女性の優しさに抱かれたい気持をこめた。玄関の敷石、蹲は神社からもらい、水琴窟《すいきんくつ》も仕込んであるというから凝っている。坪庭の踏石にそっと置いた黒塗り赤鼻緒の女下駄《げた》がいい。

「いいでしょう、いい女がいるみたいで」

気を利《き》かせた所を言われてうれしそうだ。新店は酒蔵をイメージし、各地の蔵を回って古材や造りの道具などを膨大に頂戴《ちようだい》してきた。凹凸のある壁板は幅も風合いも微妙に異なる。

「志ら菊、九平次、松の司《つかさ》、喜楽長、生駒《いこま》、雑賀《さいか》、奥播磨《おくはりま》の蔵で使っていた板です」

すらすらと名が出るのは幾度も通ったからだろう。

「よい店ができましたが、まだその『気』に圧倒されてますわ」

その言葉はよくわかった。カウンターに座り、新しい店らしくないしっとりと落ちついた空気と、背中から押されるような気配を感じたのは、それだった。蔵の板は削り直し、柿渋《かきしぶ》で仕上げてあっても長年の酒の気は存分に沁《し》みているのだろう。

「一級の蔵に、目の前で見張られているようですね」

「そう思うて毎日、恥じないよう気合入れてます」

大阪出身、当年五〇歳の中村さんは、一六歳で料理人の世界に入り三〇もの店を渡り歩いて修業を重ね、二七歳で島之内に居酒屋「ながほり」を開店した。地名をつけた簡単な店名は「名前なんてなんでもよい、やっていたら重くなる」の気持だった。

がんばっていずれは何軒も持とうと思っていたが、よい日本酒を扱い、その酒蔵を回って蔵人《くらびと》に接するうちに気持が変わり、自分を感動させる酒を造る人の想《おも》いを伝えたいと考えるようになった。「ぼくの背骨は日本酒です、ここに来たら日本酒を飲まなあかん、と思わせる店にしたかったんです」と言う。

日本酒に触発され、食材、調味料もまた同じと生産者や漁師を訪ね、眠っていた地野菜の復活に取り組んだ。夜おそくまで開いている店は次第によその若い料理人が仕事を終えて来るようになり、味にうるさい大阪で評判となり、超一流ホテルの料理長や全国のフレンチ、イタリアンの有名店シェフ、居酒屋主人も訪れ、料理の名声は今やとどろいている。私も二〇年近く前に入って以来、大阪に来て訪れないことはなく、初めは気の利いた酒の肴を出すくらいに思っていたが、来るたびにどんどん進化しているごとに驚き、今や前の小さな店ではスケールが納まらないと感じ始めていた。

料理は一言で言えば明快でダイナミック。ここぞというポイントはためらわずぐんぐん押し、酒もまたぐんぐん進ませる。例えば「うまい野菜山椒餡《さんしょうあん》かけ」は酒飲みにはあまり食指が動かないと思っていたが、トマト、胡瓜《きゅうり》、茄子《なす》、じゃが芋など地野菜六種の甘酢餡に盛大に粉山椒を振っただけのものが目が覚めるほどおいしく、結構な量を無我夢中で食べきってしまう。東京から幾人も連れてこれを奨《すす》めたが全員がそうだった。「生産者の想いを一つの皿にまとめられないかと思って」と言うが、この味の奥深さは素材だけの力ではない。料理を書き出したらこの稿は終わらない。

順風満帆に来た中村さんを突然の不幸が襲ったのは、平成一七年四月二五日、死者一〇七人を出したJR宝塚線の脱線事故だ。奥様はその列車で亡くなった。テレビニュースに中村さんが映っていると友人が電話をよこし、私はそれを知った。奥様は享年《きようねん》四〇歳、中村さんは四七歳、一五歳になる一人息子がいた。その前から中村さんの仕事を追いかけていた常連のNHKドキュメンタリーのプロデューサーは、事故で残された父子《おやこ》のその後を追う内容に変え、一年後に放映された。事故処理に不誠実なJRに悩まされながら、それまでは奥様に任せきりだった子育てに直面し、店も続けなければならなくなった。番組で黙然と仏前に頭《こうべ》を垂れる中村さんの背はいかに愛妻家であったかをうかがわせた。

息子さんは高校受験を控えた難しい時期。中村さんは早朝は仕入れ、昼は料理の準備、夕方五時に店を開け一二時に閉めて深夜に帰る生活だ。事故のすこし後、私は弔問の気持を持ってある土曜に店を訪ねると休みで、名刺にその意を書いてドアにはさんで帰った。数日後電話をいただき、少しでも子供と接する時間を増やすために土曜を休みにしたが、売り上げも減ったと苦しい心境をもらし、胸が痛んだ。

番組は息子さんが念願の一次志望高校に合格したところで終わっていた。今は三年生になり管理栄養士に目標を定めて勉強しているという。「失った嫁よりも、生きる子供に気を取られ、でもそれが嫁に報いることだと思った。子供がいなかったらこんなにがむしゃらになれなかった」という言葉が重い。事故処理は尾を引いているものの「頃はよし、新しい店で心機一転、再出発」の気が高まったのだろう。

「新開店、おめでとう」

「ありがとうございます」

祝いの盃《さかずき》を上げられる時が来たのが私も嬉《うれ》しい。

中村さんは高倉健のファンで、名刺に「師　高倉健」と刷り込んだほどだ。承知でわざと質問した。

「健さんのどこがいいの？」

「だってカッコいいじゃないですか！」

耐えに耐え、いざ立ち上がるときっぱりとやり抜く姿がたまらないと言う。友人とファングループを作り、会いたいと申し込むと東宝大阪支社の応接室で三〇分会ってくれたが何も言えず、その後も数度会っていただいたある時、帰られるのを一人で階段で追い、外の車に乗った所で追いつき、目と目を交わしたという。

「その後名刺はどうした？」

「それが、別の俳優さんが店に来たとき出せなくて、止《や》めました」

「あっははは、そりゃそうだ」

いつまでも話につかまえてはいけない。私は独酌に入った。

「〇〇君、水もってきて」。弟子も増えたが、中村さんは親方然と名を呼び捨てるような威張った物言いはしない。修業時代、先輩が何も教えてくれなかったのが口惜《くや》しくて、自分がその立場になったら惜しげなく何でも教えようと思っていた。新しい店を作るにあたり銀行にダメ元で思いきり大きな融資を申し出るとすぐＯＫになった。「そうなったら勝負、やる時はやる」。やる時はやり、これだけの店を作り、二階には従業員の休憩室、料理実習室も作った。また落語や舞台、クラシック音楽会などに通い、演者が人の気持をどう惹《ひ》きつけて行くかを学び、若手落語家の発表会も支援している。

中村さんは真っ直《す》ぐにこちらを見て、目は軽く微笑《ほほえ》みをたたえ、正面から答える。練達の武芸者は怖い顔で威嚇《いかく》したりせず、むしろ微笑で相手に対峙《たいじ》すると聞くがそれに似る。手は大きく腕も太い。ここに真っ直ぐに道を進んできた男がいる。もはや「師　高倉健」の名刺はいらない。中村さん、あなたこそ居酒屋の高倉健だ。男五〇歳の新しい出発に私は最高の気分だ。

「酒、もう一本！」

「はい、太田さん、酒一本！」

〈2008.6〉

74　船越酒店　渉《わたる》

四年前の夏、慣れない大阪天下茶屋《てんがちゃや》でさんざん道に迷い、商店街はずれの居酒屋「船越酒店　渉」にたどりついた。鰻《うなぎ》の寝床のようなカウンターの中で首タオル、Tシャツの若い料理人一人が満員の客から次々にとぶ注文にコマネズミのように働いている。北新地「喜川有尾」で修業したという料理の腕は確かで「鱧《はも》の子塩辛山芋添え」「海老の枝豆すり下ろし小鍋《こなべ》」など凝った料理に果敢に取り組み、お世辞にもきれいとは言えない店でこれだけのものを出すとは、さすが大阪と実感した。

その店が消えた噂《うわさ》を耳にしていたある日、居酒屋「佳酒真楽《かしゅしんらく》やまなか」で「渉さんは宗右衛門《そえもん》町でやっている」と聞きすぐさま行ってみると、天下茶屋と大違いのモダンなカウンター割烹《かっぽう》に変身していた。

「いい店になったね」

「ありがとうございます」

マスターも美人奥様も首タオルではなく、しゃれたスタンドカラー黒シャツだ。北新地で八年、天下茶屋で一〇年の苦労を経て、大阪ミナミ目抜き通りからちょっと引っ込んだ絶好の場所に念願の店をもった夫婦の嬉しさがみえる。

今日は新店二度目。お通しは「菊菜と貝割れの真砂和《まさご》え（鱧の子）」に「平目の昆布〆《こぶじめ》ときゅうりと長芋のみぞれ酢」。料理は変わらず凝ったものが並ぶ。「合鴨《あいがも》と松茸《まつたけ》の挟み焼」は互いに香りが移ってこうして焼く意味がある。添えた千日紅の花が美しく、素焼の皿は秋の野趣いっぱいだ。フルーツトマトの味噌《みそ》漬けは最初は「え？」と思ったが、味噌で水分が抜け甘味が増し、淡い味噌香が酒の肴になる。料理好きでつい仕事し過ぎ、最初は何のつもりだっけと思いだして苦笑するときがあるそうだ。船越渉・三九歳。ここまで来た自信が太い腕にあふれている。変わった店名は、自分は長男だが両親の酒屋「船越酒店」を継がなかったので、せめて名を継いだ。あごに髭《ひげ》をちょんと残した純真な目がいい。

酒は飛躍的に充実し名酒が並ぶ。燗酒《かんざけ》用の白磁徳利は肌艶《はだつや》が美しく、盃は盃台つきでどこか気品がある。絵柄は秋にちなんで柿だ。

「まさか柿右衛門《かきえもん》じゃないだろうね」

「柿右衛門です」

驚いて見た箱書きは「染錦《そめにしき》柿盃　酒器」、蓋裏《ふたうら》は「十二代酒井田柿右衛門」。当代・一四代柿右衛門は人間国宝だ。箱の詰め紙を広げると、何かの証文の反古紙《ほご》で大正七年と読める。六客の一客欠けで手に入ったというが、ン十万だろう。普段は使わないが特別ですと言われ、慎重に口に。

ツイー……。

酒は相当良いものだが完全に器に負けている。しかし酒器が酒をうまくさせているようでもある。

林間に紅葉を焚《た》いて酒を温む
　宗右衛門町に柿右衛門を干す
重ねる盃に秋ふかし

……狂歌お粗末。

〈2008.9〉

75　スタンドアサヒ

JR阪和《はんわ》線南田辺は大阪の人でも「用事ないと行かへんとこやなあ」と言う。さしたる特徴もないのだろう。しかし私には心はずむ巡礼の地だ。ここには居酒屋「スタンドアサヒ」がある。

開店即満員。一人の私は赤いカウンター席、左はテーブル席いくつか、奥には半仕切りの一角もあり店の雰囲気は食堂的だ。

「なんにしまひょ」

「生ビールと小鉢」

「はい小鉢一丁!」

このすかさず飛ぶ切れ味よい声が、にんまりとここに来た満足感を呼ぶ。客の殆《ほとん》どが注文する「小鉢」はかぼちゃ、いんげん、蕗《ふき》などの炊《た》き野菜に、好みでトコブシ煮、イタヤ貝煮などが入る。今日はハモの子煮だ。

その旨《うま》さ!「これはお値打ちやと思います」と声の主・久美子さんが言う通り、三五〇円の野菜炊き合わせの信じられない旨さは食べていただくより証明できない。目の前では鰻の長串《ながぐし》を焼いてはタレを流しかけ、また乾いては流しかけを繰返し、注文せずにはいられない。できたての鰻入り出汁《だし》巻「う巻」は濃いめの味が陶酔に導き、名物「きずしおからまぶし」は大阪の居酒屋に欠かせないきずし(〆鯖《しめさば》)に旨いおからをまぶした絶品だ。

久美子さんは包丁を握る主人・仲野俊三《なかのしゆんぞう》さん（七九歳）の娘さん。「ハーフ（ビールのハーフ＆ハーフ）一丁」「すぐできます、すぐできます」「はいこれウシジマさん」「お醬油《しょうゆ》行ってるー？」と手八丁口八丁の気配りで、客の注文は一言ももらさず板場に通して安心させ、「まだ？」の視線を感じるとすかさず「〇〇お待ちでっせー」と声を出しさらに安心させ、「ちょっと待って」はついぞ言わない。まさに獅子《しし》奮迅の活躍は漫画『じゃりン子チエ』もかくや。客の温かな笑いが絶えない。

ここに座るといつも隣客と話すようになるが大半は夫婦で、通って三〇年、四〇年は当たり前。「オマエ（奥さん）より長い」と言う旦那《だんな》さんも、「一人で来ると怒られるんですよ」とぼやき「ふふん」と鼻であしらわれる気の弱い亭主もいる。独り者、カップル、夫婦、男同士、女同士、子連れ家族、爺《じい》ちゃん婆《ばあ》ちゃんに孫も入る大家族まで、これほど食べて飲むことに健康的で、大阪下町らしい屈託ない活気にあふれた店はない。

スタンドアサヒは昭和一〇年にアサヒビール（当時大日本麦酒《ビール》）を定年退職した先代が開店し、近くにシャープ（当時早川金属工業研究所）の工場などもあり繁盛《はんじょう》した。見せていただいた古いアルバムがすばらしい。勲章を胸に内田百閒《ひやつけん》に似る明治人らしい先代は、下戸だが粋《いき》な大阪人で華道を教え、店は会社員の奥様（当時会社員の妻はエリート）におさまっていた妻くらさんにまかせたが、この方が伝説の傑物で、昼はお茶お花の稽古《けいこ》をつけ、夜は店を差配。朝日新聞に勤める兄の縁で客を作り、出入りの広告代理店・日本電報通信社（電通の前身）社員の富士登山につきあったり、また戦後、金を払わない進駐軍兵隊をどこまでも追いかけて払わせた武勇伝をもち、ビヤ樽《だる》に腰掛ける将校たちと着物でおさまった写真もある。

六人きょうだいの三人が女で、お茶会だろうか若い三姉妹の写真は花が咲いたように美しく、まさに『細雪《ささめゆき》』だ。自転車隊、オートバイ、サイドカー、双発飛行機、仕舞の発表会、お茶会、フルートをもつ若きハンサム、制服軍人と着物三姉妹、淡路島の海水浴など昭和初期の家族写真はどれも笑顔に満ち、当時の大阪の楽しげな日々が、ベルエポックの上流社会を撮ったJ・H・ラルティーグの写真のように続く。中でも細面、広い額が聡明《そうめい》な仲野くらさんのポートレートは輝くばかりに美しい。八九歳まで店に立ち、検査入院して五〇日後にそのまま世を去ったそうだ。

「お婆ちゃん死んだんは、私の一九のときでした」

孫の久美子さんも娘心にきれいな人だったと思い、縫ってくれた着物を大切にしているそうだ。久美子さんはデザイン事務所に勤めていたが、母が早世し父を手伝うことになった。カタギの私が何でと思ったのは祖母くらさんと同じかも知れないが、たちまち才覚を現わしたのも同じだ。今は父、兄の誠一さんと三人で店に立ち、久美子さんの名采配《さいはい》に任せて父子は料理に専念できているようだ。趣味は建築鑑賞。谷口吉生《よしお》の作品が好きで、山形酒田の土門拳《けん》記念館や丸亀《まるがめ》の猪熊《いのくま》弦一郎現代美術館、上野の国立博物館・法隆寺宝物館を見に行った。「だったら最近の仕事MoMA（ニューヨーク近代美術館）を見に行かないと」と水を向けると「夢のまた夢です」と笑う。

いつかここでテレビの大相撲中継を見ていたら、栃東《とちあずま》の一戦になると珍しく手を休めて胸に組み一心に見つめている。栃東勝利の安堵《あんど》のため息に、なぜファンかを尋ねると「イケメンでないところが好き」とすばらしい答をもらった。久美子さん、ボクは久美子さんが好きです！

「お父ちゃん、鮎《あゆ》まだかー」（やっとるやっとる）「愛情と勘定は別やでー」（きついわー）「今日は両手に花やんか」（そや）。ますますテンションは上がり一時も休む時はない。「狭くてすんまへん、その分接待したる」（久美ちゃん、ええホステスぶりやな）「違う！　あては司令塔や」。そう！　その通りだ。

壁の「創業五〇年感謝状」は昭和六〇年・アサヒビール社長からだ。背広を着たお父さんとの錦繡《きんしゅう》の写真は奈良旅行あたりかと思ったら、アサヒビール吹田《すいた》工場迎賓館での写真で、ここは在籍した全社員の物故者を祀《まつ》り、毎年命日に遺族らが訪ねると、誰が来るかわかっていて茶菓・土産の接待があるという。前に来た時、お父さんが明日は親父《おやじ》の命日でアサヒに行くと言っていた。

カウンター上の暖簾《のれん》は祖母たち美人三姉妹の一人のおばさんが贈ってくれたもので、隅に言葉が入る。

「客よし　味よし　仲よし」

なんとこの店を表した言葉だろう。大阪人の家族を愛する豊かな人生がこの店にあふれている。

〈2008.6〉

76　佳酒真楽《かしゅしんらく》 やまなか

大阪ミナミはずれの大国町《だいこくちょう》駅、今宮駅どちらからも遠い小さな町工場ばかりの殺風景な場所に、私が日本酒ＶＩＰルームとよぶ居酒屋がある。日本酒専門酒販店「山中酒の店」は、コンクリート打ち放しの外壁に杉玉酒林を象徴的に吊《つ》った前衛的な小ビルで一階は倉庫、二階は一〇〇種に及ぶ名酒がすべて試飲自由の店舗、三階は一〇度、三度、マイナス五度の三室に分かれた酒の保冷貯蔵庫、四階が居酒屋「佳酒真楽　やまなか」だ。

山中基康さんはおよそ三五年前、ここで兄の酒販店を継いで立ち飲みを始め、肉体労働者の多い町には大繁盛したが、名門酒会で知りあった「富久錦《ふくにしき》」会長に感化されて本物の日本酒に目覚め、稼ぎ頭であるビールも、洋酒も自動販売機も一切止めて日本酒専門店とした。酒販の業績は大幅に下がったが、業務店を回っては本物を説き、その酒を勧めて次第に支持を増やし「良い日本酒は山中」の定評を築く。一方、精力的に地方の知られざる小蔵を回って良酒を発掘し、指導し、今も大型ワゴン車で全国を回る。「一人でも多くの人に日本酒の良さを知ってもらいたい」と穏やかに語る日本酒の伝道者だ。

四階は靴下を脱いだ素足に板張り床がひんやりと気持よい。オープンキッチンのカウンター、隣の畳敷きは酒槽蓋《さかぶねぶた》を使ったテーブルに抱樽の椅子《いす》、保冷庫の名酒は取り出し自由の、会員制サロンのようだが誰でも入れる。山中さんはここに理想の酒と肴《さかな》の居酒屋を作った。日付入りの品書には、山中さんが酒同様に生産者を訪ねて契約した素材を使った料理がずらりと並ぶ。珍しいものでゆこう。

「河内鴨《かも》造りは、鴨の刺身？」

「そうです」

合わす酒が難題。およそ五〇種以上も寸評つきで並ぶ銘柄は、もちろんすべて名品に違いないが、いざとなると決められない。「フレッシュでジューシーなタイプが好きなんだが」と秋波を送っても、山中さんはいつも特に一つを奨《すす》めたりはしない。悩んだ末に「会津娘」にすると「ああ、そのタイプです。無農薬の米作りからやっている蔵です」とにっこりされる。

河内鴨刺身は馬刺赤身の臭みを抜いたようなきれいな旨みで、山中さんも会津娘を一口含み「これは鴨に合う」ともらす。内陸の料理（鴨）には内陸の酒（会津）が、海の魚には海べりの酒が合うそうだ。次は私の大好物、蛤《はまぐり》の「桑名蛤の小鍋立て」。

「これほんとに桑名の蛤？」

「そうです、珍しいです」

酒は「瀧《たき》自慢」にしよう。白い奉書紙鍋の蛤はことことと動き出し、やがてカパッと蓋を開けた。朝鮮蛤のような臭さのない濃厚なコクの透明感がすばらしい。

「うまい！　瀧自慢がぴったりだ」

「あれ、三重県同士で選んだんでしょう」

「え、あ、そうか！　いや偶然、偶然」

瀧自慢は三重の酒だった。偶然とは恐ろしや。

隣に座った若い二人は山中さんを慕ってきた「開春」の杜氏《とうじ》と日本海酒造「環日本海」の蔵人《くらびと》。ともに島根酒のホープだ。酒造りの閑期にこうして訪ねてくる蔵人を山中さんは温かく迎え、若い人には五階の部屋を宿に提供もする。この春、私がここで広島の「寳劍《ほうけん》」を飲んでいると、ちょうど美人奥様の蔵元若夫婦が来て紹介され、「今飲んでます」という話のうますぎるタイミングに笑ったことがあった。

「ではこれを開けてみよう」と山中さんが取り出したのは「開春 寛文の雫《しずく》・木樽熟成」の古酒。裏ラベルに「島根県の酒師・堀江修二先生の指導を受け、江戸時代の文献『和漢三才図会《ずえ》』を参考に当時の日本酒を忠実に再現しました」とある。隣の若い開春杜氏もこの瓶は知らないそうだ。濃茶色、甘いカカオフレーバーの古酒に、私が「干柿《ほしがき》の匂《にお》いがする」ともらすと、山中さんはハタと膝《ひざ》を打ち「おーい、こないだの干柿」と持って来させたのをかじって飲むとよく合う。調子に乗った私は茶碗《ちゃわん》を借りて干柿を入れ、酒を満たしてもらった。干柿に酒をかけて食べる応用のつもりだ。

「珍酒、干柿酒でござる」

飲むと甘みがにじんでうまい。山中さんも二人も感心し「うわはっはっは」と大笑いになった。


〈2008.6〉

77　まゆのあな

古いビルの残るビジネス地区・大阪船場の居酒屋「まゆのあな」は開店して四年。居酒屋の少ない場所に連日大繁盛している。私は昨年二度訪れ、今日は三度目だ。錆《さび》鉄《てつ》の外壁に青竹を配したアートっぽい造り。引き扉も鉄で重い。

広い内部は粗い白塗り壁がそのままカーブして天井になり、店名のように繭《まゆ》の中を思わせる。白塗りのほかはすべて古材。頑丈な大テーブルは酒蔵にあった平板で圧をかけて酒を搾《しぼ》る酒槽を解体したもので、黒赤い漆塗りに残る「拾壱、拾弐」など特大筆字が雄大だ。カウンターも酒槽板で、搾った酒を流す浅い溝が残っている。その流れを受けたのが「槽口《ふなくち》」「雫取《しずくと》り」という最上の酒だ。椅子は竹タガの抱樽に背をつけ足高にしたもの。カウンター前の厨房《ちゅうぼう》は酒蔵土間の広い膳所《ぜんしょ》のように土で固めた竈《かまど》に大きな羽釜《はがま》を据え、下から薪《まき》を燃す。この店には日本酒蔵のオーラが充満だ。

そのはず。ここは居酒屋「佳酒真楽　やまなか」の姉妹店として、同店で修業した若者によりオープンした。山中さんによる命名は「ここから育て」の意味だ。全国第

一級の酒揃《ぞろ》え、産地を吟味した料理の数々はもちろん修業店譲りで申し分なく、男は作務衣《さむえ》、女は略着物にたすき掛けのきびきびと訓練された動きは、打ち込める仕事を得た若い人の一途《いちず》な熱心さでまことに気持がいい。

——以上終わり、じゃつまらないので具体的にいこう。

オッス、とは言わないがそんな気持でカウンターに座る。

「また来たよ」

「まいどありがとうございます」

店長・藤井章弘君を軸に若いイケメンと美人ばかりだ。酒は品書き裏表に六〇種以上も並ぶが、読むのが面倒なので超大型ガラス保冷庫へ現物を見にゆく。裸電球のぶら下がるやや暗めの店内に、こうこうと明るい保冷庫はいやでも店の主役になる。こんなところも店作りがうまい。まずは広島の渾身《こんしん》の一滴「寶劒《ほうけん》」を冷やで指名。一升瓶は決して落とさぬよう抱いて運ばれ、瓶口を左手に受け、右手で瓶尻《びんじり》を持ち上げる注ぎ方も正しい（いちいちチェックしてます）。

ツイー……。

うまいのう。この瓶は米を愛山に替えたものと酒担当の彼が言う。チェイサーの水も同じ蔵の仕込み水。赤い血合いとピンクの肌が美しい「春鯔《はるぼら》刺身」は鳴門《なると》のスーパー漁師・村公一さんのものだ。

次は燗《かん》にしよう。茨城「来福」を燗した錫《すず》ちろりは、雪を冠《かぶ》る松ヶ枝を彫刻した骨董《こっとう》品だが、凹《へこ》んでいるのが愛嬌《あいきょう》だ。

ツイー……。

「うまい、四四度」

「いえ、四三度です」

最近、燗の温度当てに凝っているが一度ちがいで口惜《くや》しい。着物にたすき掛けで竈にしゃがみ込み、ご飯炊きの薪を燃す若い娘の尻の辺りが懐《なつ》かしい眺めだ（コラ）。最近の若者は日本回帰なのかなあ。ご飯は八時頃炊き上がるそうで、〆《しめ》は白飯と味噌《みそ》汁《しる》にしよう。「お待たせしました」炭火で焼き上がった「自家製笹《ささ》カレイ一夜干し」はむっちりと肉厚で、箸《はし》を入れるとほわりと湯気が立つ。

てなわけで、古い店志向の私だが新しい店もいい。と言うよりは、居酒屋を有望な職業としてうちこむ姿が頼もしい。


〈2009.2〉

78　九十九《つくも》

大阪・堺《さかい》市の中央は広大な仁徳《にんとく》天皇陵だ。大和時代の古墳は一〇〇基を越えるという。堺は戦国から安土桃山にかけて対明《みん》・南蛮貿易でおおいに栄え、活発に出入りする千石船の光景は東洋のベニスと言われた。港には今も古い灯台がシンボルとして残る。公園には堺出身・千利休の銅像、「もののはじまりなんでも堺、三味《しゃみ》も小唄《こうた》もみな堺」の解説板もある。

「酒房　九十九」は「憩《いこい》のオアシス・フェニックス横丁」の角だ。

「ごめんください」

「はい、いらっしゃい」

店内は奥に延びるカウンター一本に、白衣白帽・料理人正装の主人と奥様の二人。飾りのないまことにシンプルな店内に、見ものはカウンター上の大鉢だ。鯖《さば》きずし、舌平目《したびらめ》煮こごり、蓮根《れんこん》と干し海老《えび》、若竹煮、鮑《あわび》オニオンスープ煮、すっぽんなど手のかかった料理ばかりが一六、七も並ぶ。舳先《へさき》形の皿に梅の小枝をあしらったお通しは

「鰻山椒煮《うなぎさんしょうに》・鯛《たい》の子と百合根《ゆりね》の卵焼・菊花かぶら」の三点でこれも凝っている。鳳凰《ほうおう》の舞う絵柄も華やかな磁器燗鍋《なべ》から平盃《ひらさかずき》に酒を注ぐと、見込みに描いた桜花弁が濡《ぬ》れて華やかになり、なんだか身分が上がったようだ。「平目《ひらめ》刺身のウニ巻」は半透明の白身からたっぷりの生ウニが透け、恥じらいのある色気を感じる。

「北海道のウニと長崎の平目です」

「これはうますぎる」

「ははは、いやどうも」

やや年配、顎《あご》に白鬚《しろひげ》をたくわえた主人は奥様と二人の小割烹《かっぽう》を楽しんでいるようだ。店の隅に、烏帽子《えぼし》狩衣《かりぎぬ》たすき掛けに威儀を正し、同装束の後見人を従えて大俎板《まないた》に向かう「式包丁」の写真が飾られる。

主人・中林和夫さんは富山に生まれ、一八歳で料理人を志し大阪へ出た。そして東京銀座「天一」で天ぷらを、横浜で寿司《すし》を修めて「沖の仕事（日本料理一般のこと）」に入った。宇奈月《うなづき》温泉→大阪→京都→金沢と修業を続け、大阪羽衣の結婚式場などを中心にしたホテル新東洋に入り、料理人三〇人を従える総料理長となり、その後大阪市内出身の奥様と身を固め、この堺で小さな割烹を持った。

修業に包丁と高下駄《げた》は自前だ。東京でまず行ったのは築地《つきじ》の包丁店「正本」。さんざん迷って給料の何ヶ月分を一振りに投じた。刀身が柄より細くなる寿命まで三振りを使い尽くした。まさに「包丁一本晒《さら》しに巻いて」の料理人修業の世界。

京都で紹介所にゆくと「鱧《はも》は料理できまっか、卵焼きはどっちでっか」と聞かれた。卵は、京都は手前から、関東は奥から巻く。京都で「生間《いかま》流式包丁」に入門。ここは三〇代続く本家で、式包丁は他に四条流、山蔭《さんいん》流などがある。平安時代に始まる式包丁は、宮中から承った料理を「今日は私が執り行なう」という食事前の顔見せ儀式で、弓手《ゆんで》（左）に一尺半もある長い真魚《まな》箸、馬手《めて》（右）に包丁をとり、魚に全く手を触れず一刀に捌《さば》く。おもに鯛、鯉《こい》、鰹《かつお》などを使う。

式包丁デビューは立板になった頃やってきた。大阪城西の丸庭園で開かれた各流派合同の宴。そのとき二四歳。

「まあ、野心の出てくる頃ですよ」

何日も練習を重ね、使う魚も自前で用意して臨んだ。見せていただいた写真は昭和六〇年、四年に一度大阪で開く「食博覧会・大阪」のオープニングセレモニーで、千《せんの》宗室《そうしつ》ら著名人多数を前にしての演技。包丁柄を白布で摑《つか》み、眼の気迫が鋭い。最後に、用意した桜の大枝を包丁の背でトンと叩《たた》き、桜鯛に桜吹雪を散らすと満場の拍手がおきたという。

「堺のお客さんは口がおごってます」

さすがは太閤秀吉直轄《たいこうひでよしちょっかつ》、千利休を生んだ地。中林さんは料理のみならず、お茶お花はいちばん若いときに習い終えた。今でも陶磁博物館や美術展に足を運び、美に触れることを欠かさない。

焼葱《やきねぎ》とすっぽんのシンプルな「すっぽん小鍋」がおいしい。おつゆを残してにゅうめんにする客もいるそうで、それはうまそうだ。

「ご主人、おいくつ？」

「昭和二一年一月生まれ、六三です」

「え！　ぼくは二一年三月、おんなじかー」

声をそろえて笑った。戦後のすぐに生まれた一人は料理人を志し、一人はデザイナーを志し、互いに還暦を過ぎてこの堺で出会った。

「ともに九十九まで、がんばろう」

我々はがっちり握手をかわした。


〈2009.2〉

79　長久酒場《ちょうきゅうさかば》

二三年前。当時、資生堂のデザイナーをしていた私は和歌山県白浜に化粧品広告のロケ撮影に行き、仕事を終えた夜、地元の「長久酒場」に入った。「昭和六一年一月二〇日　昼に魚屋で聞いておいた酒場『長久』に行く」と仕事日記に残っている。その体験から地方の居酒屋の面白さを知り、会社を辞めてフリーになると地方居酒屋歩きは本格化し、いくつかの本を書いた。私の居酒屋行脚《あんぎゃ》の出発点となったのがこの長久酒場だ。今日は何度めか。

「新装おめでとう、立派になったねー」

「ありがとうございます」

昨年春、道路拡張にともないセットバックして建て直したのは聞いていたが、趣のある黒板張りの二階建しもた屋風の家は、立ち並ぶ真っ白な高層ホテルの合間に別種の存在感がある。それまでは吹けば飛ぶようなモルタル二階家だった。新店は小上がりと二階座敷も設けたが、一階の大きなL字カウンターは変えていない。

「やっぱり、この形でないとウチの店にならんです」

ただしカウンター板は厚さ十数センチの銘木になった。囲まれた中の広い板張り調理場は昔どおり水槽が据えられ、カワハギや網に入れられたタコ、様々な貝がいる。清潔ピカピカの店は気持がいい。

昔入って驚いたのは、クツ、セッタ、アイ、ツメバイ、セイ、クロベなど名前ではわからない地物の魚貝だ。クマ、シカ、キジ、スズメ、カエルもある。店のすぐ前は早い水流による魚の宝庫といわれる紀伊《きい》水道だ。クツ（クツ海老）、セッタ（セッタ海老）の活《い》き刺身の味は伊勢《いせ》海老を上まわり、冬のカワハギの巨大な肝はよそではお目にかかれない。魚は漁協から朝夕二度届き、夕方の今届いた「モチカツオ」のパンパンに張った銀肌は、比喩《ひゆ》でなく電灯を反射してまぶしい。すかさずおろした刺身は搗《つ》きたての餅《もち》のように滑らかな歯ごたえで、これがカツオかと思うほどきれいな旨《うま》みだ。熊《くま》・鹿《しか》肉もただ珍しいだけでなく、熊は葱と海苔《のり》、鹿は胡麻《ごま》油をかけて海苔で巻いて生姜醤油《しょうがじょうゆ》と、食べ方を工夫しているところに価値がある。

黒板の珍しい肴《さかな》を紹介してゆけばきりがないが、一つであれば「ウツボの一夜干し」だ。およそ一メートルはある大ウツボを毎年一一月に開いて干し、冷凍しておく。切身を卓上ガス台で腹側から焼き、薄かった身に脂《あぶら》がにじんでくるとみるみる厚くふくらんで、横に立たせて横も焼く。皮がパリッとなって焦《こ》げめがついたら、砂糖醬油で食べる。その味は「強靱《きょうじん》」。鰻ほどだらしなくなく、穴子よりはみっちり詰まり、もっちりと粘る歯ごたえは一切れごとに精がついてゆくのがわかり、別名「セガレタチウオ」におおいに納得だ。やがて一〇分もして手を握ると掌《てのひら》がむっちりとふくらんでいるのがわかる。

このような東京では決してお目にかかれない地の産物に感動した。カウンターに立つ、着物に白割烹着、髪を古風に上げてまとめた浦辺《うらべ》トシヱさんは大柄な体格に威厳があり、はじめての私は緊張していたが、おいしいおいしいと素直に食べるうち話すようになった。

トシヱさんは当時六六歳の開店三〇年め。ビールとおでんくらいで店を始め、そのうち地元の漁師が面倒をみてくれるようになり、種類も食べ方もどんどん増えた。白浜は保養地だが、保養客は旅館やホテルで食事をとり居酒屋にはあまり出ない。ゆえにここは地元漁師が自分のために魚を入れ、食べ方を教えた。そこに私は迷い込んだのだ。

戦前女性の気概をもつトシヱさんは、夕方四時から夜一二時まで年中無休で正月も営業を続けていた。私は居酒屋研究会で再び訪れ、地の料理、地の居酒屋の居心地、それをつくる気概ある女将《おかみ》についてやがて本に書いた。

いつからか年の暮にトシヱさんが小包を送ってくれるようになった。白眉《はくび》は手製カラスミだ。それは銀座の超高級寿司店はおろか、今もあちこちで食べるが、他と比較しようもない日本一と断言できる。以来そのカラスミは、私が暮に東京から帰省する長野の実家の、まだ元気だった父への毎年の最良の土産になった。父は「こういうのは少しずつ味わうからいいんだ」と目を細めて酒を重ね、平成一四年に逝《い》った。

平成一六年、トシヱさんは七九歳で亡《な》くなられた。トシヱさんはいつも小包に簡単な時候の挨拶《あいさつ》をメモ同封していたが、亡くなる前の、それがトシヱさんからの最後の小包になった平成一五年は、何を思われたかいつになく絵柄のきれいな葉書に長い文があり、私は捨てがたく残していた。

〈お元気ですか。今年もあと少しですね。毎年同じものですが、今年も、からすみ、うつぼ、酒粕《さけかす》を送ります。お口にあうかどうか心配ですが。太田さんの『居酒屋大全』の初版が出版されてもう一〇年になりますが、今でもその本を見て全国各地から、お客さんが慕って来てくれます。うれしい次第です。私は今まで年中無休でがんばってきましたが、今年から、週一回定休日を作っています。それも時代の流れかなと思う次第です。でも、体が続くかぎりがんばるつもりです。白浜に来るときはよってく

ださいね。お体には気をつけて。それでは、また。平成一五年一二月二一日　長久酒場　浦辺トシヱ〉
長久酒場は孫の小森豊之《こもりとよゆき》さんが継いでいる。がっしりした大柄の体格は頼もしく、やはりトシヱさんの孫だ。立派な新店はそれまで勤めていた建築会社の経験発揮だろう。ずっと長く店の片腕として手伝っている木村道子《きむらみちこ》さんは今も健在で、今日はじめてお酌をしていただきうれしい。トシヱさんは亡くなる前の日まで病院から抜け出て店に顔を出したそうだ。
和歌山の地酒「長久」の燗が腹にしみる。この居酒屋があって今の私がある。居酒屋の魅力を私に気づかせたのは浦辺トシヱさんだった。
長久酒場は来年創業五〇年を迎える。

〈2009.2〉

80　吟醸

神戸市長田の居酒屋「吟醸」は通りに面してバーのような構えだ。ドアを開けると黒御影《くろみかげ》石のロングカウンターが奥に伸び、突き当たりが別室の厨房《ちゅうぼう》で、ここにも主人の仕事を見るように五席ほどの小カウンターがある。私はいつもここだ。

「お久しぶりです」

「どうも、お変わりなく」

店名どおりここは吟醸酒専門の居酒屋。肴の売りは目の前の海でとれた明石鯛《あかしだい》とタコだ。

「鯛ある?」

「あります」

「かぶとは?」

「あります」

やった。活鯛は不漁だと品書きに載らず、かぶとは一尾に一つしかないから早い者勝ち。おりしも時季は春。子を持った鯛は肌が朱に染まり、身は脂がのって、春の桜鯛は最高だ。鯛かぶとが焼けるまでは、軽茹《ゆ》での明石タコで滋賀の酒「松の司《つかさ》」といこう。明石のタコはエビ、カニを食べるので味が良く、水流が早いため太く短い足が特徴で、足一本を切らずにくれという客がいるそうだ。

神戸の春はイカナゴ釘煮《くぎに》だ。関東で言う小女子《こうなご》の佃煮《つくだに》だが、どういうわけか神戸の人はこれに狂奔《きょうほん》する。

「魚屋もイカナゴ一辺倒になり、我々はお留守にされます」

漁協がサイズを見て漁解禁日を発表し、今年は一月二八日だった。イカナゴだけは市場でなく浜のお婆《ばあ》ちゃんが値段を決め、素人《しろうと》がキロ買いし、醤油と砂糖の釘煮セットも売り出され、町に甘辛い炊《た》く匂《にお》いが流れる。各家庭の味で山のように作り、神戸を離れた子供夫婦や親戚《しんせき》に送る。イカナゴ釘煮はこの時季の神戸の婆さん連のうれしい大仕事。新幹線駅には臨時売店も出る。

「大貝と豆腐の小鍋」の地物の大貝は上等なものではないが、昔は刻んで竹輪などとまぜて貝殻で焼いて屋台で売り、風情《ふぜい》があったが保健所の指導でなくなり残念という。昔の神戸はそんな町だったのだ。

「長田では何年になりましたか」

「一四年です」

それは阪神《はんしん》淡路大震災から一四年を意味する。主人は神戸の割烹「吟醸」で働いて、そこを継いだが、平成七年の大震災で店は壊滅した。その後に生きてゆく方途を求め、最も被害の大きかった長田に更地をみつけ、簡易物置のようなプレハブ立ち飲みで再開した。大災害の後だが、酒くらいは良いものを飲んでほしいと吟醸酒にこだわり、ただし原価のような超安値、肴も二〇〇円、三〇〇円とした。私は震災の二年後そこに入り、カウンター一本で台所と客席を仕切っただけの店内を埋める作業着の男たちが、黙々とコップを傾ける姿に、酒こそが心を救うものだと深く心を打たれ、さらに簡単に見える肴の味わい深い出汁《だし》に、さぞかし腕のある料理人だろうと感じた。

そのことを『ニッポン居酒屋放浪記』の最終回・神戸篇に書いた。最初私は震災後まだ二年の神戸へ飲み歩きに行くことに抵抗があったが、気持を正して訪れ、このプレハブ居酒屋の主人の僧侶《そうりょ》のような達観した目に居酒屋というものの本質を見た。その後主人はプレハブで三年がんばり、通りをはさんだここに同じ大家さんがビルを建てるのを幸い、新店で入った。

「おまちどおさま」

届いた鯛かぶとの見事に左右に開いた一尾分は身も大きく切り残してある。箸《はし》を持ったらあとは一心不乱。一五分できれいに平らげ、残った〈鯛の鯛〉二つを主人に見せるとにっこり笑い、「記念にどうぞ、洗いましょう」と手を出した。

間もなく還暦。顎《あご》に鬚《ひげ》、僧侶のような優しい目は今も変わらない。井上春昭さんという名もお坊さんのようだ。旧店舗のプレハブは通りの向かいにまだあり、酒の倉庫などにしている。主人はそこに行くたびに「背水の気持で始めた」初心を思い出すのだろう。

『ニッポン居酒屋放浪記』最終回・神戸篇の末尾は〈一日がんばり働いた人が一杯の酒を求めてやってくる。店は精一杯それをなぐさめ、できれば明日の活力の助けになりたいと願う。居酒屋は人と人の心を結びつけ励まし合うところだ。〉と結ばれた。

〈2009.2〉

81　小ぐり

主人の小栗悟さんは岡山の料亭「美禄《びろく》」で二年、大阪で二年の修業を経て、岡山市表町《おもてちょう》の「美禄表町ころく」をまかされたのち独立。二〇〇九年に「小ぐり」を開いた。

アーケード街から一本はずれたオランダ通りのしっとりしたたたずまい。真新しい店は清潔のなかに華やぎがあり、白木カウンターに置いた丸い塗り折敷《おしき》がいかにも待っていてくれたようで、さあおいしいもので一杯やるぞと期待が高まる。

注目は正面上、「割鮮」と頭書した巻紙二メートル二段の達筆品書きだ。造りから始まり、焼き、揚げ、鍋《なべ》、珍味など最後の雑炊に至るまですべてが魅力的な品ばかりで、候補をあげてゆくとたちまち五、六品になってしまう。

春ならばまずサワラだ。岡山の人は春の魚「鰆」を珍重し、東京では切身の味噌《みそ》漬か西京漬だがこちらは刺身か炙《あぶ》りたたきだ。たたきはサクに金串《かなぐし》を打ち、銀皮をガス火でゴーと炙り冷水で止める。薬味は新玉葱《たまねぎ》がお約束。身のソフトなサワラは私はたたきの方が好きだ。

岡山を代表する「ままかり」は握り寿司《ずし》がたまらなくおいしい。東京のコハダとはちがう濡れた艶《つや》の甘酢加減はお通しの一貫では足りない。さらに左党ならば下津井小島周辺で採れる春の「キンコなまこ」に狂喜する。なまこ好きの私は、青森の陸奥《むつ》湾横浜、長崎の崎戸島、そして岡山の下津井が日本三大なまこ、もしかして一位はここか。このなまこと春の燗酒を往復させる至福の時間よ。

もう一つの名物、というか岡山では日常品になっているのが、ウドのように暗所で光合成させないで作る「黄ニラ」。「黄ニラ玉子とじ」は女性に大人気、鍋もてっちりもそうめんもこれが欠かせない。私が必ず最後の主役にするのが煮魚で、「ゲタ（舌平目）煮魚」も煮汁で煮た黄ニラがたっぷり添えられ、刺すような刺激の青ニラとはちがう柔らかな、しかしニラの香りは残した風味が煮魚を対照的に引き立てる。「煮魚は経験」と言う小栗さんは仕事を始めると背を見せてじっと鍋をにらんで離れず、ちゅうちょはダメ、ここぞで一気に仕上げる。醤油も煮魚だけは播州龍野《ばんしゅうたつの》の昔の香りのを使うそうだ。

カウンター後ろの棚にずらりと並ぶ日本酒はたいへん充実している。岡山地酒の逸品「鯨正宗《まさむね》」「正義桜」をここで知った。どちらの蔵も数年前廃蔵したが鯨正宗は大手の「喜平」で同じ蔵人《くらびと》により、正義桜は「十七文字　翠星盃」で復活しているのは喜ばしい。一方私も年齢のせいか、日本酒で始めても後半は焼酎お湯割りになった。そのとき精選された焼酎のそろえはありがたく、ついつい長居となってしまう。

新店は食器の揃《そろ》いがいちだんと華やかになったようだ。瑠璃色《るりいろ》や銀彩など鮮やかな色の大胆な起用は岡山の殿様的雰囲気にぴったりだ。愛敬《あいきょう》のあるおかめの顔の箸置《はしお》きが心なごませる。小栗さんは手が空くと、つねにガス台まわりや調理場を拭《ふ》き、いつでも整理され清潔な場にしているのが仕事の余裕に感じられる。手伝う奥様は七時には保育園に子供の迎えだが、女学生のような初々《ういうい》しさはちっとも変わらない。

落ち着いた店は、味のわかる大人たちがゆっくりと席を埋め、料理を楽しみ、東京で名の知られた方の常連も多い。奥に座敷もできそちらの集まりも楽しそうだ。座敷の料理支度を見ながら「それ、ぼくも」とちょっかい注文を出すのもカウンター席の特権だ。

おだやかな瀬戸内岡山は、豪華な「ばら寿司」に代表される海山の四季の幸が集まるところ。その地にあって何もかも満点。ここを訪ねての一杯はまさに人生の愉《たの》しみに尽きる。

〈2013.2〉

82 桔梗屋《ききようや》

鳥取県米子《よなご》の「桔梗屋」は五年ほど前に訪れ、小さな店に主人が一人で、たいへん丁寧な料理を出していた。清潔でどこか華のある店内は女性客が多かったと憶《おぼ》えている。場所を変え新装開店したとき、楽しみに訪れた。

「山陰の大阪」と言われる商都・米子は朝日町を中心に、枝分かれする路地の隅々まで一大飲み屋街を形成している。新しい店はそのすぐ前という絶好の場所だ。黒く焼いた杉板塀で囲んだ石畳を左へ右へと折れて玄関になる。洗練されたモダン和風の板張り床の店内は広く華やか、大カウンターに柔らかな照明があたる。

「お久しぶりです。新装開店アンドご結婚、おめでとうございます」

「いやいやいやー」

目の優しい金太郎顔がくしゃくしゃになった。主人・細木晋治《ほそきしんじ》さんは平成一八年二月一二日に結婚して二週間後の二六日にここを新装開店した。まさに新しい船出だ。

「奥様は店に？」

「え、まあ、いやいやいやいやー」

「ご主人、太ったんじゃない？」

「いやいやいやー」

何を言ってもこれだ。

「いらっしゃいませ」

着物のよく似合うふっくらと美しい女性が箸《はし》を置き、熱いおしぼりを差し出す。この方だろう。

「ご結婚、おめでとうございます」

「ありがとうございます」

やはり。ちらりと主人を見るとそっぽを向いているが、背中が「いやいやいやー」と言っている。ビールを注文すると、主人は「はい、ご新規さん、ビール一本！」と限りなく張りきった大声を上げた。

この店は単品もできるが四千円、五千円、七千円のコースがお徳用だ。腹や酒の具合を見て中途ストップ、あるいは酒つまみだけに変更もできる。四千円のをお願いした。

先付《さきつけ》小鉢は「白バイ貝と分葱《わけぎ》のぬた」と、境港《さかいみなと》朝捕りの「どろめ」。どろめ（生しらす）は浜揚げの瞬間から鮮度がおち始める扱いにくいものだが、まだぴちぴちして新鮮だ。どちらも苦味が春の息吹《いぶき》を伝える。前菜はフルーツトマト、さより木の芽寿司、ピリ辛こんにゃく、隠岐島《おきのしま》もずく、蕗《ふき》の薹味噌《とうみそ》、黒バイ貝、空豆《そらまめ》甘煮、茎ワカメ、山葵葉《わさびは》お浸しの一口盛りに、桃の蕾《つぼみ》の小枝があしらわれ春の花畑のようだ。さより木の芽寿司は、透明なさよりの下に緑の木の芽が透けて見え、口にするのが惜しい。

酒揃《ぞろ》えは充実し、今評判の鳥取の「辨天娘《べんてんむすめ》」は八種類もある。届いたばかりの搾《しぼ》りたて新酒があるとのことで、それにすると「はい、温めさせていただきます」と嬉《うれ》しい返事だ。新酒生を燗《かん》で奨《すす》めるところはまずない。その「辨天娘・槽汲《ふなくみ》あらばしり純米生原酒うすにごり」は、ふっくらと若々しく豪華。まるで奥様のようだと言うと「またまたまた」と後ろを向き、もうその話は止《や》めてくれムードだ。

お造り（鯵《あじ》・コウイカ・ハタハタ）、お椀《わん》（メバル・菜の花・油揚）、春野菜サラダ、ワカメと新玉葱《たまねぎ》の椀、サワラ木の芽焼と、間合いをみて料理が続く。渋い居酒屋で好きなもので飲む酒もいいが、歳《とし》をとるとおまかせも楽でいい。なにより季節の味や知らない料理に出会える。

米子出身の細木さんは、一八歳で滋賀県八日市《ようかいち》（現東近江市）にある明治元年創業の名料亭「招福楼《しょうふくろう》」に修業に入った。最初は玄関番と庭掃除ばかりだったが八年つとめ、その後米子で二年半つとめて独立して七年半、そしてここの開店となった。壁の色紙額「酒菜　桔梗屋」は八三歳になる招福楼の師匠の書、結婚式には師匠の息子さんも列席、新開店には花もいただいた。師匠とはありがたいものですと目を落とすが、細木さんもまた人柄を見込まれたのだろう。

箸置は桔梗の花をかたどった焼物だ。師匠は常に「親切、勘、誠実」を言い、滋賀の明智光秀《あけちみつひで》の家紋は桔梗、花言葉は「誠実」、桜のように散らないことから店を桔梗屋と名付けた。新店設計は友人のデザイナーと「安いけど入りにくい店」で一致。デザイナー入魂の仕事であることがわかる。奥様は湘南《しょうなん》藤沢の方で、都会を嫌ってこちらに来て、細木さんと日本酒の会で知りあった。前の店に客で来たこともあり、山陰のお酒、魚は本当にすばらしいともらす。

「いらっしゃい！」

新しい客に細木さんの活気ある声が響きわたる。新婚二年めの三八歳。二〇年の料理人仕事が結晶し、新しい店、奥様を持った喜びが店内に充《み》ち満ちていた。〈2008.3〉

83 やまいち

宍道《しんじ》湖と中海をつなぐ大橋川の松江新大橋に立つと、目の下にシジミ漁の小舟がいくつも小波《さざなみ》に揺れている。下流は名橋・松江大橋だ。私の理想の居酒屋は橋のたもとの一軒家。それが実現したのがこの「やまいち」だ。店は堤防の内側で、大河を見下ろしてという訳にはゆかないが、満々たる水のほとりは気持が大きく清々《すがすが》しくなる。

「こんちは」

「いらっしゃい。この間、角野卓造さん見えましたよ、去年は戸田菜穂さんも」

赤ら顔のお父さん・山根《やまね》克久《かつひさ》さんが迎えた。文学座の角野さんは飲み友達、女優・戸田さんは俳句会の仲間だ。二人とも太田さんに聞いて来たと話したそうで私も役立ってます。とはいえここは立派な料理屋でも何でもない小さな居酒屋。文士の方は多いそうだが、そういう方々が、高級料亭のある松江でこの居酒屋も訪ねることが私には嬉しい。三〇年も前に訪れた村松友視《ともみ》さんは、川べりの立地が自分の育った静岡県清水によく似ていると、ふらりと入られたそうだ。カウンターと小上がりは変哲もな無駄な公共事業、中海干拓が、焦茶《こげちゃ》を基調に、朱赤を壁や椅子《いす》の座などに使い民芸風だ。

　水の都松江の名物、スズキ・鰻《うなぎ》・鯉《こい》・シラウオ・アマサギ・モロゲエビ・シジミの宍道湖七珍《しっちん》は、いずれも海水淡水のまじる汽水の幸だが、無駄な公共事業、中海干拓がその幸をおおいに失わせた。

「今の時季はシラウオです、あと少しで終わります」

　江戸時代から初物は将軍家に献上するほど珍重された「シラウオ」は、サケ目シラウオ科の魚。博多や金沢で生きたまま踊り食いする「シロウオ」はスズキ目ハゼ科で別名イサザ。どちらも春、一時期だけのものとお父さんが言う。

「似た名ですが全く違う。シラウオは水揚げすると一回ピッと跳ねて一、二秒で死ぬ。シロウオは生命力が強く、小鉢のダシ醬油《じょうゆ》の中でもまだ大暴れして生きている」

　金沢でシロウオを食べたが、確かに丸飲みすれば胃の中でも泳ぎそうな暴れん坊だった。シラウオは手で洗うと温《ぬく》もりで味が落ちるほどデリケート。「そのはかなさがいいんです、月もおぼろにシラウオの、シラウオのような指だから情緒がある」とお父さんはシラウオ派だ。捕れるのは一二月から三月で今頃あたりが一番大きい。皿の数尾はおよそ八センチ。きれいに透き通った細身に白糸のような骨が見え、きょろりとした目が愛らしい。箸でつまんでもピンと張るのは新しい証拠だ。「これで成魚、あとは死ぬだけです」とさらにはかなさを強調する。生姜《しょうが》醤油でひと口。骨がほんの少しザリッとして、はかない味だ。「これは何と言っても天ぷら」と届いた大きなかき揚げはシラウオ一〇〇パーセント。抹茶塩をふりかけ一箸入れるや、カラリと味の出たシラウオのかたまりに無我夢中。食べっぷりに三人が笑い、私の顔の赤いのは天ぷら焼けですとお父さんはご機嫌だ。

酒は松江の地酒「豊の秋」。牛すじダシのおでんは味に艶《つや》があっておいしい。夏場はあまり出ないが一年中休まないことが大切で、我慢してタネを捨てても毎日続ける。やまいちはお父さんが三〇歳で創業し、夫唱婦《ふしょうふ》随《ずい》で味を大切に続け今年で四四年め。今はタオル鉢巻きの孝行息子に店をまかせたが、自分も客の相手をする。「あとは、これが嫁とってくれれば何も言うことない」にお母さんがうなずき、好漢の若大将が苦笑する。彼はいい男ですぞ。

「七珍はどうですか？」

「アマサギはゼロとは言わないが、まあ絶滅です」

固有種アマサギが減ったのでお役人がワカサギを放流すると、肝心のアマサギを駆《く》逐《ちく》してしまった。残さねばいけないものがあるということがわからない、数さえあればいいという発想、純血の意義がわかってないんですと嘆く。国内産の四割を占める宍道湖のヤマトシジミは放流なしの天然を守り、昔はシジミ漁鑑札は売買されたが、現三〇〇人のシジミ漁師は世襲のみとされ、漁は週四日、時間も量も決まっている。青森の十三湖もここと同じで川と海がつながり良いものがとれるが、十三湖は冬は結氷して漁ができず、松江は羨《うらや》ましがられているそうだ。

湯気を昇らせて熱々のシジミ味噌汁が届いた。七〜一〇年ものの身は大きく太る。フー、ズスー……。ああ、幸せ。シジミは幸せの味だ。

翌早朝、散歩に出た松江大橋から見下ろす川面《かわも》にシジミ漁の小舟がいくつも出ている。ゴム前掛けで、二人組も一人もいる。四角い籠《かご》をつけた長い柄を川底に沈め、ゆっくり引いて持ち上げ舟べりで揺すって水を抜き、小さいのは川に投げ捨て場所を変える。黙々と同じ作業を続ける橋下の一艘《そう》のまだ若い青年を見ていると、顔を起こして目が合い、私は何となく右手を上げた。

〈2008.3〉

84　田吾作《たごさく》

山陰の島根県は東西に長く、西の端、益田《ますだ》の隣は山口県だ。室町時代に画聖・雪舟

が住み二つの寺の庭を作った。益田川べりの萬福寺の庭は浄土を現出したように美しく、時折そこを訪れる人があるくらいで、町はいつもひっそりとしている。

駅前の小さな商店街をすぎると人家も少なく、山に向かう道はやがてため池になる。昔は農業用水だったかと思われるが今は役割を終えたようで、枯れ葭《あし》の沼を白鷺《しらさぎ》がのんびり歩き、夏の夜は蛙《かえる》の合唱が賑《にぎ》やかだ。その池の前にぽつりと一軒立つ大きな切妻屋根の民家が居酒屋「田吾作」だ。外の案山子《かかし》を見て暖簾《のれん》をくぐり、靴を脱いで箱に入れ、板張り廊下に上がる。大枝の花、重なる炭の袋、薪《まき》、季節には古い雛《ひな》人形が飾られる大玄関は田舎の旧家屋敷そのもの。玄関はじつは二階で一間幅の頑丈な階段を下りると店になり、左の五人ほどのカウンターが私がいつも座る所だ。

「いらっしゃい」頭にバンダナ、黒の長袖《ながそで》Tシャツ、ゴムの前掛け、長靴。いつもの格好の女主人・岩崎治代《いわさきはるよ》さんが、昨日も来たかのような声で迎えた。幅一・二メートル、厚さ二〇センチの巨大な桂《かつら》のカウンターは店を移すたびに持ち回り、四軒目のここで「もう動かさん」と据えた逸物だ。カウンター上の壺《つぼ》の投げ入れは白い辛夷《こぶし》に朱の木瓜《ぼけ》、黒猫柳《ねこやなぎ》。ガラス鉢は菜の花、山葵の葉。藍《あい》鉢は浜防風、蕗《ふき》の薹《とう》、珠《たま》を結んだ野蒜《のびる》など野山そのままの緑が目を洗う。初夏には山椒《さんしょう》の土植え鉢が置かれ、自分で葉をちぎり椀に浮かべることもできる。

水音は階段下の巨大な生け簀《いす》にどうどうと流れ込む海水だ。生け簀は漁港で使っているものと同じで、鯛《たい》、平目、イサキ、メバル、鯵などがそれぞれの水槽に放たれ、鮑《あわび》や栄螺《さざえ》が貼《は》り付く。群れを成して同じ方向に急回遊を続けるイカは、真の透明で水の中では透けた内臓しか見えない。活魚《いけうお》は港の競《せ》り時間に合わせ出動した軽トラックの水槽で毎日運んでくる。

地酒「水澄みの里」の新酒がさわやかにうまい。竹筒の手作り豆腐は残ると油揚げにするが、こちらを好きな人もいて「今日は油揚げはないのか」と不満がるそうだ。

さて魚だ。鯛を注文し、タモ網で活鯛を上げるのを見に行った。その大きさはなんと六〇センチ！　ダイナミックに泳ぐのを尾の側から、ようやくすくい取ったがビンビンに跳ね、タモ網は暴れ馬の轡《くつわ》を取るように振り回される。包丁場の床に転がすと身をひねって一〇センチも飛び上がり、とどめを狙《ねら》う手鉤《てかぎ》も一発ではとても決まらず、二振り、三振りでようやく急所に入り、そのまま吊上《つりあ》げて大俎板《まないた》に乗せ、瞬《また》く間にエラに大出刃《でば》を刺し、血抜きに入った。その間息を飲むばかり。まさに格闘だ。

「できました」

五分もたたず届いた大皿の刺身は、銀色の皮と血合いの赤が美しく、身は厚切りなのにくっきりと透明に皿が透ける。添えた山葵葉は丸いままが野趣たっぷり、土から朝抜いた山セリは、野草は根まで使う岩崎さんに、かつて「根はどうした！」と一喝されたと山菜採りの人が怖がる本物、浜防風は抜いてきて砂地に植えたが一年目は砂かけが足らず失敗、二年目にようやく白いところが長くなって成功した苦心作だ。それぞれの青味、辛味、苦味が鮮烈に鯛の甘みを引き立てる。

私は手を合わせた。すべてが生きている。鯛は刺身になったが明らかにまだ生きている。野菜もそうだ。食べるとは、海に土に生きている命をいただくことと強く実感する。鮮度を守るため強烈な強火で茹《ゆ》でこぼし、瞬く間にアクを抜いた鯛の腸、胃袋、肝は紅葉おろしのポン酢。さっと炊《た》いた巨大な鯛の子煮付けの精妙な舌触りは、魚の一尾全体を食す有難さだ。

煙突つきのへっついに五升炊きの羽釜《はがま》がはまる。いくつも重なる炭火七輪。業務用大型ガス台六基すべてに火が入り、筍《たけのこ》を茹でる大鍋《おおなべ》はアクをぶくぶく吹きこぼし、鯛カブトはもう三〇分以上も炭火でじっくり焼かれ、真っ黒な巨大天ぷら鍋からジャーと音が上がる。煮炊きとはなんと豊饒《ほうじょう》な光景であることか。庄屋《しょうや》屋敷のような広大な賄《まかな》い所は客の目を意識しない実用本位がよく、慌《あわ》てずに悠然と続く仕事を目の前に眺めながらの一杯は全く豊かな気分だ。家は大きく、いくつもある板張り座敷も豪壮素朴な木造りで居心地がよい。

働くのは岩崎さん、妹の志田原《したはら》さん、その息子のいま鯛を捌《さば》いた耕《おさむ》さん、昔からの手伝いの方の四人。四〇年前にこの仕事を始め、本物にこだわるうちにここまでのスケールになった。山椒は山に木が二本ある。筍は中学校の裏の竹林。友達の山の柚子《ゆず》畑がほったらかしなので勝手に手入れして取りに行く。「ほったらかしってことは、無農薬なのよ」に説得性がある。荒れた茶畑を大きなお世話で草刈りなどしていると、それがきっかけで力を入れてくれるようになり、二〇年たってようやく土から残留農薬も消え、その葉で番茶を焙《ほう》じる。そんなことを続けるうち、山川を歩いて採った山菜や川魚、川蟹《かわがに》、あるいは手作りのコンニャクなどを持ち込む人が増えてきた。

魚は深夜二時と夕方四時に、新しくできた萩《はぎ》漁港で二回セリがあり、猛スピードで運んでこちらの水槽に放つ。魚を健康に生かすには海水が大切で、海水にも名水があり、それを見つけて安定したそうだ。鮎《あゆ》もようやく活かせるようになった、夏にはぜひ来てくださいと笑う。名鮎で有名な高津川は水質日本一と認定されている。

自然を食すことに気持を大きく構え、ひとつひとつを気長に実践し、確実化して行く姿は全くすばらしいものだ。初めてここにきた時の感動は生命の根源に包まれる安心感だった。それはまさしく「桃源郷」と言っていいだろう。一介の居酒屋を越えた雄大な営みが、年中無休で続いている。

〈2008.3〉

85　美人亭

四国高松はなかなか行く機会がなく、今日を楽しみにしていた。

「待ってたわよー」

満面の笑みは今年で開店二三年になる居酒屋「美人亭」のおかみ藤田鈴子さん。

「太田さんの本を見てお客さんが日本中から来てくれるのよ、この間も大阪の……」

この店のことを本に書いたのはずいぶん昔だが、その後、全国から人が訪れ、初めての客に声をかけて「本を見て」と聞くと、一気に話がはずむと言う。藤田さんは客の名刺や礼状、写真などを丁寧にアルバムに作ってくれており、ありがたいことだ。箸袋《はしぶくろ》の「美人亭」の下に小さく「美人同伴でどうぞ」とあるが、男の客は「美人はそこにおる」といった様子だ。やや垂れ目の優しい笑顔に誰もが安心して気持を開くのだろう。

しかしここの実力は何といっても藤田さんの目利《めき》きによる瀬戸内の魚だ。朝の市場の中を何度も何度も往復して、魚種、値段を見比べ「これはあの人が食べるやろなー」と想像して仕入れる日課がいちばん楽しいという。一人で切り回す小さな店のガラスケースに、今日はサワラ、オコゼ、カツオ、ベラ、アコ、タイ、車エビ。上にはシャコ、アナゴ、タコなどがぴかぴかに光る。刺身はすべて厚切りで、サワラは皮なしと皮つき、オコゼは肝つきで出る。香川の濃い醤油に酢橘《すだち》を搾《しぼ》れば山葵《わさび》いらず。私は刺身の後に山葵だけ口に入れる。

そしてシャコ！　関東の小指のようなシャコとは大違いの体長一五センチにも及ぶシャコエビを尻《しり》から（これがコツ）殻を剝《む》いてかぶりつく。「桜の花が咲くと抱く」というオレンジ色の堅く締まった卵がこりこりして夢中にさせる。さらに煮魚。煮魚好きの私は以前テレビの収録でここに来たとき、ゲタ（舌平目）の煮魚に熱中し、後ろからディレクターが「何かしゃべってください」と小声を出した。今日はおおいに迷いアコにしたが、やはり無言の一心不乱状態になった。筍、ワラビなども食欲をそそり、イタドリとイリコの煮物は、しゃきしゃきと山の香りがして香川の豊かな食を感じさせる。

酒を忘れた。さきほどしゃべりかけた「大阪の」は、大阪から来たご夫婦が「太田さんがみえたら飲んでいただいてください」と置いていったという香川の名酒「悦《よろこび》凱陣《がいじん》」だが、一升瓶に四分の一ほどしかない。

「減ってるね」

「そうなのよ……」

けらけらと笑われて残りすべていただきました。大阪の方、ご馳走《ちそう》さまでした。

〈2009.4〉

86　たにた

松山で料理屋「たにた」に直行した。

「こんちは、見た？」

「見ました見ました」

私はこの二月、NHK松山放送局制作の番組「俳句王国」に出演。収録前の夜ここで飲み、話すと、茶目っ気のある主人が「顎《あご》でもさすってサインを送ってください」と注文し、私はバカ正直に放送開始早々に顎をさすった。

「それに気を取られ成績は散々だったよ」

愚痴る私に白い調理着の主人と着物に白割烹着《かっぽうぎ》の似合うおかみさんが笑う。まずはビールとじゃこ天。今日の魚はハモ、メバル、ハギ、カツオ、サヨリ、キス、オコゼ……これにしよう。

数年前から、松山に来るとまずここに座るようになった。初めて来たとき見せてもらった雑誌『居酒屋』（柴田《しばた》書店／一九八三年春号）の、カウンターに四人が立つ古い写真に私はすっかり魅せられた。祖母・谷田マサさんの威厳、母・真理子さんの気っ風、息子の若主人・龍一さんの人好きする笑顔、そしてこぼれんばかりの若さがまぶしい新妻・月野さん。女性は着物、主人はネクタイに法被《はっぴ》の楽しげな光景はドラマの一場面のようで今も見飽きない。

東京日本橋の老舗《しにせ》呉服店に生まれた祖母マサさんは、先の戦時にご主人の故郷宇和島に疎開《そかい》してきた。松山最初のカウンター割烹として始めた「たにた」は娘・真理子さんが名物女将《おかみ》となる。客が飲み過ぎるとお茶を出しタクシーを呼び面倒もみて、奥様連から「最後が『たにた』なら安心」と絶大な信用を得た。どんな客が来てもびくともしない気っ風は「大根の尻尾《しっぽ》でも出せやぁ」と言った輩《やから》にその通りに出し、ぐうの音も出させなかったそうだ。

月野さんは一四歳のとき「たにた」の息子・龍一さんと出会い、松山の高校を出ると一八歳で二〇歳の龍一さんに嫁いだ。母の教えのもとに店に立つと、くりくり目の愛らしい若い美人はたちまち看板娘になり、常連の酒評論家・故佐々木久子氏は自著『酒縁歳時記』の「伊予《いよ》松山女三代記」に新妻月野さんを「その初々《ういうい》しさに胸痛むような可憐《かれん》な花嫁」と書いた。しかし七八歳で亡《な》くなった祖母を追うように大黒柱の母が五四歳で急逝、店は先行きを危ぶまれたが、三一歳と二九歳の夫婦は一致して店を守り、昨年創業五〇年を亡き母に報告した。

店に〈新田高校第六二回選抜甲子園出場〉のプレートが誇らしげに飾ってある。龍一さんの学校だ。「理解ある高校で」、自分は「たにた」を継ぐと決めていたから、先生に午前中は「仕入れに行ってきます」「おう、行ってこい」と学校を抜け出てパチンコ屋へ。なに食わぬ顔で戻り「先生、仕入れ終わりました」「おう、ご苦労」と言われた。その後大阪で修業。父がはやく亡くなっていたので母を助け、すぐに店に出た。

「あと一六一日」と、腕を組むのは一〇月の松山秋祭のことだ。祭が終わった翌日の反省会から「あと三六四日」とまた準備を始めるという。クライマックスの「鉢合わせ」は道後温泉で神輿《みこし》を激しくぶつけ合う勝負だ。喧嘩《けんか》神輿は荒っぽく、念入りの体力作りと作戦が必須《ひっす》。龍一さんは一番町・二番町のある「小唐人」という神域だ。

「勝敗はどうですか」

「全勝」

胸を張る龍一さんに、ぷっと月野さんが吹き出す。若くから鳴らした龍一さんは、祭が近くなると店の二階三階を仮眠所や支度所にあてて指揮をとり、月野さんは若い者の面倒を見る。金髪の暴走族で走り回り、返事もできないような荒っぽい若いのが、喧嘩神輿に血気のすべてをぶつけ、夜の直会《なおらい》では男泣きに号泣。翌年はすっかり兄貴となって若い者を仕切る。祭が済んで数日後、店の玄関をいきなり開け「お世話になりました！」と絶叫して月野さんに深々と頭を下げてゆく若者が絶えないそうだ。仲間は「梁山泊《りょうざんぱく》の会」として団結が固い。

「昔は『お前ら、死んでこい！』ときつい気合を入れてましてね」

「いや、その気で行かねば死ぬこともありますよ」

怪我《けが》は仕方ないが死んだのはまだいない。龍一さんの気迫に加え、月野さんの優しさも荒れた若者の心をつかんでいるのだろう。店には真鍮葺《しんちゆうぶ》きの子供神輿が飾られ、その上の本神輿の屋根を切り取った部分は激突の損傷が生々しい。

「たにた」は正月元日が休みであとは無休。月野さんが一八で嫁に来た頃は元日も営業、昼の定食から深夜まで働きづめで自由時間はゼロだったと笑う。子供ができてしばらく休んだが、今はまた看板娘。その笑顔のすばらしさ。私の松山は、道後温泉、

俳句、『坊っちゃん』、そして「たにた」のご夫婦だ。〈2009.4〉

87 ほづみ亭

山の上の宇和島城登城路は、大樹に被《おお》われて自然石石段の一段が高く、市民の格好の足腰鍛練になっているようだ。頂上天守閣は小ぶり三層と堅固ながら秀麗で、奥深い入江の港が一望にできる。

四国西南部の宇和島は遠く、東京から来るのは一日仕事で隔絶した異境を感じる。私は四国に来ると他所《よそ》とは違う霊気をいつも感じ、宇和島はとくに強い。

市内十字路角の「高野長英手水鉢《ちょうずばち》」に水の湧《わ》く、たいへん古い旅館を三〇年前から料亭にした「ほづみ亭」は、左の石畳路地玄関は奥の座敷へ通じ、右の暖簾をくぐるとカウンター大衆割烹。私はこちらだ。打ち水された清潔な店内は主人、花板、数多い板前のピシリとした空気がある。

料理の、ふくめん、丸すし、タチウオ竹巻、さつまめし、とは何か。「ふくめん」は、鯛でんぶ・海老《えび》そぼろ・ミカン皮のそぼろ・浅葱《あさつき》を、千切りしたコンニャクに覆《おお》いかぶせたもので、ピンク・白・橙・緑が美しいおめでたい料理なのだそうだが、食べると下がなぜコンニャクなのかなあと思う。「丸すし」は酢〆《すじめ》青魚を酢飯でなくおからで丸く握り、お菓子のようなおいしさ。「タチウオ竹巻」はタチウオ一尾を開き、丸竹にぐるぐる巻きにして濃いたれで焼き、ざくざくした風味と野趣がいい。「さつまめし」は焼いた白身魚と麦味噌《みそ》を擂《す》り鉢であたった汁を麦飯にぶっかける。

宇和島港の豊後《ぶんご》水道は魚の宝庫で天然鯛《だい》が名高く、「鯛そうめん」は豪華な一品。しかし「鯛めし」はご飯と鯛一尾炊いて身をほぐすものとは大違い。鯛刺身を卵黄身を浮かべた濃いたれに浸けてご飯にのせ、味は甘い。それぞれ、海をはさんだ九州大分の「きらすまめし」「りゅうきゅう」や宮崎の「冷や汁」に似る。翌日スーパーをのぞくと丸すし、鯛めしセット、さつまめしセットなどは普通に売っており郷土料理とわかる。セットなのは家庭では素材から調理しなくなったのだろう。

「郷土のものが郷土の家庭で作られなくなっている、それを残すのが大切かと」主人・石丸正敏さんが強調する。もちろん名物の宇和島じゃこ天をはじめ、豊後水道の刺身は言うことなし。エッジがスパッと立った豊後鯖《さば》は血合いが鮮烈に赤く、葱《ねぎ》、山葵《わさび》にニンニクがつく。煮魚食いの私は「ほご（かさご）」の煮魚を隅々までしゃぶり尽くした。さりげない一品「釜揚げしらす」のうまさ。そして勝負あったは自家製カラスミだ。その気品ある味を〝献上カラスミ〟と呼びたい。

座敷につぎつぎに客が入ってゆく。関西や東京から車で来て「ひと晩じゃもったいない」と二日、三日と続けて来るそうだ。こういう料理屋が繁盛《はんじょう》している四国の港町がいい。

店名「ほづみ亭」は料亭脇《わき》の石の小橋「穂積橋」による。幕末の宇和島に生まれた法学者、後の男爵・穂積陳重《のぶしげ》は東京帝大法学部長を務めた日本民法の生みの親で、大津事件の審判に「政府の圧力に屈することなく、法に照らして裁判なされたし」と同郷の大審院院長・児島惟謙《こじまこれかた》を叱咤《しった》。後に枢密院《すうみついん》議長となり故郷の青年を手厚く支援した。死後、市が銅像建立《こんりゅう》を申し出ると、「老生は銅像にて仰がるるより、萬人《ばんじん》の渡らるる橋になりたし」との生前の言により、遺族は銅像を固辞した。市が代りに改築中の橋を「穂積橋」と命名する案を申し入れたところ、遺族はそれをゆるしたという。〈2009.4〉

88　とんちゃん

高知、桂浜《かつらはま》に立つ坂本龍馬《りょうま》像は台座八・二メートル、銅像五・三メートル、計一三

とんちゃん

・五メートル、銘〈龍馬像　時・昭和参年五月、建設者・高知縣《けん》青年〉。懐手《ふくろで》で茫洋《ぼうよう》と太平洋を見る眼差《まなざ》しは、青年の雄大な覇気と理想を語りかけてやまない。

市内帯屋町の「成吉思汗《ジンギスカン》とんちゃん」は高知で知らぬ者のない居酒屋だ。小公園に面した十字路角の木造二階家の一階は、「とんちゃん」と赤で超特大に書いた黄布が端から端まで大鉢巻のように回る。開け放たれた二階の窓は裸電球が光り、手摺《てす》りにもたれて飲んでいる客が通りから見える。

少年の冒険小屋のような木造手造りの中がまた痛快だ。ここはカウンター、ここに棚がほしい、長椅子《いす》は出入りが不便だからはね上げにしよう、灯りは裸電球ぶら下げでいいと、素人《しろうと》が面白がって作っていった迫力にわくわくする。酒料理は滑車のロープで上下する箱の手動で二階に上ってくる。うまく滑る木のレールをあてがい、栓を抜いたビール瓶一本を立てても倒れない。時々ちょっとやらせてくれという客がいるそうだ。二階窓側のベンチは下の十字路と公園が見下ろせて、じつに居心地がいい。

「そこが特等席です」

この席のファンは多いが、無理やり腰掛板をはめた一隅を好む人もいて、それぞれマイ指定席があるそうだ。ここを始めた吉本健児さんは一〇〇歳をこえてご壮健、長男の光徳さんはサラリーマンを経て四一歳から店に立ち、七三歳で若々しい。

明治四一年、高知に生まれた吉本健児さんは昭和一四年、三一歳のとき骨を埋める覚悟で満洲《まんしゅう》へ渡り、二〇年七月に応召。わずか一ヶ月の兵役にもかかわらずソ連に抑留され、四年後帰国した。日雇い労務者や闇《やみ》のかつぎ屋、ある時は紙芝居屋をしたが、菓子を買えない子供が可哀想《かわいそう》で「見てもいいよ」と声をかけ、「あの紙芝居は買わなくても見せてくれる」と評判になって誰も買わなくなり廃業したというエピソードがいい。

昭和二九年、当時真っ暗な住宅地だった旧細工町の一角でモツ焼の屋台を始めた。大陸を駆け巡った心意気忘れじと「黄塵万丈《こうじんばんじょう》」の大幟《おおのぼり》を立て、脂《あぶら》の煙りをもうもうと上げる屋台は繁盛《はんじょう》し、二台の間に板を渡して机にしたが、それでも客はあふれて公園の鉄条網越しに座り込み、夜な夜な大宴会が繰り広げられ熱狂的なファンがついた。

健児さんは野外の酒を愛し、ずっとこのままのつもりだったが三年後の昭和三二年、道路管理条例で屋台撤去となる。前の土地が空いたのを幸い一軒家を建て、屋台の飲み方を残すため、机を設けず全《すべ》てカウンターにした。店名は「成吉思汗」。「萬年《まんねん》放浪」の大幟を店外に下げた豪快な居酒屋は、血気盛んな土佐っぽの意気をわしづかみにした。私は十数年前に健児さんに会い、「屋台は身分肩書き一切関係ない共和国」の言に共感。「飲むとき星が見えなくちゃつまらんでしょう」と、柱に結んだロープを解くと滑車から滑車に渡って二階天井の天窓がするする開き、星空が見えたときの感動を忘れない。十三夜はこの席から月が見えるそうだ。
つめたいビールをぐーっとあおった。肴《さかな》は豚モツの千切りをたれと炒《いた》めた「とんちゃん」。「とんちゃん食べいこか」が「とんちゃんいこか」になり、今や「とんちゃん」が店名に代わった。これにニラが入ると「にらとん」。「銀なべ」はモツ煮で「銀の鍋《なべ》で煮る価値がある」の意。「な（名）なし」は鯨の特上刺身らしいが主人は笑って正体を言わない。

　にらとん、銀なべ、ジンギスカン焼が三大メニュー、おっぱい、ホーデンなどもある男っぽい店に、最近〝レディースメニュー〟が加わった。肉と生野菜を黄色地に黒い焼け焦《こ》げのついたクレープで巻き、客が「トラ巻」と命名したが、斑点《はんてん》状の焦げに「これは豹巻《ひょうまき》」と混ぜっ返した客がいたとか。「うちは客が名前つけちゃうんですよ」と主人が笑う。すごいのはガラス箱に標本のように並ぶ、関節が先細りに続く一五センチほどの骨だ。豚の尾をきれいに食べ尽くした人が飾っておいたら「オレも」と挑戦者が出てきて、幾本もが名前日付入りで飾られ、女性、夫婦連名もあるのがすごい。

　健児さんは毎日店で客の相手をしていたがここ数日静養しているそうだ。光徳さんは二階、一階は奥様の一恵さん、手伝いのおばさんたちも二代目になり長い人は一八年という。

健児さんは地元の熱烈な愛に応《こた》え、年一回会場を借りて、飲み放題食べ放題すべてタダの「とんちゃん祭」を続けていたが、酒料理を持ち込めなくなり止《や》めたところ、客から「会費制でいいじゃないか」と声があがり、「続とんちゃん祭」としてさらに続き、昨年健児さん一〇〇歳を機に幕を閉じたという。とんちゃん祭には高知の名士が勢ぞろいし、全てのマスコミが呉越同舟で集まるのはここだけと言われた。選挙運動中の候補者もこの会だけはと参加したが、一切選挙にふれず、ただ飲んで騒いで帰ったのは立派だったとか。アルバムの写真には二〇〇人を超える総勢が、ネクタイ姿、着物姿など老いも若きも男も女も全員が酔っ払い、中高年男女が肩を組んで列を作り床に寝そべり、「とんちゃん囃子《ばやし》」などの余興支度も大勢いて、壮観の一語だ。

大判の厚い本は『とんちゃん新聞80号記念縮刷版』（昭和六四年／土佐出版社）だ。新聞「とんちゃん」創刊号は昭和四一年六月。はじめ四、五号は客が作り、その後は健児さんが編集発行。店置き二五〇〇部、定期郵送三〇〇部。A3両面のレイアウト、写真、カットなど変化に富んだ紙面はヘタな新聞より優れ、随筆、詩、小説、劇評、書評、座談会、テーマ特集、旅行記、コラム、写真教室など実用記事、漫筆、お色気などじつに豊かだ。連載小説は挿絵がつき、「常連譜」なる近況、コラム「土佐小咄《こばなし》」

もおもしろい。

第二六号（昭和四六年）は、高知の政治・社会・文化に大きな足跡を残し、この店を愛した大野武夫の追悼特集。同氏が昭和二年に書いた「坂本龍馬先生銅像建設趣意書」は〈爾来《じらい》海南の地才俊多く今郷党の為《ため》に萬丈の紅焔《こうえん》を揚ぐ。時運非にして英雄を思ふは古今同轍《どうてつ》である。第二の坂本出《い》でよ、第三の坂本出でよ〉と熱誠あふれ、建設方法の〈大キサ・日本一／全部寄附金ニヨル／建設主体・高知縣青年〉がいい。

新聞発行は平成一〇年、三二年間計一〇〇号をもって最終号となった。寄稿無報酬の執筆者はのべ一三〇〇人。それを伝える高知新聞の記事は「高知市の飲み屋街の一角に昭和二九年に店を開いて四四年。それはそのまま高知酒文化の歩みとも重なる」と始まる。日本で、いや世界に三三年にもわたり新聞を発行し続けた居酒屋はあるだろうか。それもPR紙ではない文化紙を。新聞には「発行所・成吉思汗（通称とんちゃん）」とあるだけで広告の類《たぐい》は寸毫《すんごう》もない。

新聞発行以前の昭和三九年、文人墨客の集まる店となっていたとんちゃんは、開店一〇周年記念誌『屋台の歌』が客により作られ、「男が男を上げる場所」として前田とみ子（宮尾登美子）が書いている。

〈たてつけの悪い腰高障子を開けて店に一歩入るや、一瞬にして時間は逆流し、目の前に北満は場末の飯店の再来。黄塵万丈の風がようしゃなく吹きこんでくる土の部屋の中には、白酒、にら、にんにくの匂《にお》いが充ち、豚肉の油煙が目に沁《し》みる。並《な》みいる男たちは垢《あか》で黒光りする長彩を着、荒野に駿馬《しゅんめ》を駆るひょうかんな大陸武士の面魂《つらだましい》だ。お、ここには満州がある、（中略）この店ではなんと男たちが魅力的に見えることか――〉

新聞第四号（昭和四二年）に健児さんが「懐旧十年　屋台の詩」を書いている。

〈その昔。新京橋に社会鍋を吊《つ》るして　師走《しわす》の霙《みぞれ》に濡《ぬ》れつつ　求道を叫び続けた私。満蒙《まんもう》の地に渡れども　春夢破れ去りて　シベリヤ抑留より解放され　望郷の地に帰れどもなすすべを知らず。偶々《たまたま》、友人知人の檄《げき》を得て　公園の片隅に、屋台を出す。どぶ川の　板橋をさかいに　西は紅燈《こうとう》街。東は薄暗い場末で裏は小公園。その頃　闇の公園は　ヤクザのふきだまりだった――〉

これぞ男のロマン、土佐の「いごっそう」！　十数年前お会いした健児さんは、しゃれたチェックの上着にベレー帽が似合い、九〇歳近くして青年のロマンチシズム、客気《かっき》を失わない意気を感じた。

英雄・坂本龍馬を生んだ高知は本物の酒飲み県だ。酒というものにこれほど雄大になれる地を知らない。

〈2009.4〉

89　さきと

今年一〇月の休日、東京で「東京さきと会」なる集まりがあった。「さきと」は博多の居酒屋だ。主人から「東京のお客様が、会を開いてくれることになり、太田さんもぜひ顔を出してください」と電話をもらっていた。

会場となった店を私は知らず、携帯電話で問い合わせながら行くと、高級デパート、バーニーズ ニューヨークに隣接したビルの中、銀座の真ん真ん中だ。飲み屋の常連の飲み会だろうと気軽に構えていた私は、少し気持を入れ替えエレベーターで昇った。最上階の店はシックな高級クラブ風和食店だ。すでに集まっている十数人は夫婦も多いようで、男は趣味の良いジャケット、女性は集まりを意識した、ほどほどに華やかなワンピース、ひと目でしかるべき社会的地位の方とわかる。私はもう少しまし な服装で来るべきだったと後悔したが遅く、失礼はできないと気を引き締めた。肝心の主役、さきと主人の松本巧さんは厨房《ちゅうぼう》で博多から下げてきた鯖《さば》を捌いている最中という。それも刺身に仕上がり、ようやく幹事の挨拶《あいさつ》となった。

皆さんはさきとの常連で、パイロットなど航空会社の人が多く、有名大劇団の社長、大物国会議員の実弟など四、五〇代の現役。奥様方も独身女性も、育ちの良さと明るい社交性を備えた美人ばかり。華やかで親しみのある会になってゆき、松本さんもうれしそうで酒もすすむ。居酒屋常連の集まる飲み会は、間違いなくひまなオヤジが気炎を上げる大酔っ払い大会になるが、今日はまるで違う大人の男女の集まりだ。地方都市の居酒屋にこういう客がついていたのかと私は認識を新たにした。

二週間後、博多のさきとに行った。ここは高級な店ではない。酒一杯六五〇円、刺身一〇〇〇円、塩辛三〇〇円と誰でも入れる。私が初めて入ったのは平成九年秋。『ニッポン居酒屋放浪記』取材のときで、三年続いた連載でここだけが二晩続けて入り、その感動を詳しく書いた。

福岡市中央区舞鶴は繁華街をはずれ、小学校も近い落ちついた地域だ。カウンター一二席のみの店に貼《は》られた詳細な品書きは、福岡地酒を中心に全国の名酒と玄界灘《げんかいなだ》の魚だ。ながく魚の仲卸し、小売りを経験した目利《めき》きと調理は、例えば冬の海鼠《なまこ》はあたかも半身がそのまま横たわる如《ごと》くだが、つつくと一ミリより薄く切ってあり、海鼠のこりこりした硬い食感を愉《たの》しめる。冬の済州島の鯖を使ったごまさばは絶対はずせない一品。煎《い》り胡麻《ごま》、醬油《しょうゆ》、山葵《わさび》などの醬油たれと刺身を和《あ》えるごまさばは、どこで食べても間違いのない福岡のすぐれた料理だが、ここの最上鯖と独自の醤油たれは比類がなく、さらに後半、ご飯にのせ、熱々の出し汁をかける「ごまさば茶漬」が絶品と書けばひと膝《ひざ》乗り出し、鯖に代えて鯛、ひらめもさらに良しとなれば腰を浮かす人もいるに違いない。料理は何をとってもじつにすばらしい。

さらに書きたいのは酒器と皿小鉢だ。紺染め付けの昔の大衆品ばかりで、これが全く私の好みにぴたりと合う。盃《さかずき》は平たい朝顔型の白磁。かねがね燗酒《かんざけ》はこの昔の最も安い既成型がいちばん飲みやすく味を良くすると感じていた私は、初めてきたとき話すと即座に「そうですそうです」と答が返りうれしかった。休日に筥崎宮《はこざきぐう》の骨董《こっとう》市などで探すのが趣味という松本さんの盃コレクションの数々は、私を口惜《くや》しがらせている。言うまでもなく隣の有田は一大陶磁の町だ。古い盃には富士の絵が多く、糸尻《いとじり》裏に〈深川製〉とあるのに名品が多いそうだ。松が枝《え》越しに霞《かす》む霊峰の盃で味わう燗酒は、いちだんと味につやがのる。

皿小鉢も昔大衆料理屋で使われていたようなものばかりだ。極上の鯛刺身厚切りは、胡瓜《きゅうり》二枚、大葉一枚、大根千六本だけの最小限のつまで、質素な染め付け皿に盛られる。魯山人《ろさんじん》は料理と器は夫婦のようなものと言ったが、やんごとなき姫君が、身分低けれど素朴清潔な若者に恋して嫁いだような風情《ふぜい》はまことに好ましく、これが松本さんの美学かと思わせる。世にこの逆、冷凍の刺身をつまや花で飾りたて豪華皿に盛り込み、女性をわぁと言わせるような料理のいかに多いことか。松本さんのしつらえは、店を広げたり高級にしたりする気持は全くなく、自分のできる範囲を努力し、それ以上の欲はかかないという姿勢の現れにも感じるのだ。

六年前、松本さんから一通の手紙が来た。松本さんは筆まめで、きちんと読みやすい字で文は簡潔、ときに絵が入る。そのときは絵はなく、奥様がガンで入院されたことが淡々としたためてあった。奥様はワイン通で、開店して一〇年過ぎて店も安定し、松本さんがこれからは女房にワインを充実させてもらおうと思ってるんですよとにこやかに笑って目を合わせた、あの方だ。私の見舞いの手紙に返事をいただいたが、その次の便りは、奥様はホスピスに入った、自分は店を閉め、奥様との日々にすべての時間を充《あ》てるとあった。数ヶ月のち手紙は訃報《ふほう》になった。しばらくして博多に行った際に伺うと、松本さんの髪は真っ白に変わっていた。ご霊前に手を合わす私の隣に正座した白い調理着の松本さんは唇を嚙《か》みしめてうなだれ、失ったものの大きさを知らされた。

その後も店を訪ねたが奥様についての話は避けてきた。五年が過ぎ、東京で会った顔は仕事場を離れた解放感と、よき常連に囲まれた安心感もあってか晴れ晴れとし、自らの口から初めて奥様の思い出を語った。私はその顔に試練を乗り越え、新たな希望を見いだした澄明《ちょうめい》を感じ、この会が開かれた意味を知った。

〈2007.10〉

90　寺田屋

福岡の若者通りは天神北の親不孝通り（親富孝通り、と改名したとか）が有名だが、近年は大名《だいみょう》の紺屋町《こんやまち》通りに若い人の開いた個性的な店が集中し、人を集めている。

「昔は、ほんと小さな商店ばかりで夜は暗く、人通りもなーんもなかったとですよ」

それが魚屋の隣にしゃれたファッションブティックが、八百屋の隣にヘアサロンができ、古着、家具、音楽、バーなど、ここ五、六年ですっかり様変わりしたそうだ。

話すのは通り真ん中の居酒屋「寺田屋」の若主人・小田将義さん。主人というよりは若頭と呼びたい目の澄んだ兄貴だ。ここは「寺田屋の二階」という名ではじまり、手伝っていた彼はこんな場所で客が来るのかと思ったが繁盛し、そのうちオーナーから「お前が独立してここをやれ、店の名も変えろ」と言われ、「なら、寺田屋でいい」となったそうだ。

寺田屋は寺田屋騒動で有名な幕末倒幕派の京都の隠れ宿だ。オーナーは坂本龍馬に憧《あこが》れ、後に龍馬の妻となるお龍のいた寺田屋の名を拝借し、二階階段踊り場には龍馬の大きな写真が飾られる。表通りの竿《さお》に提げた店名提灯《ちょうちん》を目印に、肩幅くらいの極細路地を突き当たりまで進んだ古い長屋の一番奥深く、番小屋木戸のような入口をかがんで開け、玉砂利に履物を脱ぎ板の間に上がる、まさに隠れ家にもってこいの船宿風だ。

小田兄貴を中心に、黒Tシャツに紺半纏《ばんてん》の気っ風のよい男三人の男くさい店。日本酒、焼酎《しょうちゅう》いろいろに玄海の魚、ごまさば、がめ煮、おきうとなど博多料理は何でも揃《そろ》い、特徴はみな「辛《から》い」。「うちはポテサラも辛かです、辛うしとくと酒もよう飲むけん」と笑う。練り辛子を入れるそうだ。私の好物タイラギ（平貝）ちょい焼には一味唐辛子がぱらりとかかるが、さらに一盛り別添えされ、がめ煮は柚子《ゆず》胡椒《こしょう》がたっぷり。色んな魚貝、野菜、料理大鉢が重なるL字カウンターを掘りごたつ式に囲む席は居心地よく、さあ腹を割って話そうやという雰囲気だ。毎週通って来る七〇歳過ぎの老人は酒もよく飲み、五〇代くらいの女性に「今日は若い人と隣り合うて幸せや」と言い、女性は「いえ若くありません」と恐縮するそうだ。宮崎から毎週来る産婦人科の先生もいるという。博多は老人と若者の仲が良く、紺屋町の変化も商店主が「町は古くなったが大資本はお断り。若い熱意あるのに損得抜きで貸すから好きなようにやれ」と言って、寂れていた町が五、六年で活発化したという。

「それはもちろん、山笠《やまがさ》の伝統でしょう」

町内の、ほんの小学生から八〇歳の硬骨者まで、あらゆる世代の男たちが裸同然の締め込み一本で一丸となり、祭に集中する夏の一大イベント、祇園《ぎおん》山笠の組織を通じ博多の男たちは、男らしさ、長幼の序を学んでゆくという。世代間断絶、いや同世代間断絶すら問題な今の時代に、なんと麗《うるわ》しいことか、なんと必要なことか。酔ってわかったように力説する私に、小田さんは「いや、単なるのぼせもんですよ」といなす。「のぼせもん」とはおだてられると調子に乗る博多っ子気質。「男のつき合い」ですべて通るが、陰ではかみさんや恋人の女衆に「すまん」と手を合わせる。「博多のおなごは気が強かとですよ」と彼は苦しそうだが、「でも、いいじゃないか、そういうの」と私の賛美は止まらない。私が会社員のとき新人で入ってきた博多出身者は、夏は必ず一週間休暇を取って祭に帰省し、私がわざと「君は仕事と山笠とどっちが大切か」と切り出すと、「もちろん山笠です」と胸を張り、私を喜ばせた。

小田さんは血気盛んな頃、仕事を終えると毎晩のように屋台に飲みに出た。すぐに相客と仲よくなりビールのおごりおごられになる。あるとき、身なりよく、かつて腕に憶《おぼ》えのありそうな年配と腕相撲になり、思い切り地べたに叩《たた》きつけたが、さすがに「すいません」と抱き起こし、賭《か》けたビールをいただいていると、背後に黒塗り高級車が止まり、それらしき男が下りてきて「会長、そろそろ」と小さく声をかけた。会長は「なんや、今せっかく友達できたんや」と抵抗したが「えぇ、そろそろ」と連れ帰られたそうだ。

「あっははは、そのあとどうした?」

「いや、会っとりません」と首に手をやる。博多っ子は一本気。若い彼は気持がいい。博多の酒はいつも気分がいい。


〈2007.10〉

91　安楽子《あらこ》

大村湾の長崎空港に降りると、いつも胸がきゅんとなる。大村は母の生地だ。

母は戦前、大村の女学校を終えると、朝鮮に単身赴任中の実父のもとへ世話のために渡り、同じく長野県から朝鮮に渡っていた私の父と昭和一七年に結婚した。父は京城の日本人学校の教師をしており、教え子の姉を紹介されたのだった。

私は敗戦後の昭和二一年三月、北京《ペキン》の日本人収容所で生まれた。上に二歳の兄がいた。大陸残留日本人の戦後引揚げは大事業で、身重の母が私を産むのを待って父母・兄・生後三週間の私の一家四人は終戦七ヶ月後、引揚げ船に乗り佐世保に上陸。大村の母の実家でしばらく滞在休養ののち、長野県松本の父の生家に向かった。父は戦前に松本中学から京城師範学校に進み、そこで奉職し、結婚して済南の日本人学校に移り、子をもうけ、徴兵され、敗戦に遭い、中国から引き揚げ、故郷を出て十数年後に郷里に帰ってきた。父の父母はそのときはじめて長男の嫁と二人の孫を見た。父はよく「国破れて山河あり、か」と口にしていた。

異国（今となっては）で縁あって結婚した母は、おだやかな湾に面した温暖な大村とは違う、寒い山国にいずれは住む自覚があったのだろうか。朝鮮・中国と長崎は近く、ずっとこのあたりで暮らすと思っていたのではないか。父も大陸に根をおろす気持があったかもしれない。敗戦がそれをなくさせた。母は終生、故郷大村のおだやかな海、おいしい魚を懐《なつ》かしみ、歳《とし》相応のボケがきた晩年は、枕元《まくらもと》につねに大村の実家の石垣の写る写真を飾っていた。私はなんとか今いちど母を大村に連れてゆきたかったが母の体力が伴わなくなって果たせず、今となっては生涯の悔いとなってしまった。

長崎・思案橋《しあんばし》電停ちかくの居酒屋「安楽子」の開店は昭和四八年。建物はもっと古く、艶光《つや》りが年期を感じさせる。店名「安楽子」は姓名判断の人が字画がいいとつけてくれたが、はじめは憶えられにくく「安心で楽しい子」と説明したそうだ。

対馬《つしま》海峡、五島灘をひかえた長崎は魚の宝庫で春の今は桜鯛《さくらだい》、ヒラス（ヒラマサ）、鯵《あじ》などに子持ちのイイダコ煮がうまい。山国の長野に来た母は「生きた魚がない」と嘆き、たまに婚礼などで鯛塩焼が引出物に出ると「鯛は骨が硬いから気をつけなさい」と言いながら小骨一本まで味わっていた。

「おば」は関西で言う「おばいけ」、鯨《くじら》の脂《あぶら》をさらした「さらし鯨」だ。戦後のもののない時代に、遠い地に嫁いだ母に長崎の実家からよく食料品の小包が届き、さらし鯨も入り、酢味噌《みそ》で食べるようにとあった。正月用に信州にはないミカンが届き、母はお返しにリンゴを送った。

「いらっしゃいませ」

にこやかな挨拶《あいさつ》は主人・松本亨《まつもととおる》さんの奥さんだ。長身、彫りの深い面立ちはイギリス人のような美人。カウンターに立つ息子さんも似ている。以前来たとき、ハーフとおぼしき人形のような可愛《かわい》いお嬢ちゃんが店を走り回り、奥さんに「静かにしとらんばだめよ」と叱《しか》られても意に介さず「わたしが（料理を）運ぶ」とおしゃまを発揮して、なんともよい光景だった。娘さんのご主人がベルギー人で外国住まいだが、丁度お孫さんを連れて帰省されたところと目を細めた。

店は、人の良い温顔の主人と奥さん、息子さん、ながく手伝う方の四人でやっている。男女、女同士、独り者など、世代幅広い客がこの店の家族的温かさを感じさせ、なじみらしい年配夫婦客が「カニ、太かとこ一本」と注文。若夫婦が「父がよろしく言ってました」と挨拶し、連れた赤ちゃんを「まあ、大きくなったわね」と奥さんがわが子のように抱き上げる。長崎を一〇〇回を超えるほども訪ね、ここにも顔を出したという作家・吉村昭《よしむらあきら》氏もこの家族的雰囲気を好んだのだろう。

長崎人の定評「男は親切、女は美人」は本当だ。町を歩いて見渡すと必ず美人がいる。今日も何人も見た。特徴は異国風で先祖に西洋人をもつ人も多そうだ。男は女性に優しく、自己主張や論争を好まず「まあよかよ」と胸を開いてゆくのは、鎖国時代にただ一つ世界に開港し、異人や異文化を取り入れることに慣れた気質だろう。四方を山に囲まれ閉鎖的で理屈っぽい信州人とは大違いだ。

私が小学生のとき、母の父の葬儀で、信州に来てからはじめての長崎帰りとなった。父の学校の都合で、母は幼い妹を連れて先に発《た》ち、父と兄と私は二日遅れて発った。いまと違い当時の信州松本から九州長崎は大旅行で、向かい合わせの硬い三等座席で眠る夜行列車の旅に興奮し、はじめて外の世界を知った原体験となった。葬儀ではあったが、母の実家親戚《しんせき》は遠くからの私たちを温かく迎え、子供心に人の気持の温かさとはこういうものかと感じたのを憶えている。

中国から引き揚げた実家の大村で母は乳が足りず、同じ年ごろの子がいたお向かいの家の方に私は乳をふくませていただいたそうだ。生後三週間の私は混乱の引揚げ船で命が持つか危ぶまれ、父は私が死んで水葬に付すとき私を包むために新しい日の丸の旗を用意した。産み落としたばかりの子の葬式支度を母はどんな気持で見ていただろうか。しかし私は生きのび、長崎の方の乳をもらい命ながらえた。久しぶりに戻った実家で母はきっともらい乳したお向かいの方に私を見せただろう。私は年齢とともに次第に自分のルーツは長崎にあると意識するようになり、機会を作っては訪ねるようになった。

茹《ゆ》でた浅葱《あさつき》を畳み、最後はぐるぐるに巻いて閉じた「ねぎ巻」はおいしい箸《はし》休め。これも酢味噌で食べる。熊本に同じものがあり、細川の殿様が倹約令の酒の肴《さかな》としてカラシ蓮根《れんこん》などとともに奨励したのだそうだ。奨《すす》められた「魚のモツ煮」は鯛やカジキの内臓を生姜《しょうが》などと煮たもので、鯛の白子がうれしい。

壁の、背丈より高い線は、昭和五七年の集中豪雨でここまで浸水したという目印だ。長崎では誰もがこの話をして、多くの店は喫水線を今も残し、表の電車通りにも碑がある。その日安楽子は二階座敷で警察の宴会が開かれ、偉い人も大勢いたが、どんどん水が増えてきて「これはいかんばい」と出ていったそうだ。一時間に一八七ミリの豪雨は日本一の記録だそうで、中島川の氾濫《はんらん》で石橋は崩れ、死者・行方不明者二九九に達した。当時長崎に母の親戚は何軒もあり父母は心配したことだろう。幸い親戚に大きな被害はなかったらしい。

長崎のことを思いながら盃がすすむのは、もう一つの故郷に帰った気持だ。私の父母はすでに亡《な》く、長崎の叔父（母の弟で父の教え子）も先年亡くなり、長崎に寄る辺が少なくなったなかでこの居酒屋は大切なより所になった。母の人生のほとんどは長野県だったが、最後まで長崎の人だった。

〈2009.3〉

92　朱欒《ざぼん》

ザボンはポルトガル語。南国の大きな柑橘《かんきつ》は長崎の町によく似合う。秋の大祭「長崎くんち」が有名な上西山町・諏訪《すわ》神社の下、道路沿いの居酒屋「朱欒」は植え込みが品のよい一軒家だ。

「ごめんください」

「いらっしゃいませ」

迎える甲斐滋子《かいしげこ》さんは黒の半袖《はんそで》セーターにチェックのスカート、水商売気のない支度は普通のお宅を訪ねたようだ。滋子さんとお母さん、娘さんの女性三代でやっている昭和二八年開店の古い店。最初に始めた曾《ひい》お婆《ばあ》さんからだと女性四代になる。曾お婆さんは先年一〇〇歳で亡くなられたが、九五歳まで店に立っていたそうだ。

民芸で統一された応接間のような店内に、野花を投げ込んだ玄関の蹲《つくばい》が奥床しい。磨かれた太い梁《はり》と柱、打ち水が映える黒瓦《くろがわら》のような床、朱色の飾り壁。芹沢銈介《せりざわけいすけ》の絵文字額は前に来たときは「夏」、今日は「春」が飾られる。螺鈿《らでん》の八角盆、古皿、古盃のコレクション、飾りランプ、一つ一つ形の違う電灯のガラス笠などは母が集めたもので、趣味の良い民芸にどこか南蛮の趣があるのが長崎らしい。大伴家持《おおとものやかもち》のような万葉貴人がゆったりとにこやかに対座する一対の泥人形は長崎の古賀人形という。三月も過ぎた時季に古簞笥《ふるたんす》にのせた緋毛氈《ひもうせん》に雛《ひな》人形がまだ飾られる。

「長崎では四月三日まで飾るんです」

その雛人形は八三年前、母の誕生祝いに誂《あつら》えた古いもので、大きくはないが精巧な細工はたいへん格調高い。

廊下の奥が台所らしく、滋子さんはそこと行ったり来たりして酒料理を運ぶ。箸置きは桜の小枝、以前は根曲がり竹だった。お通し「筍《たけのこ》 木の芽和《あ》え」「芹と蒟蒻《こんにゃく》の白和え」は春の息吹《いぶき》が横溢《おういつ》し、長崎のブランド鯵「ごんあじ」は透明な旨《うま》みが濃く、「五《ご》島鯖《とうさば》の〆鯖《しめ》」は清らか。すべて器との相性がとてもよく、今日は「筍と嫁菜のちらし寿司《ずし》」も楽しみだ。

名品は曾お婆さんが考案し、今は奥でお母さんが揚げる「ざぼん揚げ」だ。エソや甘鯛のすり身のつけ揚げで、丸めた俵型に化粧の黒ゴマが点々と散り、揚げ立てを柚《ゆ》子胡椒《ずこしよう》で食べる。少し入れたニンニクによるじんわりしたコクは箸を止められないおいしさで、常連でこれを注文しない人はいないそうだ。長崎の落ち着いた客や、単身赴任の里帰りで寄った客など、上品な居心地と洗練された料理は固定客が多い。

「いらっしゃいませ」

手が空いたらしく台所からお母さんが出てきた。おん歳八三歳。背筋がしゃんとした小柄、清潔なたたずまいはいかにも長崎のお婆ちゃんだ。まだお酒もいけるというのが頼もしい。私の母の長崎の親戚のお婆ちゃんたちも皆、頭も気持も合理的で、自分のことは自分でしてボケることなく長生きした。私の母は老後は相応にボケたが、長崎で暮らしていればそうならなかったかもしれない。

「あなたは何をしていらっしゃいますか」

「え、ま、本などを書いております」

「そうですか」

女四代、それぞれご主人は本業があり、長崎の女はぶらぶら遊んでいることはなく、こうなった。孫娘も嫁いだが主人に転勤があればついてゆく、その時はどうしましょうかねえと笑う。長崎の女は先行きをあまり心配しないそうだ。私は母が大村生まれであることなどを話し、勢いでお酌までして頂いた。母からの酌のようだった。


〈2009.3〉

93　こつこつ庵《あん》

城下町大分。城址《じょうし》の石垣を巡る濠《ほり》の水面《みなも》が、隅やぐらの白壁にゆらゆらと陽の光を反射して美しい。その先は総ミラーガラス張り一九階のモダンな大分合同新聞ビルだ。ビルに近い居酒屋「こつこつ庵」は大きな木造二階建て。外壁にびっしり隙間《すきま》なく貼《は》られた色んな琺瑯《ほうろう》看板群が異彩を放ち、琺瑯看板ファン（？）にはおなじみの、ニヤリと笑う水原弘《ひろし》のハイアース、太股《ふともも》まぶしい由美かおるのアース渦巻蚊取り線香は右大臣、左大臣のごとしだ。

「や、いらっしゃい」

真っ赤なTシャツ、白に変わった愛嬌《あいきょう》のあるちょび髭《ひげ》のマスター・松本じつおさんは血色がよい。私はなんどもここに来て、彼のことを『居酒屋かもめ唄《うた》』という本に書いた。

「麦焼酎《じょうちゅう》の鉄輪《かんなわ》、ロックでカボス」

麦焼酎ロックに大分特産の柑橘・カボスを絞り入れて落とし、カラカラと回すのが、ここに来て最初の仕事だ。

九州で大分県だけは瀬戸内文化圏に属し、臼杵《うすき》のフグ、関鯵、関鯖、城下《しろした》カレイ（マコガレイ）など魚のみならず、団子汁、きらすまめし、やせうま、さつま、ほうちょう、鴨汁《かもじる》、焼すっぽんなど独特の食文化をもつ。その一つ「琉球《りゅうきゅう》」は白胡麻《ごま》入りの醤油《しょうゆ》タレに魚刺身を浸ける福岡の「ごまさば」のようなものだが、名前の謂《いわ》れは定かでなく、利休揚げのように胡麻を利休と称するところから、胡麻＝利休＝琉球の転化かもしれないがわかりません、というのがマスターの解釈で、案外あたっているような気もする。本来は家庭料理ですり鉢にたっぷり作り、男はこれで一杯やり、女子供はご飯にかけてかっこむ。魚はなんでもその日のものでまかない、生卵をおとすと贅沢《ぜいたく》になる。ここは関鯵だから上等だ。

細長いペンシル状の「活《い》きマテ貝」を軽く焙《あぶ》り、醤油をひとたらししたのが香ばしくおいしい。ここにもカボスを絞る。大分は何にでもカボスだ。マスターは子供の頃海岸によくマテ貝採りに行った。まず砂浜の表面を薄く掃くと穴がある。丸いのは別の貝で、よれた穴に塩を落とすと、貝は満潮が来たと思い二センチほど顔を出し、それをそっと引き抜くが、慌《あわ》ててやりそこなうと引っ込んでしまう。

「白砂青松《はくしゃせいしょう》とはあのこと、大分は今とどっちがよかったのかなあ」

大分の海岸は昭和三〇年代に昭和電工、のちに新日鉄が巨大なコンビナートを建設し、自然海岸は消滅。のどかだった城下町も企業相手の歓楽街に一変した。

「こつこつ庵」の店内は看板、古カメラ、時計、ランプ、レジスター、金庫、スリコギなどあらゆる古物で埋まり、圧巻は座敷の古ラジオ群だ。クラシックな木箱からプラスチックの五球スーパー流線型まで、テレビ以前、ラジオ文化の花形が役を終えたように静かに並び、なにか粛然とさせる。子供の頃ラジオで聞いた「三つの歌」や「今週の明星」を忘れない。父の好きだった「話の泉」では父と雑学を共有するうれしさを知り、連続放送劇「君の名は」は母、「鐘の鳴る丘」は子供がラジオの前に座り、美空ひばり、松島詩子《うたこ》、灰田勝彦《かつひこ》、三橋美智也《みちや》など黄金時代の歌謡曲に聴き惚《ほ》れ、「ラジオ寄席《よせ》」「お父さんはお人好《よ》し」に父も母も子供たちも笑い転げた。同じことで家族中が笑い合える幸福があの頃にはあった。

琺瑯看板はメトロランプ、ハッピーミシン、森永ドライミルク、おたふく綿、世界長地下足袋、ツバメゴム靴、六甲マーガリン、宮田自転車、ミリオンタイヤ、明電モートル、神田乾電池、ヰセキ籾摺《もみすり》機、太陽櫻《さくら》学生服、日立自動電気釜《がま》などなど、すべて戦後の生活を支えた基幹産業品ばかりだ。

昭和一二年別府生まれ、電気科出身のマスターは、テレビの草創期に設置や修理にバイクで走り回りながら時代の変化を感じ、無くなってゆきそうなものの蒐集《しゅうしゅう》を始めた。とりわけ専門の電化製品はステレオなど山のようにあるが、店にはもう置けず別の所に保存している。奥さんの「ゴミばかりでほんと困るの」という意見にはただじたじで、私が「これは貴重な文化遺産、企業博物館に寄付すれば大喜びだろう」と援軍を出すが、あまり聞いてもらえない。

マスターのこの情熱は、日本の最も幸福な時代とされつつある昭和三〇年代ブームをはるかに予見したものだ。失われて初めてあの時の幸福がわかる。目の前にある幸福に気づき、その形を残そうとしたのだ。

「これ、どうすかね」

一杯注いでくれたのは古色蒼然《そうぜん》とした古い古い一升瓶の焼酎「えびの」だ。ラベルの鹿児島本坊酒造は今もあるが、製造年月日が入る以前のもので、もはやどれだけ古いかわからない。マスターは店を開いたとき店内が淋《さび》しく、焼酎一升瓶をどんどん並べたがもはや余地はなく、この頃は古いものを開けて飲んでみているという。

その焼酎は、じつに深い味がした。戦後のながい時代がこういう味になった。マスターは今ようやく、自分が生きてきた時代を味わう心境になったのだろう。

店に置かれた客のためのノート「楽苦書帖《ちょう》」の最新三〇七号を開いてみた。

「横浜から来ました。団子汁おいしかったです。二五年前新婚旅行でレンタカーで九州一周しましたが大分には寄れませんでした。今回二五年銀婚式の記念に参りました。大分の方は身体《からだ》不自由な夫に、皆とっても優しくして下さいました。ありがとう、またきます」

ここにも幸福がある。マスターは幸福も引き寄せるようになったのかもしれない。

〈2007.10〉

94 入福《いりふく》

天草は橋を渡り継いで車でも行けるが、私は熊本から船で来た。港のある本渡《ほんど》市は平成一八年に天草市と名を変えたが、島の町は変わらず小さく、人も車もあまり見えず、交通信号はほとんど必要ないようだ。

天草はキリシタン文化の島。丘の上の殉教公園に立つ、大刀を背に天を指さす天草四郎像は少年の面影が残る。町山口《まちやまぐち》川にかかる祇園《ぎおん》橋は、天保三年（一八三二）架橋の日本最大級の石造桁橋《けたばし》で国の重要文化財。寛永一四年（一六三七）の天草の乱では四郎率いる宗徒軍と唐津軍が激突。両軍戦死者により川は血に染まり、屍《しかばね》は山となったと解説板にある。岩肌を露出した川床で、信仰をかけた決死の戦いがあったのだ。

居酒屋「入福」は二度目だ。小さな店ながら酒と天草の海にこだわった魚料理はすばらしい。今日は何があるだろうか。

魚体は大きく平らな銀色菱形《ひしがた》で、幼魚は背と腹から長い糸が伸びているという「糸引き鯵《あじ》」は、白身の細切りを生姜《しょうが》、柚子胡椒と和え、きれいな小味がおいしい。「こう鯛《だい》たたき」は、ピンクのそぎ切りに真っ赤な七味唐辛子をたっぷり振りかけ、緑の貝割れ大根を散らした美しい色合いで、ぴりりとした辛味に刺身の甘みのコクがあいまって、食べでがある。

「漁師料理ですね。どちらも雑魚《ざこ》ですが、雑魚の方がうまいですよ」

天草は東の八代海、西の東シナ海ではまるで魚種が違い面白いそうだ。大皿に真っ赤にゆで上がったツガニ（モクズガニ）は、これが川のカニかと思うほど大きく立派だ。脂性のコクは吟醸酒とよく合う。大陸では上海《シャンハイ》ガニ。毎年秋にこれだけを食べに来る客が大勢いるという。

私がこの店を好きなのは酒魚だけではなく、昭和二三年生まれの主人・米岡豊広さんの人柄だ。紺の調理帽に作務衣《さむえ》姿、風貌《ふうぼう》は名優・加藤武《たけし》にうり二つ。ファンの私はいっぺんに好感をもった。声もよく似て、すこし構えるようにゆっくり話し、破顔一笑すると鬼瓦が崩れたようになるところもそっくりだ。店は六〇年になる老舗《しにせ》で米岡さんになって居酒屋にかわった。全国の名日本酒、焼酎にこだわり二〇〇以上の銘柄を揃《そろ》え、奥さんに「こんなに買っても飲む人がおらん」と言われるが、「小さな島で、何かにこだわっていないと自分のアイデンティティーがなくなる」という言葉は共感がわく。地の魚というだけでなく、ふさわしい調理を重ねる一皿一皿もその証《あか》しに違いない。

漁もする米岡さんは腕が太く手が大きい。熊本は武道が盛んで自分は柔道をしたかったが、母の若死にした兄が剣道の達人で剣をすすめられ、「いちおう」初段までとった。熊本の高校の頃から日本酒が好きになり一升は平気だったが、後年、名酒「西の関」で良酒に目覚めて本格的に研究を始めた。広島の蔵に熊本酵母で造ってもらったという「賀茂金秀《かもきんしゅう》純米大吟醸・この道」はふくよかに濃く、エレガントだ。

「ぼくはあまりよそへ行ったことがないんですよ」と笑うが、小さな島で、自分の信ずるところを黙々と歩むのは天草人気質だろうか。自分の酒に「この道」と名付けた心情がいい。遠くまで来て、澄んだものにふれる。天草を再訪してよかった。

翌朝、祇園橋に散歩に出た。朝の満潮は石の橋桁を沈め、水が渟々《ていてい》と横たわる。天草の乱で血に染まった岩肌もこれで洗い流されたのだろう。〈2007.10〉

95　味乃《あじの》　さつき

鹿児島の繁華街は言わずと知れた天文館だが、今や天文館は新宿歌舞伎町《かぶきちょう》と化して、

味のさつき
魚料理
味のさつき
さつき
屋久島

まともな居酒屋は皆無。ゲームセンターがやかましく、周辺から遊びに来た若いのがうろうろして環境がよくない。

しかし鹿児島は名だたる焼酎《しようちゆう》の本場。キビナゴ、つけ揚げ、黒豚など地元の味にもこと欠かない。私が鹿児島で入るのは天文館隣り、山之口町《やまのくちちよう》の「味乃 さつき」だ。

「あっらー、太田さん！」

「らー」に力を入れ、手を胸でぱちんと叩《たた》いて迎えたのは菊美《きくみ》さん。鹿児島の女性は直接的で明るい。私は行くことを知らせておいた。

「待ってたわよー」

「おいらもだよー」

「あっらー、うれしいわー」

「先生いらっしゃい」

声を聞いて奥から出てきたのは着物に割烹着《かつぽうぎ》のお母さん、佐竹タツ子さん。

「この前はまあまあ」

この前なにかしたっけ、まあいいや。カウンターに座るだけでひと騒ぎ。お迎え有難しだ。変哲もない小さな構えだが、新鮮な魚と陽気な母娘《おやこ》の魅力で私はすっかり気に入った。店の大漁旗「さつき丸」は、口永良部島《くちのえらぶじま》の漁師だったお母さんのご主人の船の旗。先年亡《な》くなられたが今も魚は口永良部島直送で、水流の早い大隅《おおすみ》海峡の首折れ鯖《さば》、伊勢《いせ》海老《えび》はすばらしい。

「できたわよー」

揚げ立てのつけ揚げを乗せた皿を、菊美さんが自慢するように上下させて運んできた。鹿児島といえばさつま揚げ＝つけ揚げだ。私は鹿児島の居酒屋も小売店もあちこちで食べ、ここ「味乃 さつき」が一番と断定した。掌《てのひら》でにぎにぎした形は武骨だが「トビウオとニラと玉子と、あとヒミツ。それと愛情、あっはっは」と笑う味のヒミツは、魚すり身の新鮮なコクとみっしりした弾力、清潔な揚げ油の香りにあるようだ。

酒はもちろん焼酎、屋久島《やくしま》の「三岳《みたけ》」。一五年ほど前、鹿児島の居酒屋「焼酎天国」で芋焼酎を何種も飲み比べ、最初に気に入ったものだ。当時本場の本格焼酎＝乙類焼酎は九州以外ではほとんど飲めず、私はそのとき芋焼酎のうまさに開眼した。黄色地の三岳のラベルは「お山白雪、麓《ふもと》はバナナよ」と歌われる九州一の高峰、屋久島・宮之浦岳が雪をかぶり、手前にバナナが葉を広げ不思議な異国感がある。その後数年してここに「世界自然遺産登録の島」の文字が入った。三岳はお湯割りがよく合い、おだやかで飲みやすい。「味乃 さつき」では三岳が売れない頃からずっとこれを置き、応援している。

この店に何度か来ているうちに、もうひとつすてきな魅力をみつけた。

「かなみちゃんは？」

「今日はまだ学校、明日終業式で遅くなるって」

残念。かなみちゃんは菊美さんの小学生の娘で、夜は奥の座敷で勉強したり、片づけを手伝ったりしている。いつかお勉強中に「何の勉強？」と聞いたら「こくご」と答えた。小学生なのにすらりと背の高い美人で、この前おみやげにチョコレートをあげると「ありがとう」と言ってくれた。「かなみが、よろしくお伝えくださいと言ってました」と伝言され恐縮だ。

かなみちゃん七歳の踊りの発表会の額入り写真は、お化粧した藤娘《ふじむすめ》で、高く上げた手毬《てまり》を指さして科《しな》をつくる。紅白の椿《つばき》の着物はお母さんのを仕立て直し、子供には椿の花が大きくうつりなんとも愛くるしい。口永良部島で伊勢海老を提げた赤い長靴の五歳の写真も可愛《かわい》く、私の目尻《めじり》は下りっぱなしだ。

店の大漁旗は「さつき丸」進水《しんすい》のときに作ったもので、ご主人の姓・佐竹の「さ」、お母さんタツ子の「つ」、娘・菊美の「き」と、父母娘から一字ずつ拾い「さつき」としたところ、姓名判断の人がこれは繁盛《はんじょう》する名と言ってくれたそうだ。

お客さんが県外もふくめあちこちから来てくれるのがうれしく、今年で開店二六年、三〇周年まではがんばるとお母さんが笑う。手製の大根皮漬け、らっきょう漬けがおいしく「先生はこれ飲んどきなさい」と言う枇杷《びわ》酒は体によいそうだ。混んできた店内はネクタイ族が家に帰ったようにリラックスしている。陽気で元気なお母さん、明るく笑う娘さん、ときどきいる美人のかなみちゃん。ここは水商売気のないわが家、私もわが家にさせていただいてます。〈2009.3〉

96 菜菜《なな》かまど

「味乃　さつき」にほど近い居酒屋「菜菜かまど」は、通りから引っ込んだ路地にある。L字カウンターの中が調理場の形式は居酒屋の普通の作りだが、鹿児島では案外これがなく、カウンターは申し訳程度で座敷に座って飲むのが基本のようだ。初めてここに入ったとき普通の居酒屋があったと思った。しかし二階はやはり座敷だ。床天井壁すべて木の山小舎《やまごや》のような店内は、節だらけに木目の浮いた厚い素朴なカウンターがいい。ちょっと反っているのは乾燥が足りなかったか。

「ログハウス経験のある仲間と二ヶ月かかりました、大変でした」

マスター・松永薫《まつながかおる》さんの真四角な顔は、すぐにわかる薩摩顔《さつま》。ぼさぼさ頭に黒トレーナーとまったく無造作な支度で、口が重く黙っているが、人の話は聞いているのか時々ニタリと笑う顔は愛嬌《あいきよう》がある。つまり典型的な薩摩っぽ。口惜《くや》しいことにこれがモテるんだ。いつか来たとき、スチュワーデス風の美人がカウンターの一番端で、話しかけるでもなく、じーっと見つめているだけでいいの、という風情《ふぜい》で座っているのを見たぞ。——あだしごとはさておき。

奨《すす》める焼酎「古八幡《いにしえはちまん》」は滅多に手に入らない八年古酒で三七度。氷を浮かべたロックでゆるゆると柔らかくなり、甘味をともなう深いコクはたいへんおいしい。川辺町《かわなべちよう》（現南九州市）の小さな八幡の蔵は一度訪ねたことがあり、昔ながらに地面に埋めた甕《かめ》から盛大に醱酵《はつこう》音が聞こえた。

焼酎はその後のブームもあってずいぶん飲んだが、基本的になんでもうまい。と言うより、うまいうまくないを越えた「平凡の日常酒」の良さとわかった。過度に美学的に語る酒ではなく、「焼酎とつけ揚げ、それでよか」とどっしり構えた薩摩の男にまことにふさわしく、鹿児島では銘柄にはこだわらない。ブランドやプレミアムなどと騒ぐのは東京だけだ。

このつけ揚げは揚がるまで二〇分かかり、入店したらすぐ頼んでおく。キビナゴは刺身もいいが、注文すると塩を振って金串《かなぐし》に刺し、フード前でしばらく風干ししてからかるく炙《あぶ》る「きび焼き」が好きだ。適度に水分が抜け、小骨が軽く当たるほこほこ焼きは何尾も食べられる。

二〇分かかるつけ揚げはボール状に丸めたのをフライパンの低温の油に浮かべ、時々ちょんとつついて回転させる。やがてテニスボール大の真球になって届き、初めての人は大きさに目を丸くする。かじるなんてことはできなく、箸《はし》で切り崩す。香ばしくパリッとした表皮を割った中はふわりと軽く食べやすく、そのためか女性に人気がある。女性の好む男性は、外見剛直、中身は優しいと相場が決まっている。トビウオ、ニラに木綿豆腐を崩し入れてふんわりさせるのだそうだ。私は初めてのときその形にたいへん驚いて、「爆弾さつま」と名付けると主人はカラカラと笑った。

この店は作って一七年、木材も味が出てきたようだ。店名「菜菜かまど」は「七《なな》竈《かまど》」。秋に真っ赤な実をつける木で東北・北海道あたりでは並木にもなる。

「九州にもあるの？」

「霧島、屋久島あたりに高山植物としてあります。細い低木ですが」

七回竈に入れても燃えない強い木から、七竈と言う。

「そういう、北（に育つもの）の芯《しん》の強さがほしくて」

「へえ、詩人じゃない」

「いやいや」

笑うと顔がくしゃくしゃになる。鹿児島の居酒屋はどこに行っても働いているのは女性で、いったい鹿児島の男は何をしてるんだ、いまだに女にやらせて男は飲むだけの男尊女卑かと思うが、ここは珍しく男の店。女性ファンもいるだろう。

「いらっしゃいませー」

若い美人娘はマスターの奥さんの姪《めい》っ子さんだそうで、男っぽい店に一輪の野花が咲いたようだ。信州育ちで山の好きな私は山小舎の雰囲気はとても落ち着く。松永さんは山好きなのか聞いておけばよかった。


〈2009.3〉

97　一村《いっそん》

奄美《あまみ》大島の大部分を占める緑濃い原生林は毎年の台風大雨を保水して、島の水を豊かにしている。船が島に近づくと緑の匂《にお》いがするそうだ。地籍は鹿児島県だが風光は沖縄に近く、薩摩と琉球《りゅうきゅう》、両方の文化が味覚や島唄《しまうた》になっている。

一村

夕方訪れた名瀬の居酒屋「一村」も看板と小さな玄関ドア以外は葉でおおわれた緑の館だ。店内は客の土産らしき木彫や人形、ジャワのお面など色々なものが置かれ、天井は音楽関係のポスターでぎっしり埋まる。壁の一番よい場所は「一九八八年奄美空港開港記念・田中一村展」の大きなポスター。店名は、奄美に住んで掘立小屋で絵を描き、この島で果てた孤高の画家・田中一村の名からとり、カウンター正面は一村の厳しい表情の白黒写真が飾られる。

サトウキビから作る黒糖焼酎は奄美諸島だけで製造を許されている産地特定名称だ。現在一七の酒造所があり、奄美大島には「龍宮《りゅうぐう》」「長雲」という逸品がある。素焼碗《わん》に氷を投げ入れ、甕《かめ》保存の焼酎を注ぎ、四〇回ほどかき回すと三〇度の焼酎がやわらかくなる。甘いコクは同じくサトウキビから作る蒸留酒ラムに似て南の味わいだ。大東諸島では実際にラム酒の製造が最近はじまった。「龍宮」は強さが男性的、「長雲」は甘みが女性的だ。

奄美と沖縄は食文化が微妙に異る。奄美の赤ウルメ（沖縄名グルクン）の塩焼きは一夜干しでおいしいが、沖縄は暑くて干物は作れない。奄美名物は鶏《とり》スープの汁かけ飯「鶏飯《けいはん》」のほか、茹《ゆ》でたそうめんを炒《いた》めた「油そうめん」がよく、沖縄のソーミンチャンプルーに似るけれど味付けに醤油《しょうゆ》を使う。沖縄では調味に醤油はあまり使わない。一村特製の、島の鰻《うなぎ》の蒲焼《かばやき》と味付ご飯を混ぜ合わせ、さねん（月桃《げっとう》）の大きな青葉で包んで蒸した「さねん蒸し」はすばらしい。月桃はショウガ科の多年草で葉は防虫・防臭・抗菌作用があり沖縄では餅《もち》などを包む。蒸された葉の艶《つや》やかな気品、薬効感ある香りは「南の誘惑」だ。

「島にいた頃の田中一村を知っていましたか？」

「いえいえ」

主人・栄俊久《さかえとしひさ》さんは自ら絵も描き、細面に青いバンダナ、目の清々《すがすが》しさが印象的だ。昭和五四年、田中一村三回忌の展示を手伝って一村を知り心酔するようになった。私は栄さんの絵をみせていただきたかったが「いやあ」とあっさり手を振られた。

店を出た夜空は満天の星だ。裏山の闇《やみ》の森に入ると圧倒的な夜気が全身を包み、四方から鳥や虫の鳴声がいっせいに聞こえる。ピルルルル……、カカカカ……、ピューイピューイ……。星の下で奄美の森の神秘の声をいつまでも聞いていた。

翌日、田中一村記念美術館を訪ねた。一村は明治四一年栃木に生まれ東京美術学校に入学。同期に東山魁夷《ひがしやまかいい》、橋本明治《はしもとめいじ》らがいて、のちに花の六年組（昭和六年卒）と言われたが、家庭事情のため三ヶ月で中退する。千葉に住み絵の力量をみせたが、同期の華々しい活躍に自分の本道の作品を作らねばと、五〇歳で奄美大島に移住。掘立小屋で裸同然の自活に入り、紬《つむぎ》染色工の蓄えができたら絵に専念する生活を続けた。パンツ一丁で画布に挑む写真は近寄り難い気迫がある。亜熱帯の奄美を描き、世に問うつもりだったが、つねに一村を助け、作品を真っ先に見せようと思っていた最愛の姉の死を契機にその意欲は薄らぎ、昭和五二年、奄美のすべての作品を未発表のまま誰にも看取《みと》られず六九歳で死んだ。同期の東山魁夷は東宮御所壁画を描き、文化勲章を受章したのを知っていただろうか。

死んで二年後、一村の画業の一端が南日本新聞に載り、昭和五五年NHK「日曜美術館」で「黒潮の画譜　異端の画家・田中一村」が放送されるや大反響を巻き起こし、大阪高島屋から全国に巡回展が開かれ初の作品集も出版された。私はその頃一村を知り、日本絵画にかつてない精緻《せいち》で濃密な主題と描写に強烈な印象を受けた。

一村が、画帖《がちよう》に風景の印象を俳句でメモしていた展示があった。

　鶯《うぐいす》もソテツを友とす奄美島
　熱砂の濱《はま》あだんの写生吾《われ》一人
　銀河見ゆフクロー聞こゆねむの花

名作「アダンの木」の小宇宙をなす神秘的な構図、繊細な光の描写は、みなぎる気迫が集中し、永遠が描かれている。見入る私に昨夜の鳥の声が聞こえてきた。〈2008.5〉

98　おでん東大《とうだい》

那覇の栄町《さかえまち》は古い歓楽街だが人通りは少なく、夜は殺風景な建物に看板だけが光り、四つ辻《つじ》に客引きの女性が立つ。「おでん東大」もアルミドアの事務所裏口のような無愛想な構えだ。開店は夜八時半頃。閉店は朝四時だがその頃来る客もいて、あとは成り行きになる。ここが知る人ぞ知る沖縄一のおでん屋だ。

沖縄のおでんは本土とは少し違い、主役はテビチ（豚足）と昆布《こぶ》。豚と昆布は沖縄の食の根幹をなす二大食品だ。四角いおでん舟の黒いつゆには昆布が雄大に泳ぎ、出汁《だし》は鰹節《かつおぶし》と昆布だけで醤油は使わず、毎日開店のとき味をみて塩を振る。出汁は夏も冬も毎日追い足し、つゆをこわさないように細心の注意をはらう。入るのはテビチ、ウインナ、厚揚げ、竹輪《ちくわ》、玉子、じゃが芋、串もの（椎茸《しいたけ》、中身《なかみ》）などで魚の練物は少い。スジ、鶏、鶏手羽はつゆの味を変えるので注文されてから入れる。

「テビチの味は筆舌に尽くし難し」では仕事にならない。「箸で切れる柔らかなのを口に入れ、コロッとした骨を指でつかみ出し、大きな一個を食べ終えるまで口もきけない」でいいだろうか。脂《あぶら》はほとんど抜け、唇がゼラチンでパリッと乾く。

「コラーゲンでお肌もツヤツヤ」

「そう言うと女の人は喜びます」

きれいな黒髪と肌艶が魅力の長浜美也子《ながはまみやこ》さんが証拠だ。ここは先代を含めてすでに五四年。沖縄の戦後史がおでんつゆにある。今は美也子さんとお母さんが店を守る。

沖縄おでんの魅力は新鮮野菜にもあり、今日はウンチェーバー（空心菜《くうしんさい》）で、注文すると汁にくぐらせる程度に煮て皿へ。しゃきしゃきした沖縄野菜の野生の生命力が健康的だ。三〇分かける「焼いたテビチ」はパリッとした皮とねっとりした身が対照的で、これも食べ始めると止《や》められない。相棒はもちろんオリオンビール生。すっきりしたこのビールは何杯でもノンストップだ。

カウンターは六席ほどと小さいが、畳敷きの広い小上がりがいい。泡盛の段ボール箱や古雑誌で雑然として、それゆえにじつに落ち着き、横になって三〇分ほど眠ったことがあった。

本土を忘れ、おでん東大で過ごす時間は至福の時間。


〈2008.5〉

99　ぽうちゃたつや

機上から見る宮古島は赤茶と濃い緑が平坦《へいたん》に広がり、エメラルド色の沖に環礁《かんしょう》の白波が首飾りのようだ。赤土にサトウキビが繁《しげ》り製糖工場が見える風景はハワイを思わせ、飛べない鳥がレンタカーの先をとことこと横切って行く。白砂の海では若い女性が一人、犬と一緒に泳いでいる。

まだ日は高いが居酒屋「ぽうちゃたつや」を訪ねた。泡盛「菊之露」酒造所の二軒隣で、小路《こうじ》に甘い匂いがぷうんと漂う。

「いらっしゃいませ」

主人・村山辰哉《むらやまたつや》さんが迎えた。奥様は紺の単衣《ひとえ》に長い白割烹着《かっぽうぎ》を着けている最中で、笑って後ろを向いた。私はさっき浜の露店で買った島ゾーリ（ビーチサンダル）だ。何気なく黄色を選んだら「黄色が本式さー」とにっこりされた。何はともあれ冷たいオリオンビールを一気に流し込んだ。

店名の「ぽうちゃ」とは料理当番のことだ。島の寄り合いはぽうちゃの出番で、魚を捕る人、それでかまぼこを作る人、ヤギをつぶす人など役割が決まっている。小さな島はこれが何よりの楽しみだ。

　宮古島に生まれた村山さんは一九歳で東京に出て日本料理を修め、二七歳で戻りこ

ことを始めた。宮古の伝統料理を知ろうと古老や、ぽうちゃに聞いたが「簡単さー」の一言。しかし例えば「煮るだけさー」と聞いた「コブシメ（沖縄の大きな甲イカ）煮」は「これだねー」と言われるまで二年かかった。イカの胴は刺身にまわし、残りを塩もみしてアクをとり、水も調味料も一切無しで鍋《なべ》に入れ、イカから出る水分を見て中火弱火を繰返し、付きっきりで一時間半かける。

　そのうまさは感動する。イカだけでこんなに豊かな味があるのか。コブシメは夏は沖に出るため、石垣島のを使ってみたが味はまるで違った。海により魚の味が違い、塩の味も違う。海水にがりを使う「うぷす豆腐」も奄美大島は海水だけでは固まらないが、宮古の海は石灰質が多く、固まる。島のおばあが作る「石嶺《いしみね》豆腐店」の豆腐の製法比率などを教わろうとしたが、何十年も使っている柄杓《ひしやく》を数値化できず「あの柄杓が無くなるとたいへんです」と笑う。豆腐は出来たての温かいのを一日二回とりにゆく。宮古島では豆腐は温かいもので、東京の冷たい豆腐に驚いたそうだ。

　ドイツのアイスバインに似る、豚の塩漬け「スーチキ」は日本のハムとしては最高

ではないだろうか。皮付き三枚肉を唐辛子の葉などと塩に漬け一週間寝かし、食べる時に水から茹でる。島の祝いではヤギ、豚を食べ（ヤギが上位）、昔は一頭をつぶすところから始め、部位ごとにアクを取ったり塩漬け保存しておき、食べる時に好みで調味する。これが島料理の基本。村山さんは日本料理をマスターした目で宮古の伝統料理の記録を続けているが、何よりも素材を目で、鼻で、指で、舌で、五感を総動員して知っておくことが重要なのだそうだ。

白帽、白上着の料理人正装に誇りが見える主人を、背の高い美人奥様がにこにこと見守る。川崎出身の恵子《けいこ》さんは、グループで宮古島に来てダイビングを知り、親に一年の許可をもらい一人で移り住み、東急リゾートでアルバイトを始めた。来島三日目に辰哉さんと会い一目ぼれ。しかし辰哉さんは母から（風土も人も全く違うから）内《ない》地《ち》の嫁は絶対にダメと厳命されていた。将来を約束した二人はダメ覚悟で話すと「あんたならいいさー」の一言で簡単に解決。辰哉さんは恵子さんを友達として気軽に家に連れていっており、人柄を見られていたのだろう。そのうえ早い方がいいと、どんどん段取りされ、知りあって三ヶ月後には式をあげていた。「釣れた魚は早く処理しないと」と辰哉さんが笑う。

恵子さんの父は病身の車椅子《くるまいす》生活で、医師に「余命三ヶ月」と言われ、父親の最後を看取るつもりで宮古島に呼んだ。薬をすべてやめ、辰哉さんのつくる食餌療法《しょくじ》に切り替えたところ一ヶ月でみるみる回復。いったん川崎に帰ったが本人の希望で宮古島移住を決めた。それから一一年。今は自転車で島中を走り回っている。

「私は早くに母を亡《な》くしたので、主人の母を母と感じ、母ができてよかったと思った。本当に新しい家庭ができた。父もそうかも」としみじみ話す。

宮古島は「おとーり」という宴会が有名だ。車座で泡盛の杯を回し、自分のところに来ると口上を述べて飲む。これをえんえんと繰り返す。「あれにまじったらたいへんだよ」と訳知り顔に言われたりするが、辰哉さんによれば本来はお神酒《みき》をいただく神事。親、その親の世代に一七、一八歳の若者が呼ばれ、酒席の上下、長幼の序、敬い、気遣いを覚え、口上で思うことの言い方を磨く。うまくないと直される。どのみち酒を飲むのなら早いうちにときちんと仕込むのだそうだ。

これはすばらしいことではないだろうか。私は先年まで大学で教えていたが、今の学生は自分の考えを言葉で言えないと知り、ゼミの飲み会で酒の飲み方を教え、スピーチをさせ、やり直させた。人前できちんとものが言えなくて何とする。

村山さんも、歓送迎会や結婚、出産祝いなどにおとーりを主催する。一気飲みと誤解されているが、男が男として鍛えられデビューする場と強調した。

氷を浮かべた泡盛がうまい。青い海、明るい光、島を渡る風、出会って結ばれた夫婦、命を回復した父、鍛えられる若者。宮古島のなにもかもが楽園に思えてきた。

〈2008.5〉

100 森の賢者

南西諸島の石垣島は沖縄本島から南下し、台湾北部よりも緯度を下げる。八重山《やえやま》諸島の拠点として旅行客で賑《にぎ》わい、宮古島、波照間《はてるま》島、西表《いりおもて》島へと足を伸ばしてゆく。ダイバーなどは毎年来る人も多い。

石垣市内からやや外れた「森の賢者」は、赤瓦《あかがわら》民家の地元居酒屋とはちがいモダンなコンクリート打ち放しだ。甕保存泡盛クースー（古酒）は「請福《せいふく》」。氷のグラスを備長炭《びんちょう》のマドラーでかきまわし、柑橘《かんきつ》シークァーサーを搾《しぼ》り入れる。酒は沖縄では珍しく日本酒、本格焼酎《しょうちゅう》もよく揃《そろ》う。

「日本酒は出ますか？」

「このごろ割と」

石垣島の冬は案外寒く燗酒《かんざけ》も出るという。沖縄では本土の人を「ヤマトンチュー」、沖縄の人を「ウチナンチュー」、本土から来て島に住み着いた人を最近「島ナイチャー」と呼ぶようになった。その人たちや、リピーター、そして島の人も観光の域を過ぎて日本酒や焼酎も飲むようになったそうだ。

モダンな皿のお通しはニガナの白和《しらあ》えとパパイヤを出汁であっさり炊《た》いたもの。地物の焼きマコモ竹は、焦《こ》げた匂いとさくさくした噛《か》み心地が長命草の冷たいディップとよく合う。馬蹄形《ばていけい》のカウンターはくつろげ、広いガラスから落ちついた住宅通りが見えて石垣島にいることを忘れそうだ。森の賢者とはフクロウのこと。人形や版画のフクロウが店内にセンスよく飾られる。

若いオーナー鈴木淳《すずきあつし》・奈緒美《なおみ》さん夫妻も島ナイチャーだ。以前来た時に私と同じ長野県松本の出身ときいた。淳さんは昭和四五年生まれ。松本でサラリーマンを四年半やり、日本一周自転車旅行の旅に出て波照間島で奈緒美さんと出会った。奈緒美さんは愛知の出身。東京でOLをしていたが、カヌーで旅してキャンプする椎名《しいな》誠さんや野田知佑《ともすけ》さんに憧《あこが》れ、自転車で日本最南端の波照間島をめざしてやってきた。

せまい波照間島の売店などで淳さんとよく顔を合わせ、声をかけられたが用心していた。ある日カラスに弁当をとられて分けてもらい、僕らのキャンプするニシ浜にテントを持ってきませんかと誘われたが、日本最南端の島の最南端で寝てみたくて断った。しかし戻るとテントにゴキブリが入り込んでいてあきらめ、移った。

「ハハハ、ニシ浜は椎名さんたちとキャンプしましたよ。ヤギが来たでしょう」

「そうそう、夜焚《た》き火してると寄ってくるけど、あまり近くまでは来ないのね」

料理に興味があった奈緒美さんは長野県白骨《しらほね》温泉で働くようになり、別の旅館に口があって淳さんも来た。二人はいずれ石垣島で居酒屋を始めようと決める。

三年ほどもりもり働いて資金を作り、車の背にカヌー、前に自転車、一切の家財道具を積んで石垣島へ出発。まっすぐは行かず「太田さんの居酒屋の本を頼りに」あちこちの居酒屋に入りながらの旅。私が「本物の土地に根づいた居酒屋」と書いた和歌山の「長久酒場《ちようきゆうさかば》」は三日続けて通い、三日目に石垣島に住みに行くと言うと、お母さんがさんま寿司《ずし》と手製のカラスミを持たせてくれた。

しかし簡単にはゆかなかった。石垣島に来たがオウム事件の頃で、怪しげな二人は居酒屋開店はおろか、アパート探しの不動産屋でも全く相手にされず、警察に通報され取り調べも受けた。車で寝る日々が何日も続き、途方にくれて夕方の波止場に座り、脚をぶらぶらさせ那覇《なは》に撤退するしかないかと話したこともある。夜、明かりのついていない家があると空いてませんかと尋ねるのを繰り返したある日、身の上を案じた区長さんが、主人を亡くしたおばあの家が、脚がわるくて二階の六畳が空いているはずと紹介してくれた。おばあは「一緒に住むならあんたたちはきょうから家族。トイレ、お風呂《ふろ》、鍋釜《かま》冷蔵庫は共用、半分お金出して」と迎えてくれ、来島から五〇日近く過ぎて初めて畳の上で寝た。

淳さんは土木基礎部材造りの現場、奈緒美さんは泡盛「請福」の営業職をもらい、夜は学習塾の先生として働いた。地元で黙々と働く姿に島の人も心を開いてきたのを感じ、おばあは「石垣島では子供を三人育てなきゃ一人前でない、産んでしまえば何とかなるさー」と薦めた。おばあの二階暮らしは仮のつもりが三年三ヶ月になった。平成九年、居抜き店舗をみつけ、いよいよ念願に踏み出す。奈緒美さんは昔からフクロウが好きで、父が「フクロウは森の賢者と言うんだ」と教えたのを思いだし、店名にした。

開店の少し前、二人に反対していた奈緒美さんの父が出張で宮古島に来ると聞き、会わなければと休みをもらい「ぽうちゃたつや」を予約した。その頃淳さんは海の仕事をしていて、潜って採ったウニを海水のまま店に持ち込み、訳を話すと主人は快諾。蒸しウニ、焼きウニなどウニ尽くしに調理し、父はたいへん喜んだ。はじめ父は「ぼくはアーバン（都会派）だからくさい泡盛なんか飲まない」と構えていたが、三軒目のおでん屋では、テビチを食べ泡盛を飲んでママさんと踊り出し、二人は目を合わせ、歩いてテントにもどった。

奈緒美さんは大きな目の澄んだ美人、淳さんは一目で優しく誠実な人柄とわかる。「外から来ていきなり店なんかはじめなくてよかった。島の人は僕たちを見ていたんだ」という言葉に重みがある。店の酒は奈緒美さんを働かせてくれた「請福」に恩を感じ、不動の「森の賢者オリジナル」としている。部屋を貸してくれたおばあは再来年、ウチナンチューの人生最大最後の祝いである、九七歳の「カジマヤー」を迎える。長寿をまっとうし、子供に帰るこの祝いは盛大に着飾り、鼓笛隊を従えてパレード、ホテルで三〇〇人からの客が集まりおばあを見に来て、新聞の記事になる大行事だ。「その日は何をおいても手伝いをしなければ」と二人は言う。

森の賢者は見ていた。二人の物語はふかく私のこころに残った。

〈2008.5〉

あとがき

居酒屋に興味を持ち、文を書き始めておよそ二〇年になった。遊びで「居酒屋研究会」なるものを作って発行していた会報が雑誌編集者の目にとまったのがきっかけだ。やがて全国の居酒屋を訪ね歩く『ニッポン居酒屋放浪記』に発展した。よい居酒屋を探し歩く顚末《てんまつ》を書いた旅ものだ。

三年にわたり全国を歩いた連載が三巻の本にまとまると、全国の名居酒屋を一律に網羅する作業に入った。発見のデータ化だ。店の概要、地図、寸評を一ページごとにまとめたガイドブック『太田和彦の居酒屋味酒覧』は、すでに改訂第二版が出ている。今後も最新情報で改訂してゆく予定で、私自身が持ち歩いている便利本だ。

多くの居酒屋を訪ね歩くうち、居酒屋の魅力は酒や肴《さかな》のみでは語れないと気づいてきた。最高の酒料理が用意されていても、あまり通う気にならない店はある。逆にたいした酒肴《しゅこう》、店構えではないのに、足が向いてしまう店はいくつもある。まして人を連れてではなく、一人で入るのであればなおさらだ。

それは、主人、おかみ、常連たちの人柄が醸《かも》し出す居心地の魅力だろう。古い居酒屋には長年かけて店と客の作り上げてきた独特の空気、流儀、個性があり、町の人の居場所として必要な存在になる。レストランは腹を満たす所だが、居酒屋は心を満たす所だ。そのために行く。いつ行っても変り映えしない肴で結構、いやむしろそれでいい。行けば常に変わらないものがあるから通う。

その空気、居心地を臨場感を持って書いてこそ、真の居酒屋紹介であろうと考え、深田久弥《きゅうや》氏の名著『日本百名山』を範にした。私も山登りをするが、登る前、また下山後に『日本百名山』を読むと、登った山への愛着が一層深くなる。まさに「山高きがゆえに貴からず」。私が魅力を感じた居酒屋の、人の物語を書いてみよう。ついでにそこにいる自分も見つめてみたい。

百名山を選ぶには二百、三百の山に登ったと思う。また夏、冬でその山の様相は変わるだろう。私も同じだ。いくつもの店を、間をあけ、季節を変え、幾度か訪ね、主人や客との交流を深める。何よりも、その店の居心地の良さがどこから来ているかを見極める気持ちでカウンターに座る。そうしてまた全国を一巡、二巡した。

やがて見えてきたのは居酒屋と風土の関連だ。長い日本列島は地の食材や料理が居酒屋に反映するのはもちろんだが、気候自然のみならず、日本におけるその町の歴史的位置、歴史が生み出した人の気質も反映していた。

北と南、太平洋と日本海、海国と山国、古都と辺境では、居酒屋の空気が明らかに異なる。すなわち、主人もおかみも常連も、そこに住む人がその土地の居酒屋の特徴をつくったという、気がつけば当たり前のことをふかく認識した。

そしてその全《すべ》てが、夫婦、息子、娘、嫁、婿《むこ》など家族で営む小さな居酒屋で、経営者が別にいたり、中央の大手資本やチェーン店は一軒もないのは、たいへん偉大な、また安心できることではないだろうか。居酒屋は風土と人をまことに鮮やかに表す所であり、それは志と独立心をもった個人の店を客が支えて続いていた。私は居酒屋を通して家族、夫婦が助けあい、人と人の信じあう、日本の草の根の強さを見た。


一枚の会報から始まった「居酒屋研究」も、『ニッポン居酒屋放浪記』『太田和彦の居酒屋味酒覧』『居酒屋百名山』で、およそを終えた気持ちがある。これからは書く目的なしにのんびり、カウンターに座れると思うと心はずむ。もちろんまだ私の知らない名山はいくつもあり、新しい名山も生まれているはずだ。それも楽しみだ。

一〇〇選は私個人の好みによるが、この山にひとつひとつ登り、私の駄文を「その通りだ、そうでもないぞ」と酒の肴にしてもらえれば、勝るよろこびはない。山と違い、体力、天候、装備はラクかと思います。

平成二二年二月

太田和彦

文庫版あとがき

二〇一〇年二月にこの本を出した翌年三月、東日本大震災がおきた。私は新幹線の仙台復旧を待って、掲載した東北の各店を見舞う旅を始めた。被害のない店はなかったが、どこも大切な人命をふくめ店は存続し私をほっとさせたけれど、ただ一つ気仙沼の「福よし」は消息がつかめなかった。すさまじい津波が港すべてを飲み込んでゆくのがテレビ映像ではっきりわかり、数日後の新聞航空写真は気仙沼港の惨状を非情に写した。店はこのあたりだったと思うが、安否を電話や手紙でうかがうなどあり得ない。その後の福よしの情報は何もなく、気仙沼に行く手だてもないままに九月、一関に来た。

一関の「こまつ」は、基礎や壁は傷んだものの頑丈な蔵は残り「この程度で済んだ」と話していると奥の客が「太田さん」と声をかけてきた。

「福よしの村上です」

驚くまいことか。反射的に立ち上りまず思ったのはご無事だった！　という安堵《あんど》だ。

「その日は？」「高台の友人宅に逃げ助かった」「弟さんは？」「築八年の家は流されたが身は大丈夫」「ご家族親戚《しんせき》は？」「何人も死んだ。このあたりで親戚に死者のない人はいないですよ」「店は？」「ダメ」。

一つ一つに息を飲み返事ができない。見舞いの言葉が後先になってしまったのが恥ずかしい。店がなくなったのでこの機会によその店を勉強しようと「こまつ」に初めて来たという。隣で奥様もにこにこされている。

ひと息つき、恐る恐る今後をうかがうと、村上さんはかみしめるように、しかしきっぱりと言った。「行政の方針を待っていたら何もできない。店は来年再開する。場所は港を変えたくない」。私は手を握り必ず訪ねる約束をした。

翌年八月、再開の報が入った。私は店の落ち着きを待ち、今年（二〇一三）二月に訪ねた。

新店は以前よりも海に近く海岸埠頭《ふとう》までおよそ三〇メートル。もうこの前に家が建つことはない港最前線の、四本柱に支えられた二階屋で階下は突き抜けの駐車場。海側のベランダに福・よ・しと一字ずつの看板を上げ、港の船から見えるようにした。村上さんは「人は高台を勧めたが、自分はヨリ海に出よう。船が何ヶ月も苦労して捕って来た魚は目の前で受け取りたい、乗組員に待っている灯りを見せたい。また津波が来たら何もかも捨てて逃げればよいのだ」と覚悟を決めた。

店を二階にしたのはさすがに津波の記憶だ。一階は怖い、少々の津波なら下をスルーしてくれる。また二階は港の眺望も良く、海からこちらも見える、下に高い防潮堤が建っても視界はさえぎられない。間取りも造作もできるだけ旧店と同じにした。太い梁《はり》は地震で半壊した唐桑《からくわ》の築百年民家から軽トラで何度も往復して運び、食器棚下に据えた立派な古簞笥《だんす》も被害の家から使ってくれと言われた。榧《かや》のカウンターは残っていたのを丹念に削り直した。泥から拾い上げた暖簾《のれん》は洗われて玄関を飾る。以前の店を作る時余ったのを残しておいた二百年ものの古篠竹《しのだけ》や板戸が出番になった。この店の主役、コの字席が囲む囲炉裏《いろり》も昔通り再現。海のホヤを使ったオレンジ光が幻想的な電灯も、またいくつも作った。

市や国の復興計画は進まず、地盤沈下した埠頭も今もそのままだが、六十歳をこえた人生の仕上げ期に「残された人生は一日も無駄にできない、五年後に立ち退きを言われてもかまわない、今の自分を大切に生きたい」と新店を建てたとしみじみ語った。

昼のうちに歩いた気仙沼は荒涼として津波で一階が抜けたビルがいくつも残り、お世辞にも復興が始まったとは言えない。港から八〇〇メートルの内陸には津波の運んだ大型漁船がまだある。さまざまな復興議論（まさに船頭多くして、船、山にのぼる）に、高防潮堤・高台移転が進みつつあるが、町の人は「港に壁をつくってどうする、港に住まなくて気仙沼といえるか、それよりも津波即対応の安全避難方法だ」と懐疑的だ。

　復興案の定まらない中、何もない港にいち早くぽつりと建てた新「福よし」は復興のシンボルとなり、その日も店は満員だった。ボランティア活動を終えて関西に帰る数人に村上さんは酒を注《つ》いでいた。港に入る船からは迎える灯台に見えているだろう。

　私は思った、これこそ居酒屋の力ではないか。岩波文庫に復刻された水上滝太郎の『銀座復興』は関東大震災後の焼け野原にまずできた居酒屋を書いていた。私も阪神淡路大震災後の長田にできたプレハブ居酒屋を『ニッポン居酒屋放浪記』に書いた。大災害のあと、互いの生存を確認し、酒とともに死者を鎮魂する場所がともかく必要とされ、それが居酒屋だった。釜石も宮古も陸前高田もプレハブ酒場横丁ができている。この新「福よし」もまた、居酒屋が「希望の光」となっていた。

*

『居酒屋百名山』の文庫化にあたり「福よし」を書き替えるべきかと改めて読んだ。店の特徴や料理は新店も全く変わらない。しかし冒頭にやや長い、私が心奪われた気仙沼港の風景は今は何もない。「港町ブルース」の歌碑もどこかに流された。であればこそ、この記述は残しておきたい。そうして原文はママに、さらに旧店のスケッチ画も加えると決めた。ご了承ください。

原文で存続の危ぶまれた安倍野「明治屋」は二〇一〇年一〇月末に取り壊され、翌年四月、駅前にできたモール「あべのウォーク」一階に再開店した。すぐに出かけ、以前の店の寸分たがわぬ再現に目を見張った。表の建具、暖簾、提げ看板、置き看板はもとより、店内の間取りもカウンターも樽《たる》を置く台もそこにつけたファンタの栓抜きも、もちろん赤い座布団《ざぶとん》に横たわる牛も、「居酒屋は内装を変えてはいけない」をこれほど忠実に守った例はない。新店を心配で見に来て、入るや否《いな》や泣きだした常連が三人いたそうだ。したがって明治屋も原文のママとし、スケッチも旧店だ。

最近私は、なくなった店の記述こそ大切と思うようになってきた。店が消えたのであればその記憶は文で残すしかない。高知「とんちゃん」は二〇〇九年暮に閉店しているが、それゆえ文章はなお意味があるかもしれないと。一方、岡山「美禄表町《びろくおもてちょう》小ろく」は主人が独立して「小ぐり」を開いたので、すべて書き替えた。

＊

文庫化にあたり平松洋子さんに解説をいただくことになり、名だたる書評家に恐懼《きょうく》、何を書かれてもしかたがないと首を洗っていたが、身に余る文はこれ以上の光栄はなく、お礼申し上げます。

初版あとがきに、『居酒屋百名山』でおよそを終えた気持ちであるなどと書いたが、その後も古い居酒屋をいくつも知り、また第三世代（第一世代＝古い老舗《しにせ》、第二世代＝九十年代末から増えた新タイプの銘酒居酒屋、第三世代＝その店で修業後、独立開店）にあたる人たちの新店もめざましい。深田久弥は『日本百名山』のあと『山頂の憩《いこ》い「日本百名山」その後』を著し二〇座を追加した。偶然だが『日本百名山』は新潮社より刊行され、私の小著もまた。新潮社に謝意をあらわしつつ、私も『カウンターの憩い「居酒屋百名山」その後』にとりかかってみたい。

平成二五年四月

太田和彦

<掲載店一覧>

●北海道・東北

1 独酌三四郎　北海道旭川市二条通５-左７
2 しらかば　北海道釧路市栄町2-3
3 味百仙　北海道札幌市北区北七条西４丁目
4 魚菜　北海道札幌市中央区南三条西５丁目　三条美松ビル４階
5 ふらの　北海道札幌市中央区南五条西４丁目
6 粋花亭　北海道函館市本町20-６
7 ふく郎　青森県青森市安方１-10-12
8 しまや　青森県弘前市元大工町31-１
9 ばんや　青森県八戸市朔日町４
10 源氏　宮城県仙台市青葉区一番町２-４-８
11 一心　宮城県仙台市青葉区国分町３-３-１　ダイハツ板垣ビル
12 福よし　宮城県気仙沼市魚町２-５-７
13 とらや　岩手県盛岡市南大通１-５-８
14 こまつ　岩手県一関市大町６-20
15 酒盃　秋田県秋田市山王１-６-９
16 べらぼう　秋田県能代市柳町２-39
17 いな舟　山形県鶴岡市本町２-18-３
18 籠太　福島県会津若松市栄町８-49

●北陸

19 魚仙　新潟県長岡市殿町１-３-４
20 ねんじり亭　富山県魚津市釈迦堂１-16-１
21 親爺　富山県富山市桜町２-１-17
22 あら川　富山県富山市桜町２-２-22

●関東

23 庄助　栃木県宇都宮市塙田２-２-３
24 舟勝　千葉県夷隅郡御宿町六軒町157-31
25 三番瀬　千葉県船橋市（番地はお店の都合により掲載しません）
26 志婦や　東京都台東区浅草１-１-６
27 ぬる燗　東京都台東区浅草３-４-４

28 大はし　東京都足立区千住３-46
29 田中屋　東京都足立区千住橋戸町13
30 山利喜　東京都江東区森下２-18-８
31 みますや　東京都千代田区神田司町２-15-２
32 新八　東京都千代田区神田鍛冶町２-９-１
33 赤津加　東京都千代田区外神田１-10-２
34 鍵屋　東京都台東区根岸３-６-23-18
35 味泉　東京都中央区月島１-18-10
36 ふくべ　東京都中央区八重洲１-４-５
37 シンスケ　東京都文京区湯島３-31-５
38 魚竹　東京都中央区築地１-９-１　井上ビル１階
39 こびき　東京都中央区銀座６-16-６
40 伊勢藤　東京都新宿区神楽坂４-２
41 江戸一　東京都豊島区南大塚２-45-４　三栄ビル
42 斎藤酒場　東京都北区上十条２-30-13
43 まるしげ夢葉家　東京都港区赤坂２-14-８　山口ビル２階
44 萬屋おかげさん　東京都新宿区四谷２-10　松本館Ｂ１階
45 池林房　東京都新宿区新宿３-８-７　吉川ビル
46 らんまん　東京都中野区中野５-59-10
47 笹吟　東京都渋谷区上原１-32-15
48 両花　東京都世田谷区北沢２-34-８　ＫＭビル２階
49 金田　東京都目黒区自由が丘１-11-４
50 梁山泊　東京都八丈島八丈町三根1672
51 武蔵屋　神奈川県横浜市中区野毛町３-133
52 麺房亭　神奈川県横浜市中区野毛町２-90
桜木町スカイハイツ１階
53 企久太　神奈川県鎌倉市小町２-９-14　植山ビル２階
54 銀次　神奈川県横須賀市若松町１-12
55 久昇　神奈川県藤沢市鵠沼橋１-17-２

●中部

56 くさ笛　山梨県甲府市中央１-20-23　オリンピック通り
57 樽平　岐阜県高山市総和町１-50-６

58 多可能　静岡県静岡市葵区紺屋町５-４
59 寿屋　静岡県焼津市本町４-５-11
60 貴田乃瀬　静岡県浜松市中区田町231-１
61 千代娘　愛知県豊橋市松葉町３-83
62 大甚本店　愛知県名古屋市中区栄１-５-６

●関西

63 能登　滋賀県長浜市朝日町２-２
64 魚志楼　福井県坂井市三国町神明３-７-23
65 赤垣屋　京都府京都市左京区川端二条下ル孫橋町９
66 ますだ　京都府京都市中京区先斗町四条上ル下樵木町200
67 祇園 きたざと　京都府京都市東山区祇園町南側570-120
68 めなみ　京都府京都市中京区木屋町三条上ル東側
69 神馬　京都府京都市上京区千本通中立売上ル西側玉屋町38
70 上かん屋　大阪府大阪市中央区心斎橋筋２-１-３
71 門　大阪府大阪市北区曾根崎２-５-37
72 明治屋　大阪府大阪市阿倍野区阿倍野筋２-５-４
73 ながほり　大阪府大阪市中央区上町１-３-９
74 船越酒店 渉　大阪府大阪市中央区宗右衛門町１-21
75 スタンドアサヒ　大阪府大阪市東住吉区山坂２-10-10
76 佳酒真楽 やまなか　大阪府大阪市浪速区敷津西１-10-19
77 まゆのあな　大阪府大阪市中央区南船場１-９-23
78 九十九　大阪府堺市堺区大町西３-２-10
79 長久酒場　和歌山県西牟婁郡白浜町湯崎
80 吟醸　兵庫県神戸市長田区四番町７-27-107

●中国・四国

81 小ぐり　岡山県岡山市北区表町２-６-27　鳴門ビル１階
82 桔梗屋　鳥取県米子市角盤町２-63-２
83 やまいち　島根県松江市東本町４-１
84 田吾作　島根県益田市赤城町10-３
85 美人亭　香川県高松市瓦町２-２-10　イングスプラザ１階
86 たにた　愛媛県松山市二番町３-７-４

87 ほづみ亭　愛媛県宇和島市新町２－３－８
88 とんちゃん　高知県高知市帯屋町１－３－８
＊2009年12月29日惜しまれて閉店。

●九州・沖縄

89 さきと　福岡県福岡市中央区舞鶴２－８－25　１階
90 寺田屋　福岡県福岡市中央区大名１－11－29－６
91 安楽子　長崎県長崎市浜町７－20
92 朱欒　長崎県長崎市下西山町１－７
93 こつこつ庵　大分県大分市府内町３－８－19
94 入福　熊本県天草市中央新町３－22
95 味乃 さつき　鹿児島県鹿児島市山之口町８－７
96 菜菜かまど　鹿児島県鹿児島市山之口町10－18
97 一村　鹿児島県奄美市名瀬柳町12－４
98 おでん東大　沖縄県那覇市安里388－８　大江ビル１階
99 ぽうちゃたつや　沖縄県宮古島市平良字西里275
100 森の賢者　沖縄県石垣市新川49－２

解説

平松洋子

『居酒屋百名山』をひさしぶりに書棚から取り出し、「1 独酌三四郎」から「100 森の賢者」まで通して読んでいると、ぐっとせり上がってくる感情があった。しだいに目頭に熱いものがこみ上げてきたことに、いささか動揺したのである。

ここに綴《つづ》られているのは、まぎれもなく日本人の生の時間であり、暮らしの情景そのものである。北から南まで、名山になぞらえた全国の居酒屋の魅力がつぎつぎに活写されるのだが、読みながら立ち現れるのは津々浦々の日本人の暮らしのよろこび。そのかけがえのなさが哀歓とともに胸に折り畳まれてゆき、わたしは不意に思った――ああ、わたしたちは失われてはいない。

ある年、ある日、あるとき、居酒屋を舞台にゆるやかに切り取られた情景に溢《あふ》れかえる日常の重みを嚙《か》みしめ、酒の雫《しずく》とともに静かにあふれるものを受けとった。

本書は、太田和彦さんの二十年におよぶ居酒屋探訪の集大成ともいうべき一冊である。しかも、あくまでも百の居酒屋のありように寄り添って饒舌《じょうぜつ》な語りを自戒する気配があり、そのぶん凝縮が生まれている。

全国の居酒屋を知れば知るほど、わかってきたことがあると太田さんは書く。

「多くの居酒屋を訪ね歩くうち、居酒屋の魅力は酒や肴《さかな》のみでは語れないと気づいてきた。最高の酒料理が用意されていても、あまり通う気にならない店はある。逆にたいした酒肴《しゅこう》、店構えではないのに、足が向いてしまう店はいくつもある。まして人を連れてではなく、一人で入るのであればなおさらだ。

それは、主人、おかみ、常連たちの人柄が醸《かも》し出す居心地の魅力だろう。古い居酒屋には長年かけて店と客の作り上げてきた独特の空気、流儀、個性があり、町の人の居場所として必要な存在になる。レストランは腹を満たす所だが、居酒屋は心を満たす所だ」（あとがき）

たとえうまい酒と肴が出されても、それだけではいい居酒屋と呼びたくないという気骨が滲《にじ》んでいる。

居酒屋という一ジャンルを掘り起こし、十把一絡《から》げにされて茫洋《ぼうよう》としていた存在に光を当てたのは、ほかでもない太田さんの功績である。しかし、わたしが感嘆してやまないのはもうすこしべつのところにある。それは、もっとも言葉に表しがたく、伝えがたく、捉《とら》えどころの曖昧《あいまい》な「居心地の在りか」の発見である。こういってしまえば身も蓋《ふた》もないけれど、「居心地の在りか」はわかるひとには伝わり、わからないひとにはどれほど言葉を尽くしても伝わらない。とはいえ、見知らぬ同士を一瞬にして繋《つな》ぎ、あらゆる垣根を越えさせたりもする。ほかの言葉を探すなら、たとえば間合い、塩梅《あんばい》、阿吽《あうん》の呼吸。

捕まえようとすると、はじから逃げていってしまう空気のような存在をたしかなものとして捉え、場の魅力として提示することはとてもむずかしい。この二十年、太田さんはひとりで暖簾《のれん》をくぐりながら、そういう困難な仕事に取りくんできたのではないか。

だから、こんななんでもない情景を目にとめて書きとめる。

「夏は開け放たれた窓に風鈴が下がり、青々と打ち水されたヤツデからすだれ越しに扇風機が風を運び、男たちはここぞとばかり扇子を嬉《うれ》しげに使う。クーラーはあるが客が使わせない。気が向くとやってきて窓際《まどぎわ》に寝そべる猫は皆が知っている。まさにここは清貧の居酒屋だ」(「武蔵屋」)

居酒屋の佇《たたず》まいを語りながら、お客がなにをだいじにして日々通ってくるのか、「居心地の在りか」のほんとうがすーっと胸に流れこんでくる。喉《のど》を滑りおちる酒のうまさもいっしょに沁《し》みてくる。

　または、こんな情景。

「『ワー』上がる歓声は、後ろで小さくついていたテレビの大相撲春場所中継、横綱朝青龍《あさしょうりゅう》の敗れた瞬間だ。そうなると次の白鵬《はくほう》の一番が問題だ。ここばかりは箸《はし》を置いてテレビに注目。

『ワー』再び大歓声。白鵬は勝って横綱同士が二敗で並んだ。

春『らんまん』の夕間暮れ――。」（「らんまん」）。

　これぞ居酒屋の僥倖《ぎょうこう》である。ほかのどこでこんなひとときに出逢《であ》えるだろうか。店のかたすみのテレビ画面に見入りながら一同歓声を上げ、こころを合わせる瞬間のうれしさ。またしても酒のおいしさは跳ね上がる。

　太田さんにもたらされた僥倖は、まだある。ひとの人生との出会いである。居酒屋をわが生業と定め、ひたむきに働くひと、ひと、ひと。今宵《こよい》のくつろぎをもとめて暖簾をくぐれば、弘前、能代、豊橋、大阪阿倍野、米子、鹿児島……行く先々、いつものあのひとの姿があるから、さらに百名山の旅に弾みがつく。袖《そで》摺《す》り合うも多生の縁。たとえ知らない町を訪ねても、自分を受け容れてくれる「居場所」に出逢うありがたさは、年齢を重ねるほどいっそうかけがえがない。

百の居酒屋の向こうに、日本各地のさまざまな居酒屋の気配が感じられる。知っている店、まだ足を運んだことのない店、ひとつひとつの空気を親身に引き寄せながら、ここには綴られていない自分にとってのたいせつな居酒屋のことをしみじみと想《おも》い重ねたりもする、そんな包容力が本書にはある。いい居酒屋というのはきっと、おたがい触手を伸ばし合いながら、どこかで繋《つな》がり合っているものなのだろう。じっさいわたしは、こころの糧《かて》と思い定める何軒かの居酒屋を脳裏に浮かべてしみじみとなつかしかった。

数年まえの秋のことだ。ずっと行きたかった高知の古い居酒屋で、旅の友三人が肩を連ねてコップ酒をちびちび啜《すす》った。酒飲みの高知の友だちの鶴《つる》のひと声「あそこは高知の宝じゃき」に従い、いそいそと暖簾をくぐったのである。昭和二十九年創業、満州から引き揚げてきた主人が屋台から起こしたという店は、飴色《あめいろ》の木のカウンターが濡れたような光沢を放ち、惚《ほ》れ惚《ぼ》れするほど居心地がいい。手すさびに木肌をなでながら、名物の銀なべ、にらとん、レバ炒《いた》め、軟骨、箸が弾んでコップの司牡丹《つかさぼたん》もはかどる。エプロン姿のはちきんのおねえさんが手動式エレベーターをするする操る光景も、すばらしい酒の肴だった。飲んでいるそばから、またすぐに来たいという思いがせり上がる。旅の最後の夜に寄ったことをいまさら悔いても遅かったが、店をでたすぐあと三人で指切りげんまんをした。

「春になったら、この居酒屋で飲むためにまた高知に旅をしよう」

でも、それは叶《かな》わなかった。その年の暮れ、とつぜん友だちから連絡が入った。消え入りそうな声だった。

「『とんちゃん』が閉店してしまった」

まさか、この世にふたつとない、すばらしい居酒屋が姿を消してしまうとは。目前にぽっかりと現れた空洞の虚《むな》しさは、いまでも忘れることができない。たしか「とんちゃん」のキャッチフレーズはこうだった。

「うまい目がまわる　やすい目がまわる　力あふれ心なごむ」

力あふれ心なごむ。この八文字が居酒屋の魅力のすべてを語り尽くしていた。

百名山の背後には、きっとこのような消失の物語がたくさん隠れている。そのくやしさ、哀《かな》しさを誰より知っているのも太田さんだろう。居酒屋の空気、流儀、個性は、一朝一夕に生まれるものでもつくりだせるものでもない。日々の積み重ねのなか、店と客、酒と肴、すべてが渾然《こんぜん》一体となって紡《つむ》ぎだしてゆく奇跡こそ、居酒屋の「居心地の在りか」の正体なのだ。だからこそ、一軒一軒がありがたい。

太田さんの著書『居酒屋道楽』のなかに、こんな文章がある。ほろ酔いかげんの同行者から「やっぱり歌謡曲は日本酒でしょう」と水を向けられたときの、こんなくだり。
「日本人を心身の極限まで疲弊させて戦争は終わった。戦時中は女々しいとされた歌も、敵性音楽のジャズも禁止が解けた。男も女も大声で自由に歌えるのは何とすばらしいことか。食べるもの住むところ全《すべ》てが不足しているが、少なくとも戦争はしないだろう。これから自分たちを、日本を良くしてゆくのだ。希望が歌を歌わせ、作詞家作曲家そして歌手は歌を仕事にできる喜びにあふれ、それが数々の名曲名唱を生んだ」(『居酒屋道楽』)
歌謡曲も、居酒屋も、おなじではないだろうか。汗水たらして一日を働きおえ、ほっとなごんで酒を愉《たの》しむ庶民のよろこびが居酒屋にはある。杯のなかで揺れているのは、今日を明日につなげる日本人のたくましさ。
居酒屋を描くことは、日本人を描くことに繋がる。あらためて思う。『居酒屋百名山』は、居酒屋を縦糸に、酒や肴やひとを横糸に縦横に織りこみながら綴られる日本人の精神の記録でもあるだろう。

(二〇一三年四月、エッセイスト)

本書は『小説新潮』二〇〇七年十一月号〜二〇〇九年十二月号
に連載し、二〇一〇年二月新潮社より刊行された。

太田和彦著
超・居酒屋入門
はじめての店でも、スッと一人で入り、サッときれいに帰るべし――。達人が語る、大人のための「正しい居酒屋の愉しみ方」。

太田和彦著
ひとり飲む、京都
鱧《はも》、きずし、おばんざい。この町には旬の肴と味わい深い店がある。夏と冬一週間ずつの京都暮らし。居酒屋の達人による美酒滞在記。

太田和彦編
今宵もウイスキー
今こそウイスキーを読みたい。この琥珀色の酒を文人たちはいかに愛したのか。「居酒屋の達人」が厳選した味わい深い随筆&短編。

開高健
吉行淳之介著
対談 美酒について
―人はなぜ酒を語るか―
酒を論ずればバッカスも顔色なしという二人が酒の入り口から出口までを縦横に語りつくした長編対談。芳醇な香り溢れる極上の一巻。

村上春樹著
もし僕らのことばがウィスキーであったなら
アイラ島で蒸溜所を訪れる。アイルランドでパブをはしごする。二大聖地で出会ったウィスキーと人と――。芳醇かつ静謐なエッセイ。

国木田独歩著
牛肉と馬鈴薯・酒中日記
理想と現実との相剋を越えようとした独歩が人生観を披瀝する「牛肉と馬鈴薯」、人間の孤独を究明した「酒中日記」など16短編を収録。

居《い》酒《ざか》屋《や》百《ひやく》名《めい》山《ざん》

新潮文庫　お－52－7

平成二十五年五月一日発行
令和三年六月五日四刷

著者　太《おお》田《た》和《かず》彦《ひこ》

発行者　佐藤隆信

発行所　株式会社新潮社
郵便番号　一六二—八七一一
東京都新宿区矢来町七一
電話　編集部(〇三)三二六六—五四四〇
読者係(〇三)三二六六—五一一一
http://www.shinchosha.co.jp

価格はカバーに表示してあります。

乱丁・落丁本は、ご面倒ですが小社読者係宛ご送付ください。送料小社負担にてお取替えいたします。

印刷・大日本印刷株式会社　製本・株式会社大進堂

ISBN978-4-10-133337-3 C0177